LA GUERRE

DANS LE NORD

(1870-1871)

1. CAMBRAI PENDANT LA GUERRE
2. LA GUERRE DANS LA RÉGION DU NORD
3. LES PRISONNIERS EN ALLEMAGNE.

NOTES ET DOCUMENTS

PAR

A. LÉCLUSELLE

CAMBRAI
IMPRIMERIE D'HALLUIN-CARION ET Cie, RUE DE NOYON, 9.

1898

LA GUERRE DANS LE NORD

(1870-1871)

LA GUERRE
DANS LE NORD

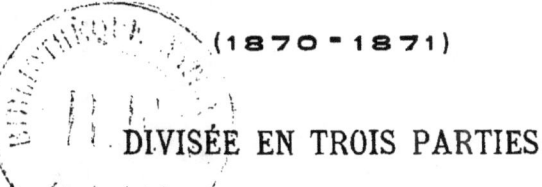

(1870-1871)

DIVISÉE EN TROIS PARTIES

1ʳᵉ Partie : Cambrai pendant la Guerre

2ᵉ Partie : Opérations de Guerre dans la Région du Nord

3ᵉ Partie : Les Prisonniers en Allemagne

NOTES ET DOCUMENTS

PAR

A. LÉCLUSELLE

CAMBRAI

IMPRIMERIE D'HALLUIN-CARION ET Cⁱᵉ, RUE DE NOYON, 9.

1898

AVERTISSEMENT

La GUERRE DANS LE NORD (1870-1871) : tel est le titre principal de cet ouvrage que nous divisons en trois parties :

Cambrai pendant la Guerre ;

Les Opérations de Guerre dans la Région du Nord ;

Les Prisonniers en Allemagne.

Cambrai pendant la Guerre : c'est le récit de ce qui s'est dit et fait à Cambrai pendant toute la durée de la Guerre 1870-1871, et dont un grand nombre de nos concitoyens existant encore aujourd'hui ont été, comme nous, les témoins oculaires.

Les Opérations de Guerre dans la Région du Nord composent la deuxième partie qui est d'un intérêt beaucoup plus général : il y est question, principalement, des événements de guerre accomplis dans les départements de l'Aisne, de la Somme, du Pas-de-Calais et du Nord, depuis la prise de Laon jusqu'à la conclusion de la paix.

La triste histoire des *Prisonniers en Allemagne* devait trouver nécessairement place dans ce récit de nos infortunes, car de Laon, de La Fère, de Ham, de Soissons, d'Amiens et de Saint-Quentin sont partis, comme prisonniers de guerre, un certain nombre de mobiles et de mobilisés dont la plupart étaient devenus soldats du jour au lendemain.

Des *Documents et Notes* terminent le volume.

Il nous reste à désigner les sources où nous avons puisé nos renseignements ; elles sont nombreuses : ce sont d'abord nos propres notes, prises pendant et après la guerre, et reproduites, en partie, dans nos « Tablettes Cambresiennes » des années 1874 à 1878. Viennent ensuite : la « Campagne du Nord » par Faidherbe ; — la « Guerre de 1870 », par le maréchal comte de Moltke ; — la « Guerre de 1870-1871 », par Alfred Duquet ; — les « Opérations de l'Armée française du Nord », par Ténéra ; — « La Guerre de France », par Claveau Anatole ; — les « Armées du Nord et de Normandie », par Grenest ; — « L'Invasion en Picardie », par Gustave Ramon ; — « L'Invasion dans l'Aisne », par Ernest Lavisse ; — « Les Soldats français dans les prisons d'Allemagne », par le Chanoine Guers ; — « Souvenir de Guerre et de Captivité », par le R. P. Damas, etc., etc.

Nous avons consulté également les journaux de la Région parus pendant la guerre, et nous avons constaté — chose navrante à dire, — que du premier jour au dernier ils ont publié très souvent des nouvelles fausses ou exagérées, des dépêches trompeuses, qu'ils étaient obligés de démentir presque immédiatement.

Il y aurait encore à leur reprocher certaines indiscrétions qui ont quelquefois tourné au profit de l'ennemi.

Cambrai, 15 septembre 1898.

AVANT-PROPOS

Causes de la guerre.

A la séance du Corps législatif du 6 juillet 1870, M. de Gramont, ministre des Affaires étrangères, est allé déclarer à la tribune que le maréchal Prim, homme d'Etat et général espagnol, l'un des auteurs de la chute d'Isabelle II (1868), avait offert au prince Léopold de Hohenzollern la couronne d'Espagne, et que ce dernier l'avait acceptée.

« Nous ne croyons pas, disait, en terminant, le ministre
» de Gramont, que le respect des droits d'un peuple
» voisin nous oblige à souffrir qu'une puissance étrangère
» en plaçant un de ses princes sur le trône de Charles-
» Quint, puisse déranger, à notre détriment, l'équilibre
» actuel des forces en Europe, et mettre en péril les
» intérêts et l'honneur de la France.... »

Ces paroles, qui excitèrent de vifs applaudissements, avaient une signification extrêmement grave. C'est comme si l'on avait dit à la Prusse : « Vous n'irez pas plus loin ; nous ne permettrons pas, qu'au mépris du droit international qui préside aux relations des grandes puissances, vous disposiez toute seule du sort de l'Espagne.

« Vous avez accepté la couronne pour un membre de la famille des Hohenzollern, nous exigeons que vous reveniez sur votre acceptation ; si vous ne le faites pas volontairement, nous saurons, au besoin, vous y contraindre. »

C'est ainsi que le comprit la Chambre : elle se leva en entier et battit des mains. Les tribunes elles-mêmes appuyèrent la manifestation ; les dames agitèrent leurs mouchoirs, les hommes criaient : « hourrah ! » L'émotion était indescriptible.

Le marquis de Gramont ne se borna pas à faire connaître la déclaration au Corps législatif ; il envoya une dépêche diplomatique aux grandes puissances de l'Europe. Cette dépêche disait en substance : « La France ne veut pas entraver la liberté des Espagnols dans le choix qu'ils voudraient faire d'un roi ; mais elle ne considère pas la candidature du prince de Hohenzollern comme émanant du sentiment populaire des Espagnols ; cette candidature est le résultat d'une intrigue à laquelle ont pris part quelques hommes d'État prussiens ou espagnols ; en s'élevant contre cette intrigue la France ne contrarie pas le libre choix des Espagnols, elle s'oppose, comme elle en a le droit, à ce que la diplomatie de deux États dispose d'une couronne de manière à pouvoir compromettre la sécurité des autres États, et l'équilibre européen. »

Quelques jours après (12 juillet) l'ambassadeur d'Espagne annonçait officiellement à M. de Gramont la renonciation du prince Léopold de Hohenzollern à la candidature au trône.

Toute menace de guerre avait-elle enfin disparu ? Était-ce la paix ? Non, malheureusement L'Empire voulait saisir l'occasion de régler son compte avec la Prusse, et de « mettre fin au sans-façon avec lequel cette puissance interprétait les traités. » De là l'émotion, et disons-le, l'approbation du public.

Depuis quatre ans, la Prusse ne se gênait pas :

Elle reconnaissait l'indépendance de l'Allemagne du Sud ;

Elle exerçait une influence dominatrice sur tous les États de la Confédération germanique ;

Elle s'engageait à restituer le Slesvig aux Danois, puis elle gardait cette province par cette raison sans doute que ce qui est bon à prendre est bon à garder ;

Elle acceptait le Mein pour frontière de la Confédération du Nord, et déclarait, en toute occasion, qu'elle le franchirait, quand elle croirait le moment venu.

Il avait fallu lui poser le *casus belli* pour l'empêcher de s'emparer du Luxembourg qu'elle convoitait. Et voilà qu'elle imaginait de mettre un roi de sa façon sur le trône d'Espagne.

L'empereur Napoléon avait donné à Bénédetti, son représentant à Berlin, l'ordre de se rendre auprès de Guillaume dans le but d'obtenir des explications précises.

Tout en reconnaissant qu'il avait autorisé le prince de Hohenzollern à accepter la candidature qui lui avait été offerte, le roi de Prusse soutint « qu'il était resté étranger aux négociations poursuivies entre le gouvernement espagnol et le prince de Hohenzollern ; qu'il n'y était intervenu que comme chef de famille et nullement comme souverain, et qu'il n'avait ni réuni, ni consulté le conseil de ses ministres. » Toutefois, Guillaume reconnut « qu'il avait informé le comte de Bismarck » de ces divers incidents.

Le conseil des ministres ne considéra pas ces réponses comme satisfaisantes et voulut savoir « si, par un de ces
» revirements toujours possibles dans un pays sortant
» d'une révolution, la couronne était de nouveau offerte
» par l'Espagne au prince Léopold, il ne l'autoriserait
» plus à l'accepter, afin que le débat pût être considéré
» comme définitivement clos. »

Le roi consentit à approuver la renonciation du prince Léopold, mais il refusa de déclarer qu'il n'autoriserait plus à l'avenir le renouvellement de cette candidature. Il ajouta qu'il ne pouvait ni ne voulait prendre aucun engagement, et qu'il devait, pour cette éventualité, comme pour toute autre, *se réserver la faculté de consulter les circonstances.*

Le lendemain, le roi faisait notifier par un aide de camp à Bénédetti qu'il ne le recevrait plus.

En même temps, M. le baron de Werther, ambassadeur à Paris, recevait l'ordre de prendre un congé ; des armements s'opéraient en Allemagne, et le vendredi 15 juillet, l'empereur Napoléon, outré de l'affront qui lui avait été fait dans la personne de son ambassadeur, déclarait la guerre au roi Guillaume.

PREMIÈRE PARTIE

CAMBRAI PENDANT LA GUERRE

I

Premiers préparatifs.

C'est le samedi, 16 juillet, à cinq heures et demie de l'après-midi, qu'arriva à Cambrai la nouvelle officielle de la Déclaration de Guerre.

Ordre était donné immédiatement d'expédier par les trains les plus rapprochés les troupes de la garnison.

A neuf heures du soir, une partie de la population accompagnait jusqu'à la gare du Nord, en chantant la *Marseillaise* et le *Chant du Départ*, les soldats du 24me régiment de ligne dont les bataillons étaient aussitôt dirigés vers l'Est, où l'on pensait bien que se donneraient les premiers coups.

Le jeudi 21 juillet, quatre trains spéciaux emportaient le bataillon du 54me détaché temporairement à Cambrai et les quatre escadrons actifs du 2me dragons avec leurs chevaux, leurs armes et leur matériel de toute nature.

Il ne restait donc plus à Cambrai le 22 juillet, pour garder les portes et les différents postes de la ville, que les dépôts du 24me de ligne et du 2me dragons, réduits aux plus modestes proportions.

Mais appel allait être fait à tous les hommes, jeunes et vieux, en état de porter les armes et de servir la Patrie.

A peine la guerre était-elle déclarée qu'une souscription nationale s'ouvrait par toute la France en faveur des armées de terre et de mer. A Cambrai un comité local pour l'arrondissement se formait dans le but de recueillir les dons patriotiques destinés à secourir les soldats de notre armée qui seraient victimes de la guerre, et les familles que les évènements priveraient de leur soutien. Ce Comité avait pour président M. J. Brabant, maire de Cambrai.

En même temps, sous la direction de Mme la Comtesse de Hogendorp (1) et de Mme Jules Brabant, un comité de Dames se constituait également dans notre ville pour recueillir et centraliser, de tous les points de l'arrondissement, les dons en nature destinés aux soldats de notre armée qui seraient blessés pendant « la campagne de Prusse ».

Ce Comité faisait appel au patriotisme de toutes les femmes désireuses de concourir au soulagement des blessés ; chacune des dames qui le composaient, devait se charger de recevoir et de faire ensuite parvenir au Ministre de la guerre les dons de linge, bandes, charpie, flanelle, gilets de laine et de coton, ainsi que du thé, du sucre, du café et d'autres objets pouvant être utilisés dans le même but.

L'élan patriotique qui venait de se produire d'un bout de la France à l'autre, devait fortement impressionner la jeunesse des Ecoles ; dans un grand nombre de villes, et à Cambrai tout particulièrement, la somme destinée à

---

(1) Le comte de Hogendorp était, à cette époque, sous-préfet de Cambrai, et il le fut jusqu'au 4 septembre 1870, jour du renversement de l'Empire et de la proclamation de la République.

l'acquisition des prix de fin d'année fut affectée à la souscription nationale, mais le Ministre de l'Instruction publique, tout en approuvant ces sentiments généreux, ne crut pas devoir accepter un tel sacrifice, et la raison qu'il donna, c'est que des souscriptions individuelles, organisées dans toute la France, permettaient aux Etudiants de prendre leur part de dévouement, tandis que le moyen proposé faisait retomber sur les bons Elèves seulement le « fardeau tout entier. »

Il n'y avait pas quinze jours que les premières troupes étaient parties de leurs lieux de garnison, et déjà on était impatient de recevoir des nouvelles du théâtre de la guerre. A défaut de dépêches officielles on en forgeait de fausses ou d'exagérées, et les journaux, pour la plupart, se montraient très indiscrets, en faisant connaître la composition des divers corps d'armée et leur destination probable.

C'est pour mettre fin à cet état de choses, très compromettant, que M. le Garde des Sceaux, par son arrêté du 22 juillet, annonça qu'à partir de cette date, il était interdit de rendre compte, par un moyen de publicité quelconque, des mouvements de troupes et des opérations militaires sur terre et sur mer.

Cette défense publiée à Cambrai, comme elle le fut partout en France, fut hélas ! bien vite oubliée, et les feuilles allemandes, muettes, surtout au début, sur ce qui se passait dans leur armée, furent, pendant presque toute la durée de la guerre, pleines de détails sur les opérations militaires qui s'accomplissaient chez nous.

Le mois de juillet s'écoula ainsi dans l'attente anxieuse des évènements.

II

Premières nouvelles du théâtre de la guerre.

Le mardi 2 août, à dix heures du soir, M. le Comte de Hogendorp, sous-préfet de Cambrai, faisait afficher à l'Hôtel de Ville la dépêche suivante qu'il venait de recevoir de Paris :

Paris, le 2 août 1870, 4 h. 22 soir.

(Reçu à la Sous-Préfecture, 9 h. 30.)

Le ministre de l'Intérieur aux Préfets et Sous-Préfets. J'ai reçu du Secrétaire de l'Empereur la dépêche suivante :

Metz, 2 août, 3 h. 30 matin.

« Aujourd'hui, 2 août à onze heures du matin, les troupes françaises ont eu un sérieux engagement avec les troupes prussiennes : notre armée a pris l'offensive, franchi la frontière et envahi le territoire de la Prusse. Malgré la force de la position ennemie, quelques-uns de nos bataillons ont suffi pour enlever les hauteurs qui dominent Sarrebrück, et notre artillerie n'a pas tardé à chasser l'ennemi de la ville.

» L'élan de nos troupes a été si grand que nos pertes ont été légères.

» L'engagement commencé à onze heures a été terminé à une heure.

» L'Empereur assistait aux opérations, et le Prince Impérial, qui l'accompagnait partout, a reçu sur le champ de bataille le baptême du feu. Sa présence d'esprit, son sang-froid dans le danger, ont été dignes du nom qu'il porte. »

Pour copie conforme :
Le Sous-Préfet,
Comte de HOGENDORP.

La nouvelle de ce petit succès fut accueillie avec enthousiasme par la population cambrésienne. Le lendemain, de grand matin, presque toutes les maisons étaient pavoisées de drapeaux tricolores.

En août 1870, les dépêches officielles qui arrivaient à Cambrai du théâtre de la guerre, après avoir passé par Paris, étaient annoncées au son du tambour, lues à haute voix par un agent de police et ensuite affichées dans un cadre grillagé, près de l'ancien passage des Halles.

Le samedi 6 août, jour de grand marché à Cambrai, on apprit avec stupéfaction la première nouvelle de nos défaites que le succès de Sarrebrück était loin de faire prévoir.

Voici comment était conçue la dépêche :

« Le Ministre de l'Intérieur à MM. les Préfets et Sous-Préfets.

» Trois régiments de la division du général Douay et une brigade de cavalerie légère ont été attaqués à Wissembourg par des forces très considérables massées dans les bois qui gardent la Lauter. Ces troupes ont résisté pendant plusieurs heures aux attaques de l'ennemi, puis se sont repliées sur le col du Pigeonnier qui commande la ligne de Bitsch.

» Le général Abel Douay a été tué ; une de nos pièces de canon, dont les chevaux avaient été tués et l'affût brisé, est tombée au pouvoir de l'ennemi.

» Le maréchal Mac-Mahon concentre sur les lieux les forces placées sous son commandement. »

Ce jour-là, à Cambrai, disparaissaient de toutes les fenêtres les drapeaux qu'on y avait arborés trois jours auparavant.

Wissembourg ! c'est la première alarme ; ce n'est pas encore la conscience et la certitude de la défaite, c'en est le pressentiment; c'est déjà l'inquiétude, l'anxiété, l'angoisse.

Bientôt les détails suivent la dépêche : une division a succombé, la France est envahie. Le voile se déchire ! Qu'on se rappelle l'étonnement dont fut saisi le pays tout entier à cette incroyable nouvelle.

Quand elle se répandit dans Cambrai le samedi 6 août, il y eut comme une explosion de douleur et de rage, suivie bientôt d'un cri d'admiration et de revanche. On s'était bien battu, on était bien mort ; que ne pouvait-on pas attendre d'hommes tels que le général Abel Douay et ses soldats ! C'était une poignée de héros qui avaient été écrasés par le nombre. Il y avait des optimistes qui allaient jusqu'à dire que ce petit échec, après tout si honorable, n'était pas inutile au début pour mettre l'armée sur ses gardes et modérer son excessive ardeur. Enfin on cherchait à se tromper, à expliquer, à atténuer, à reprendre espoir et confiance ; la *Gazette de Cambrai* dans son numéro du 6 août, disait en exagérant les forces réelles de notre armée, à cette date : « Nous avons *cinq cent mille hom-* » *mes !* sur notre frontière de l'Etat, qui ne demandent » aujourd'hui qu'à venger leurs frères ; peut-être l'ont-ils » déjà fait à l'heure où nous écrivons ». Hélas ! le coup était porté et le doute pénétrait dans les cœurs.

Ce fut bien autre chose le lendemain dimanche. Ce jour-là, je fus témoin d'une scène inénarrable que l'intervalle de vingt-huit années n'est point parvenu à effacer de ma mémoire.

Mais avant de faire connaître l'impression de la foule, rapportons d'abord les principales dépêches qui furent affichées à la porte de l'Hôtel de Ville de Cambrai, successivement, et en quelque sorte d'heure en heure, depuis dix heures du matin jusqu'à huit heures et demie du soir.

« *Metz, minuit et demi.*

« Le maréchal Mac Mahon a perdu une bataille sur la

Sarre ; le général Frossard a été obligé de se retirer ; cette retraite s'opère en bon ordre ; tout peut se rétablir.

» NAPOLÉON. »

« Metz, 7 août, 3 h. 30 du matin.

« Mes communications étant interrompues avec le maréchal Mac-Mahon, je n'ai pas eu de nouvelles de lui jusqu'à hier. C'est le général de Laigle qui m'a annoncé que le maréchal de Mac-Mahon avait perdu une bataille contre des forces considérables et qu'il se retirait en bon ordre.

» D'un autre côté, sur la Sarre, un engagement a commencé vers une heure. Il ne paraissait pas très sérieux, lorsque petit à petit les masses ennemies se sont accrues considérablement, cependant sans obliger le 2ᵉ corps à reculer. Ce n'est qu'entre six et sept heures du soir que les masses ennemies devenant toujours plus compactes, le 2ᵉ corps et les régiments qui le soutiennent se sont retirés sur les hauteurs. La nuit a été calme. Je vais me placer au centre de la position.

» NAPOLÉON. »

Mac-Mahon battu ! lui sur qui la France faisait reposer une grande partie de son espoir : désillusion cruelle ! Et comme si ce n'était pas assez de ce malheur, on nous apprenait dans une troisième dépêche, publiée une heure après la seconde, que le corps de Frossard avait eu à lutter, le 6 août, contre une armée ennemie tout entière et qu'après avoir tenu sa position jusqu'à six heures, il avait opéré sa retraite en bon ordre.

Trois défaites successives !

Impossible de pouvoir peindre l'émotion de la foule amassée sur la Place d'Armes de Cambrai et toute frémissante après d'aussi lamentables nouvelles. *Des armes ! des armes !* clama-t-on de toutes parts : *A la sous-préfecture !*

— Non, s'écria M. Galland-Ruskonné qui, un peu plus tard, devint maire de Cambrai, *allons à la citadelle et là nous aurons des armes.*

— *Oui, oui, courons à la citadelle !*

Et voilà une centaine d'hommes qui, tout aussitôt, prennent le pas gymnastique en suivant la rue des Trois-Pigeons.

Mais arrivés en face de la pharmacie Grosjean, l'un de ces ardents patriotes remarquant, sans doute, que la foule les regarde sans les suivre, fait signe aux camarades de s'arrêter. C'est encore Galland qui prend la parole :
« Inutile d'aller à la citadelle ; nous sommes trop peu de monde. Mieux vaut se rendre à la mairie. Nous parlerons à M. Brabant, maire, qui confère en ce moment avec M. le comte de Hogendorp, sous-préfet, et leur déclarerons que nous voulons immédiatement la formation d'une *Garde nationale* en état de défendre la ville. »

Cette motion fut acclamée.

Une délégation de citoyens, à la tête desquels se voyaient M. Anatole Hattu, rédacteur de l'*Emancipateur* et M. Galland-Ruskonné, demandèrent, par l'appariteur de service, une audience au Maire.

M. Jules Brabant, avec son amabilité, sa courtoisie accoutumée, vint au-devant des Cambresiens et les fit entrer dans son cabinet où se trouvait M. le comte de Hogendorp.

Quand M. Hattu eut exposé brièvement l'objet de la démarche de ses concitoyens, M. Galland, sans laisser au premier magistrat de la ville et au sous-préfet le temps de répondre, prit, à son tour, la parole et s'exprima à peu près en ces termes :

« La foule, qui encombre en ce moment les abords de l'Hôtel-de-Ville, est impatiente de savoir si, par suite des graves événements survenus, vous n'allez pas, immédiatement, armer les citoyens capables de remplacer ici les soldats appelés à la frontière. Le 24ᵐᵉ régiment et le bataillon du 54ᵐᵉ de ligne, ainsi que le 2ᵐᵉ dragons sont allés combattre l'ennemi ; il ne reste plus à Cambrai, pour faire le service, que le dépôt du 24ᵐᵉ, composé en partie d'invalides. Pour ne pas être surpris aux jours du péril, nous demandons que les citoyens soient mis en état de combattre et de défendre leurs foyers. La foule exaspérée par le contenu des mauvaises dépêches arrivées coup sur coup, attend une réponse ».

Il fut décidé que M. le sous-préfet, comme représentant du Gouvernement, irait lui-même la donner. Il sortit avec la délégation, et, s'adressant à la foule, il lui tint à peu près ce discours :

« La Patrie est en danger, et vous avez raison de demander des armes ; mais encore faut-il qu'elles puissent servir. Le pays va se lever en masse contre l'ennemi : les plus jeunes, qui sont libres, partiront ; les autres, qui sont mariés, resteront et garderont les remparts pour les défendre en cas d'attaque. Bientôt paraîtra le décret ordonnant l'organisation, sur le pied de guerre, de la garde nationale sédentaire. Déjà sont formées les batteries de la garde nationale mobile. La nation, comme vous le voyez, ne reste pas inactive ; seulement, ayez la patience d'attendre quelques jours, car c'est une organisation sérieuse que nous voulons préparer. Ayez confiance, et surtout point de fausses alarmes, point de découragement... »

M. de Hogendorp parla pendant une dizaine de minutes ; sa parole persuasive ramena un peu de calme dans cette foule surexcitée par les mauvaises nouvelles du jour.

» Un instant après, — ici c'est M. Anatole Hattu qui parle
» — survenaient MM. Eric Isoard et Villain, rédacteurs du
» *Libéral* et de la *Gazette de Cambrai*, animés des
» mêmes sentiments patriotiques : alors, nous ne le disons
» pas sans une vive émotion, poussés tous trois par un
» élan commun, nous confondîmes, dans une accolade
» sincère, les sentiments chaleureux qui jaillissaient de
» nos cœurs ; tout motif de division fut oublié. En présence

» du péril que court le pays, les journalistes de Cambrai
» sont et demeureront unis. C'est un exemple bon à
» suivre ».

Ceci se passait le dimanche 7 août, et je fus témoin de cette embrassade qui aurait fait rire en toute autre circonstance.

Le lendemain 8 août, l'état de siège était déclaré dans les départements de la 3ᵉ division militaire dont le Nord faisait partie.

Cet état de siège concentrait, entre les mains de l'autorité militaire supérieure, tous les pouvoirs dont l'autorité civile est revêtue, pour le maintien de l'ordre et la police.

Les attroupements et les rassemblements étaient défendus.

Il était interdit de publier, d'afficher tout écrit, nouvelle à sensation, dépêche télégraphique, tendant à émouvoir ou à exciter l'esprit public, qui n'auraient pas été revêtus de la sanction de l'autorité compétente.

Les établissements publics, tels que cafés, brasseries, estaminets, dans lesquels il aurait été commis le moindre désordre, devaient être fermés immédiatement.

Le service des armes, la garde des établissements, seraient faits par la troupe de ligne, avec le concours des gardes nationales sédentaires et des gardes mobiles dont l'organisation devait être terminée en quelques jours.

En effet, on s'occupa tout à la fois de l'organisation définitive de la garde mobile, de la garde mobilisée et de la garde nationale.

La ville fit murer une de ses cinq portes — la porte Robert — qui, voisine de la citadelle, paraissait moins bien gardée et plus difficile à défendre Tout autour de la cité, le génie militaire assujettit des piquets taillés triangulairement dans la partie supérieure, et destinés à arrêter, à l'occasion, les courses et les poursuites de l'ennemi.

Quelques avant-postes, dans la traversée des fortifications, furent gardés : les uns par des soldats de la garde mobile, les autres par les gardes nationaux. La citadelle et les remparts où avaient été établies des casemates qui n'ont disparu qu'avec le démantèlement, étaient défendus par des canons auprès desquels veillaient, jour et nuit, des sentinelles.

Dans Cambrai tout était morne. La plupart des ateliers étaient fermés. Les hommes valides, non mobilisés, faisaient chaque jour, sur le champ de manœuvres ou sur l'Esplanade, l'exercice avec le fusil à piston, ancien modèle, et montaient la garde aux portes de la ville, sur les remparts et sur la Place-au-Bois où avait été construite, entre les chaînes, une immense baraque contenant les bestiaux qu'on voulait soustraire à la rapacité de l'envahisseur.

L'inquiétude était dans tous les esprits, la tristesse dans tous les cœurs, car le sol du pays était souillé par la botte du soldat allemand. Les malheureux évènements des premiers mois de la guerre ne faisaient rien augurer de bon pour l'avenir.

III

Garde mobile du Nord.

La garde nationale mobile existait déjà depuis deux ans, lorsqu'éclata comme un coup de foudre cette guerre de 1870. Personne ne s'y attendait, et la France qui se croyait prête à tout événement fut, au contraire, prise au dépourvu. Elle eût pu mettre, comme ses ennemis, près d'un million d'hommes sur pied, mais par une imprévoyance, une négligence impardonnable, c'est à peine si elle put opposer aux Allemands, dès le début de la guerre, quelques corps d'armée s'élevant à environ 250,000 hommes.

L'Empire avait cru n'avoir affaire qu'aux Prussiens. A peine la guerre déclarée, il vit, mais trop tard, qu'il aurait à lutter contre toute la confédération germanique, en possession d'une artillerie formidable, de soldats bien armés et préparés, de longue main, à la guerre.

La lutte était par trop inégale ; malgré le courage le plus intrépide il fallait nécessairement succomber.

La France, cependant, ne désespéra pas ; elle voulut combattre quand même, et transforma tout à coup en soldats des jeunes gens et des hommes de 20 à 35 ans, qui n'avaient jamais, pour la plupart, porté les armes.

Tels étaient les mobiles et les mobilisés.

En effet la garde nationale mobile ne ressemblait plus du tout à celle qu'avait enfantée la révolution de 1848 et que le général Duvivier avait disciplinée et mise bien vite en état de combattre, comme le prouvèrent les événements de juin.

Dissoute l'année suivante, 1849, elle fut rétablie par Napoléon III, sur la proposition du maréchal Niel alors ministre de la guerre, en vertu de la loi votée par le corps législatif le 1er février 1868. L'effectif probable de la garde nationale mobile devait être d'environ 550,000 hommes répartis en bataillons, compagnies et batteries. L'effectif maximum de chaque bataillon était de 2,000 hommes formant 8 compagnies de 250 hommes chacune.

On comprend que si cette armée avait été sérieusement instruite, par des chefs expérimentés, la France eût été prête à tout événement ; malheureusement l'armée auxiliaire n'existait que sur le papier, dans les cartons du ministère de la guerre. En certaines villes telles que Cambrai, où l'on parut vouloir se conformer au décret, les grades furent confiés — comme cela, d'ailleurs, était recommandé — aux citoyens qui avaient *une situation honorable* dans la circonscription de la troupe dont ils avaient sollicité le commandement.

Nous ne nous appesantirons pas ici sur les vices de cette organisation ; ils n'ont que trop éclaté durant la fatale guerre de 1870-1871 ; il est vrai que cette nouvelle armée, partout où elle avait pu être formée, n'avait pas encore eu le temps de se discipliner, de s'affermir, de prendre cet esprit de corps qui fait la consistance et la solidité d'une troupe, mais elle renfermait dans son sein même les germes de son impuissance.

Allait à l'exercice qui voulait. Y avait-il seulement des registres où étaient inscrits les noms des soldats des compagnies ? Ce serait à en douter, car à Cambrai, le 19 juillet 1870, trois jours après la déclaration de guerre, nous voyons M. Edouard Boitelle, faire le singulier appel suivant :

« Le Commandant du 2ᵉ bataillon de la garde nationale
» mobile du Nord (section de Cambrai) invite tous ceux
» qui sont animés du noble désir de concourir à la défense
» du pays, *à s'inscrire* le plus promptement possible
» au bataillon.

» *Ils seront conduits paternellement* par leurs chefs,
» dans un élan commun de patriotisme. »

Ed. Boitelle.

A cet appel, la jeunesse Cambresienne qui n'aurait pas demandé mieux de trouver des officiers capables de l'instruire au rude métier des armes et de la préparer ainsi au service de la patrie, se leva et vint dire qu'elle était prête à tous les sacrifices.

Ce même jour, 19 juillet, et par décret impérial, furent nommés dans la garde nationale mobile, à treize emplois de Lieutenants, vacants par organisation :

2ᵉ CORPS D'ARMÉE. — 3ᵉ DIVISION MILITAIRE

2ᵉ *Bataillon* (Cambrai).

Drain Gustave-Henri ; Descamps Louis ; Cochon Fernand ; Dufraine Albert ; Lefebvre Jules ; Edouard Cattelin de Valicourt ; Alexandre-Léon de Valicourt ; Delabre Luc.

3ᵉ *Bataillon* (Le Cateau).

Mairesse Jean-Baptiste ; Leblond César-Joseph ; Hutin Jean-Baptiste ; Poëte Fernand-Charles ; Dolez Gustave.

Le 20 août, furent nommés :

2ᵉ *Bataillon* (Cambrai).

Au grade de Lieutenant : Victor Happe et Edouard Bricout.

Au grade de Sous-Lieutenant : Henri Parent, Blériot, Pourpoint et Paul Moreau.

3ᵉ *Bataillon* (Le Cateau).

Au grade de Lieutenant : Henri Siébert, Paul Humbert et Fortuné Cousin.

Au grade de Sous-Lieutenant : Edmond Lozé et Jules-Hippolyte Gabet.

Presque en même temps et par délégation de M. le général commandant la 3ᵉ Division militaire, le Commandant du 2ᵉ bataillon de la garde nationale mobile du Nord nommait :

1° Au grade de Sergent-Major : — *1ʳᵉ Compagnie*, Jocaille Henri ; *2ᵉ*, Chevaux Louis ; *3ᵉ*, Dutron Gustave ; *4ᵉ*, Honoré Léon-Louis ; *5ᵉ*, Offroy Elisé ; *6ᵉ*, Dhaussy Léon-Louis ; *7ᵉ*, Ronné Jean-Baptiste ; *8ᵉ*, Ténière Léon.

2° Au grade de Sergent : — *1ʳᵉ Compagnie*, Brabant Edouard, Ardouin Dieudonné, Arlem Gustave, Tepins Alexandre ; *2ᵉ*, Moreaux Paul, Pagnien Elie, Pagnien Edouard, Deveaux André ; *3ᵉ*, Doyen Emile, Cerciat Pierre, Blériot Charles, Delsart Antoine ; *4ᵉ*, Bémal Edouard, Suzan Charles, Cambay Emile, Klein Arthur ; *5ᵉ*, Mascot Edouard, Foulon Charles, Mascaux Jean-Baptiste, Baudouin Charles-Emile ; *6ᵉ*, Ramette, Mascret Alphonse, Lesne Florimond, Mesnil aîné ; *7ᵉ*, Foulon fils, de Mœuvres, Dumont Louis, Delabre, Segais Edouard ; *8ᵉ*, Hulin Gustave-Louis, Noblécourt Pierre, Bédu Chrysole, Tribout.

3° Au grade de Sergent-Fourrier : — *1ʳᵉ Compagnie*, Coleau Alfred ; *2ᵉ*, Masse Anatole ; *3ᵉ*, Tubon François ; *4ᵉ*, Dormignies Louis-Jean-Baptiste ; *5ᵉ*, Villain Arsène-Edouard ; *6ᵉ*, Chenu Ernest ; *7ᵉ*, Facon Désiré ; *8ᵉ*, Brumeaux Adonis.

C'est le 12 août seulement, après quelques batailles perdues, que le gouvernement voyant l'invasion s'étendre, comprit enfin qu'il était nécessaire de quintupler — si c'était possible — notre armée, pour la rendre égale par le nombre à celle de l'ennemi.

Mais, comme nous l'avons dit, il était trop tard. Les jeunes gens valeureux qui auraient pu la sauver, n'étaient point prêts ; tout leur manquait: l'instruction et la discipline militaires, l'armement et même le vêtement.

A cette date du 12 août, le conseiller d'Etat, directeur-général, qui se nommait Léon Chevreau, parlant et agissant au nom du ministre de l'Intérieur et du ministre de la Guerre, s'adressait aux préfets de tous les départements et les chargeait de l'*organisation* des gardes mobiles, y compris la dernière classe, celle de 1869. Et, comme si l'on pouvait former des soldats du jour au lendemain, il ordonnait aux préfets de télégraphier ou d'envoyer immédiatement des estafettes dans chaque commune, pour que, par l'intermédiaire des maires, la centralisation des mobiles s'opérât immédiatement aux chefs-lieux de département ou d'arrondissement.

« Pourvoyez d'urgence à leur logement provisoire chez l'habitant, disait la dépêche ministérielle.

» Laissez les soutiens de famille dans leurs foyers.

» Faites une revue de départ très rapide, mais sévère, n'exemptant que les jeunes gens qui ont des infirmités. Aidez-vous, à cet effet, de médecins, d'officiers supérieurs que désignera le général, et d'officiers de gendarmerie.

» Nous ne voulons que des hommes *très solides*. Indiquez-moi par le télégraphe le nombre exact de ces mobiles valides dès que vous le connaîtrez.

» L'uniforme sera blouse bleue avec ceinture en cuir, galons rouges en croix sur la manche, sac en toile avec bretelle et un képi.

» Dites-moi si vous pouvez vous procurer ces effets chez vous en trois ou quatre jours. Cela serait très préférable à un envoi de Paris qui entraînerait certainement des lenteurs et serait peut-être matériellement impossible.

» Les cadres recevront des tuniques en drap aux lieux de rassemblement.

» Chaque homme se pourvoira de deux chemises et d'une paire de souliers. La solde provisoire sera de un franc par jour.

» Délivrez des vivres pour trois jours aux commandants qui les répartiront entre les capitaines. Les mobiles vivront à l'ordinaire.

» Exercez provisoirement les jeunes gens au maniement des fusils que les pompiers prêteront volontiers par patriotisme. Cent fusils peuvent exercer cent hommes, de cinq heures à sept heures du matin ; cent autres de sept à neuf et ainsi de suite.

« Occupez-vous, jour et nuit, de cette *organisation*. Je vous indiquerai le lieu définitif où devront se rassembler les mobiles et où il leur sera délivré des armes. »

Le préfet du Nord ne perdit pas de temps. Ce même jour, 12 août, paraissait l'arrêté de convocation des gardes mobiles du département du Nord.

Les gardes nationaux mobiles des classes 1865, 1866, 1867, 1868 et 1869 étaient prévenus de se rendre, sans aucun autre avis que la présente publication, au chef-lieu de l'arrondissement dans lequel ils avaient tiré au sort, le dimanche 14 août, à huit heures du matin, et comme les uniformes n'étaient pas encore faits, ils devaient recevoir un costume des plus simples, celui que l'on connaît : blouse de toile bleue avec croix rouge sur le bras, ceinturon de cuir et képi, pantalon *ad libitum*.

C'est dans cet accoutrement que, suivant les ordres du général de brigade commandant le département du Nord, le bataillon de Cambrai se rendit à Douai le mardi 23 août pour y tenir garnison ; il était remplacé le même jour par le bataillon de Douai qui était immédiatement caserné à côté du 3ᵉ bataillon du Cateau.

Huit jours après, le dimanche 28 août, le bataillon de Douai était armé de onze cents fusils dits à *tabatière*, et le 30 du même mois, le 3ᵉ bataillon du Cateau recevait la même arme et quittait le lendemain Cambrai pour aller tenir garnison au Quesnoy.

Au commencement de septembre 1870, la garde mobile du Nord formait trois régiments :

Le premier, comprenant les 1ᵉʳ, 2ᵉ et 3ᵉ bataillons, était commandé par M. Jacques Martin, nommé lieutenant-colonel ; c'était le 46ᵉ régiment d'infanterie de la garde nationale mobile.

Le 47ᵉ, commandé par M. Claude-François Gallier, était formé des 4ᵉ, 5ᵉ et 6ᵉ bataillons.

Le 48ᵉ, comprenant les 7ᵉ, 8ᵉ et 9ᵉ bataillons, était commandé par M. Duhamel, nommé lieutenant-colonel.

Le 46ᵉ régiment prit sa bonne part à tous les combats et à toutes les batailles livrés sous Bapaume, Amiens et Saint-Quentin. Nous en parlerons avec détails dans la deuxième partie de cette histoire.

IV

Les Mobilisés.

Au 1er septembre 1870, alors que Paris et la province étaient sans nouvelles du théâtre de la guerre, il y circulait les nouvelles les plus étranges et les plus disparates. Edmond About — pour n'en citer qu'un — écrivait dans le journal *Le Soir :*

« .... En vingt-cinq jours un homme actif et discret, qui fait beaucoup de besogne et peu de bruit, et cache ses victoires aussi soigneusement que des défaites, a su arrêter la marche de l'ennemi. Il a contraint toutes les armées prussiennes de se grouper autour de lui, sans excepter celle qui marchait sur la capitale.

» Il a tenu cinq ou six cent mille hommes en échec ; il les a fatigués, épuisés, tués en détail dans une multitude de petits combats que l'histoire ne connaît pas encore, mais dont le résultat saute aux yeux. Il a tari la source de ces bulletins mensongers dont le roi Guillaume emplissait les journaux de l'Europe ; l'auguste fanfaron est devenu muet, sinon modeste. Le monde sait, à n'en pas douter, que depuis Reischoffen et Forbach, les Teutons n'ont pas remporté sur nous un avantage notable. Il voit leur fortune enrayée ; il sent que, GRACE AU GÉNÉRAL BAZAINE, *nous avons repris le dessus !....* »

Edmond About écrivait ces lignes le 2 septembre. Le lendemain on apprenait à Cambrai le désastre de Sedan, et le surlendemain la proclamation de la République.

Repousser l'ennemi, conserver l'intégrité du sol français, telle fut la seule préoccupation du pays.

Dans une circulaire adressée le 6 septembre 1870 aux agents diplomatiques de France, Jules Favre, devenu tout à coup le ministre des Affaires étrangères et président du Gouvernement de la Défense nationale, disait :

« .... Le roi de Prusse a déclaré qu'il faisait la guerre, non à la France, mais à la dynastie impériale.

» La dynastie est à terre. La France libre se lève.

» Le roi de Prusse veut-il continuer une lutte impie qui lui sera au moins aussi fatale qu'à nous ?

» Veut-il donner au monde du XIXe siècle ce cruel spectacle de deux nations qui s'entredétruisent, et qui, oublieuses de l'humanité, de la raison, de la science, accumulent les ruines et les cadavres ?

» Libre à lui ; qu'il assume cette responsabilité devant le monde et devant l'histoire !

» Si c'est un défi, nous l'acceptons.

» *Nous ne céderons ni un pouce de notre territoire, ni une pierre de nos forteresses.*

» Une paix honteuse serait une guerre d'extermination à courte échéance.

» Nous ne traiterons que pour une paix durable.

» Ici, notre intérêt est celui de l'Europe entière, et nous avons lieu d'espérer que, dégagée de toute préoccupation dynastique, la question se posera ainsi dans toutes les chancelleries.

» Mais fussions-nous seuls, nous ne faiblirons pas.... »

Après ce fier langage, cet exposé de notre situation aux puissances, on se demandait si la France, — cette vaillante épée, cette chevaleresque protectrice de tous les opprimés, elle qui, sans compter, avait dépensé son sang et ses trésors pour quiconque implorait son appui, — trouverait à son tour non plus des armées, non plus des subsides, mais seulement une voix qui se fît entendre en sa faveur et qui plaidât la cause de la justice et du droit de l'humanité.

Personne ne répondit à cet appel suprême d'une grande et généreuse nation, et M. Thiers, l'homme le plus sympathique aux cabinets de l'Europe par ses connaissances profondes et ses vues étendues, n'eut pas plus de succès que M Jules Favre.

Plus que jamais la Patrie était en danger : comme autrefois, en pareille occasion, le ban et l'arrière-ban furent convoqués.

Le nouveau gouvernement pouvait bien trouver des hommes de cœur, mais où se procurerait-il les canons, nouveau modèle, se chargeant par la culasse, et les fusils à tir rapide qui permettraient à ses soldats d'aborder l'ennemi et de riposter à ses coups ?

Il fallait agir quand même.

Dans les premiers jours de septembre, il fut envoyé à tous les préfets, une circulaire détaillée, les invitant à faire préparer par chacun des maires placés sous leurs ordres, une liste présentant, par commune, les noms, prénoms, âge et profession des célibataires ou veufs sans enfants âgés de 25 à 35 ans.

N'y figuraient naturellement pas les citoyens servant dans la mobile et ceux qui avaient été exemptés lors du tirage au sort.

Cette liste, dressée par le maire assisté de quatre conseillers municipaux les plus anciens, comprenait les dix classes de 1864 à 1855.

Elle était divisée en cinq catégories qui pouvaient être appelées dans l'ordre suivant :

Première catégorie, classe de   1864.
2e   »   »   1863.

Troisième catégorie, classe de 1862 et 1861.
4ᵉ   »   »   1860 et 1859.
Enfin 5ᵉ   »   1858, 1857, 1856 et 1855.

Les plus jeunes, on le voit, étaient les premiers à marcher ; leurs aînés n'auraient à payer de leurs personnes que si les circonstances l'exigeaient.

Une circulaire adressée aux préfets en date du 29 septembre 1870, leur prescrivait d'organiser immédiatement en compagnies de gardes nationaux mobilisés :

1° Tous les volontaires qui n'appartenaient ni à l'armée régulière, ni à la garde nationale mobile ;

2° Tous les Français de 21 à 40 ans, non mariés, ou veufs sans enfants, résidant dans le département.

Dans cette même circulaire il était recommandé aux préfets de soumettre immédiatement les gardes nationaux mobilisés aux exercices militaires.

Les compagnies de gardes nationaux devaient, leur organisation faite, être mises à la disposition du ministre de la guerre.

Faisaient également partie de la mobilisation, les hommes de 25 à 35 ans qui s'étaient fait *remplacer* en vertu de la loi du 18 août 1870, mais qui, exemptés par leur remplacement du service militaire, restaient assujettis à la mobilisation.

La révision des mobilisés pour l'arrondissement de Cambrai eut lieu les 12 et 13 octobre 1870.

L'uniforme des gardes nationaux mobilisés du Nord était ainsi composé :

Tunique croisée en drap bleu foncé, avec collets et pattes rouges, liseré rouge sur la manche formant le parement ;

Pantalon de drap foncé avec liseré rouge ;

Képi drap bleu foncé avec bande rouge sur laquelle était cousue une plaque en cuivre doré portant Nord ;

Ceinture avec plaque en cuivre et giberne ;

Un havre-sac ;
Cravate bleue uniforme ;
Souliers et guêtres blanches.

Chaque homme avait droit, en outre, à deux chemises, à une couverture en laine dans le genre du type militaire et à deux paires de chaussettes en laine.

Les élections des officiers et délégués qui eurent lieu le 20 octobre 1870 ne firent que confirmer celles qui avaient été faites de concert avec M. le Maire Bertrand-Milcent, le 29 du mois précédent.

Furent nommés pour commander les six compagnies du bataillon des cantons de Cambrai *Est* et *Ouest :*

1. De la Brunière	Capitaine	1re Cie
2. Watremez Jean-Baptiste	Lieutenant	id.
3. Cornaille Alfred	Sous-Lieutenant	id.
4. Mascret Jean-Baptiste	id.	id.
5. Mallet de Chauny A.	Délégué	id.
6. Cailliez Pierre-Léon	id.	id.
7. Capon François	id.	id.
8. Cottiau Jules	id.	id.
9. Wiart Gustave	Capitaine	2e Cie
10. Bélamy Jules	Lieutenant	id.
11. Bilbaut Jules	Sous-Lieutenant	id.
12. Ravaux Paul	id.	id.
13. Panien	Délégué	id.
14. Spire	id.	id.
15. Férail	id.	id.
16. Dailliez	id.	id.
17. De la Royère Ernest, d'Iwuy	Capitaine	3e Cie
18. Jacquemart, d'Iwuy	Lieutenant	id.
19. Gérard Charles	Sous-Lieutenant	id.
20. Grésillon Hector	id.	id.
21. Fontaine Charles	Délégué	id.
22. De Neubourg Nicolas	id.	id.

23. Deldique François . . . Délégué 3ᵉ Cⁱᵉ
24. Larivière Edouard . . . id. id.

25. Mussault Em., de Niergnies. Capitaine 4ᵉ Cⁱᵉ
26. Dhordain Prudent, Cauroir Lieutenant id.
27. Leduc Isaïe, de Cagnoncles Sous-Lieutenant id.
28. Choain Adolphe, de Rumilly id. id.
29. Bricout Achille, de Cauroir. Délégué id.
30. Courbez Charlem., d'Awoingt id. id.
31. Lefebvre J.-B., Cagnoncles. id. id.
32. Ramette B., d'Escaudœuvres. id. id.

33. Chatelain N., d'Abancourt. Capitaine 5ᵉ Cⁱᵉ
34. Welcamps H., d'Abancourt. Lieutenant id.
35. Bernard Benoit, de Bantigny Sous-Lieutenant id.
36. Vallée A., de Paillencourt id. id.
37. Ségard Stanislas, de Bantigny Délégué id.
38. Delsaux P.-J., de Sancourt. id. id.
39. Wiart R., d'Hem-Lenglet. id. id.
40. Dénimal C., de Paillencourt. id. id.

41. Dupont Elie . . . . . Capitaine 6ᵉ Cⁱᵉ
42. Lucas Louis . . . . . Lieutenant id.
43. Delcroix Hubert . . . . Sous-Lieutenant id.
44. Noreux Charles . . . . id. id.
45. Tournay Druon . . . . Délégué id.
46. Delattre Jean-Baptiste . . id. id.
47. Mayeux Uranie . . . id. id.
48. Wagon Alexis . . . . . id. id.

La garde nationale mobilisée avait, comme la garde mobile, ses batteries d'artillerie. L'élection des grades pour la batterie de Cambrai eut lieu le 24 octobre. Voici quel en fut le résultat :

Furent nommés :

Lieutenant en 1ᵉʳ : Mallet Alcide.
    id.   2ᵉ : Lallemant.

Maréchal-des-logis-chef : Senez Isaïe.

Maréchaux-des-logis : Lepot ; Dhenin ; Legrand et Bertrand.

Brigadiers : Duminil ; Héloir ; Globet et Bataille.

Quelques jours après la nomination des officiers des mobilisés pour les cantons *Est* et *Ouest* de Cambrai, M. le sous-préfet Eric Isoard prenait un arrêté par lequel M. Ledieu, chef de bataillon en retraite et officier de la Légion d'honneur, demeurant à Bévillers, était chargé de l'organisation et de l'instruction des gardes nationales mobilisées dans les cantons de Carnières, de Clary, de Solesmes et du Cateau.

Le même arrêté du 27 octobre 1870, prescrivait aux chefs et officiers des bataillons d'obéir à M. le commandant Ledieu pour tout ce qui concernerait cette organisation et cette instruction.

Jusqu'à cette date du 27 octobre l'organisation des compagnies mobilisées ne s'était traduite que par un seul fait : la nomination des chefs.

D'exercices il n'en était pas encore question ; et cependant les compagnies pouvaient d'un jour à l'autre être appelées à l'activité.

D'habillement, d'équipement, d'armement, personne ne semblait s'en préoccuper, bien qu'aux termes de l'arrêté préfectoral les communes dussent être indemnisées par l'Etat des dépenses dont elles se seraient imposées en vue de ces fournitures.

Cette inaction paraissait incompréhensible : « Bourbaki, disait-on, arrive dans le Nord se mettre à la tête de nos mobiles et de nos mobilisés : il va chercher à faire diversion pour concourir à la délivrance du « héros de Metz » ; que lui faut-il, à cet effet ? 200,000 hommes, peut-être 100,000 seulement. Que ne se dépêche-t-on pas de les lui fournir ? Si cela se faisait promptement, quels coups de géant et de désespéré Bazaine ne donnerait-il pas à ses troupes si aguerries, si énergiques et si disciplinées ? »

Et l'on ajoutait ensuite :

« Après un vigoureux effort, supposons-le libre et se mettant à la tête de ceux-là même qui l'ont secouru, avec Ladmirault, Clérambault, Canrobert, Changarnier : il peut se jeter sur Nancy, Epinal, Lunéville, Belfort, traverser le Rhin, se précipiter dans la Forêt Noire et ravager le Wurtemberg ou la Bavière, en entraînant à sa suite la Lorraine et l'Alsace révoltées qui inondent l'Allemagne ; ou bien encore, on le verrait se retourner sur Frédéric-Charles par une offensive terrible et le rejeter sur Sedan pour y laver la honte de notre capitulation.

» La route de Paris lui est également ouverte, et pour sauver la capitale, il peut venir donner la main à Bourbaki qui commande les mobiles, les mobilisés et toutes les troupes de la région du Nord.

» En 1674, la France trouva un Turenne et un Condé pour la sauver : pourquoi ne trouverait-elle pas aujourd'hui deux grands généraux ?

» Si nous en croyons nos pressentiments, Condé pourrait, en 1870, s'appeler Bourbaki, et *Turenne* se nommer *Bazaine*. »

Voilà ce qui se disait et s'écrivait à Cambrai le 23 octobre 1870 ; et le jeudi matin 27 octobre, le traître Bazaine, au mépris de l'honneur de l'armée dont il avait la garde, livrait, sans même essayer un suprême effort, environ cent cinquante mille combattants, plusieurs milliers de blessés, ses fusils, ses canons, ses drapeaux, et la plus forte citadelle de la France, Metz, vierge jusqu'alors des souillures de l'étranger.

Quelle que fût l'étendue du désastre, on se prépara enfin à organiser partout la résistance.

Le 2 novembre, le gouvernement de la Défense nationale, installée à Tours, décrétait qu'en présence de la patrie en danger, tous les citoyens valides, de 21 à 40 ans, mariés ou veufs sans enfants, seraient mobilisés.

L'organisation devait être terminée le 19 novembre.

Toute exemption, basée sur la qualité de soutien de famille était abolie, même à l'égard de ceux à qui elle avait été antérieurement appliquée par les conseils de révision. Il n'était admis d'autres exemptions que celles résultant des infirmités.

La République devait pourvoir aux besoins des familles reconnues nécessiteuses.

La patrie est en danger ! Voilà le cri que le gouvernement de la Défense nationale jetait à la France, en lui demandant des sacrifices tels que les guerres du premier Empire n'en avaient jamais exigé de semblables.

La patrie est en danger ! Et pour la sauver on ordonnait aux Français de se lever en masse, de quitter — pour courir aux armes — famille, repos, affaires. Ce n'était pas un impôt qu'on leur demandait — les sacrifices d'argent étaient insuffisants — ce qu'on les invitait à donner, c'était leur sang, leur existence, c'était leur vie.

Tous ces sacrifices ils les faisaient volontiers pour le salut de la patrie ; les Français, en ces occasions, n'ont jamais hésité à mourir ; pour eux la vie est moins précieuse que l'honneur, et c'est pour l'honneur du pays qu'on les appelait par cette levée énorme qui ne devait plus laisser dans nos cités que des hommes dépassant la quarantaine et également prêts à combattre.

Sans perdre de temps on compléta le cadre des officiers mobilisés, on forma les compagnies, on commença à exercer les hommes de 20 à 40 ans, véritables recrues dont la plupart n'avaient jamais porté les armes, et l'on s'occupa, avec plus d'activité que jamais, de l'équipement et de l'armement.

M. Henri Gros, chef de bataillon dans la garde nationale

sédentaire, fit preuve, en cette circonstance, du plus beau et du plus louable dévoûment patriotique.

Cet ancien officier de cavalerie, comme s'il avait oublié qu'il avait une femme qu'il aimait, et deux fils en bas âge, qu'il chérissait, ne vit plus que la patrie implorant le secours de tous ses enfants, et, faisant le sacrifice de sa vie, il demanda à marcher contre l'ennemi et à combattre avec les mobilisés pour la délivrance de son pays.

M. Gros que nous avons connu comme notre commandant, avait un extérieur imposant, une taille élevée, un air martial et une forte voix, bien faite pour le commandement. On sait que ce colonel de la garde mobilisée mourut presque subitement, après une revue qu'il venait de passer à Fampoux, peu de jours avant la rentrée de sa colonne à Cambrai.

M. Gros avait été nommé colonel par arrêté du ministre de l'Intérieur. (1)

Sur la proposition de M. Eric Isoard, sous-préfet de Cambrai, M. le Préfet du Nord, qui était alors Pierre Legrand, nomma dans la légion de la garde nationale mobilisée de l'arrondissement de Cambrai :

MAJOR (chef de bataillon) : Cuvelier Charles.
MÉDECIN-MAJOR : Robert Hippolyte, docteur en médecine.
LIEUTENANT, trésorier-payeur : Parent Alfred.
CAPITAINE d'armement : Delattre.
CAPITAINE d'habillement : De Chauny Anatole.

CAPITAINES-ADJUDANTS-MAJORS :

1er bataillon : Thorné Antoine.
2e   id.   Décaudin Alexandre.
3e   id.   Plessy Amand.
4e   id.   Dufresnoy Léon.
5e   id.   Taloppe Charles.
6e   id.   Réal Paul.

---

(1) M. Brillet, chef de bataillon, fut nommé colonel (par intérim) en remplacement de M. Gros, décédé.

C'est à peu près à cette époque (25 novembre) que le général de brigade Séatelli fut nommé commandant supérieur des forces de la place de Cambrai.

L'effectif général de la garde nationale mobilisée pour les sept arrondissements composant le département du Nord, donnait un total de 31,228 hommes, qui se décomposait comme suit :

Arrondissement d'Avesnes. . . .	3,065	hommes.
id. de Cambrai . . .	4,167	id.
id. de Douai	2,978	id.
id. de Dunkerque . .	2,321	id.
id. d'Hazebrouck. . .	3,062	id.
id. de Lille	11,241	id.
id. de Valenciennes . .	4,394	id.

Le 28 novembre 1870, le Préfet du Nord prenait l'arrêté suivant :

Vu le décret du Gouvernement de la Défense nationale en date du 29 septembre 1870 ;

Vu le décret du 22 octobre ;

Vu le décret en date du 22 novembre qui nomme M. Anatole Robin au grade de commandant supérieur des gardes nationales mobilisables du département du Nord ;

Arrêtons :

Art. 1er. — Les gardes nationales mobilisables du département du Nord du 1er ban, comprenant les célibataires et veufs sans enfants de 21 à 40 ans, sont mobilisés à partir de ce jour, et mis à la disposition de M. le commandant supérieur.

Ils entreront en solde à dater du 29 courant.

Art. 2. — M. le Commandant supérieur, MM. les Sous-Préfets et Maires du département sont chargés de l'exécution du présent arrêté, chacun en ce qui le concerne.

Fait à Lille, le 28 novembre 1870.

Pierre LEGRAND.

M. Anatole Robin, général commandant supérieur des gardes nationales du Nord, portait aussi à la connaissance des troupes dont le ministre de la guerre lui avait confié le commandement, les ordres généraux ci-après :

Ordre général n° 9.

Les légions des gardes mobilisées du Nord seront numérotées ainsi qu'il suit :

   1re légion : Lille.
   2e id. Roubaix.
   3e id. Armentières.
   4e id. Avesnes.
   5e id. Cambrai.
   6e id. Douai.
   7e id. Dunkerque.
   8e id. Hazebrouck.
   9e id. Valenciennes.

Lille, le 29 novembre 1870.

         Par ordre,

            Le Chef d'Etat-Major,
            JEANNE.

Un autre ordre du jour réglait le casernement des gardes nationaux mobilisés :

A Cambrai, les 1er, 2e, 3e et 4e bataillons ;

Les 5e et 6e bataillons devaient loger chez l'habitant.

Le dimanche 4 décembre les soldats de la garde nationale mobilisée étaient armés : les uns de chassepots, les autres — et c'était le plus grand nombre — de mauvais fusils à tabatière.

Le jeudi 8 décembre, à deux heures, le général Séatelli passait en revue les troupes de la garnison, les compagnies des mobilisés et de la garde nationale tout entière, y compris les pompiers.

A la suite de cette revue, le général Séatelli a publié l'ordre du jour suivant :

« *Cambrai, le 8 décembre 1870.*

» Citoyens et Soldats,

» Appelé par le Gouvernement de la Défense nationale à diriger les travaux de la défense de la place de Cambrai, j'ai accepté cette honorable mission avec d'autant plus d'empressement que je savais trouver en vous des auxiliaires prêts à tous les dévouements, à tous les sacrifices.

» Mes pressentiments ne seront pas trompés. Votre attitude martiale et les énergiques déclarations de vos magistrats et de vos chefs me donnent l'assurance que si l'ennemi approche de nos murs il trouvera à qui parler.

» Assez de capitulations, assez de honte comme cela !

» L'heure est venue de se roidir en un suprême effort et d'attendre patiemment, sans défaillance, sur nos remparts vigoureusement défendus, les coups définitifs que vont frapper, demain peut-être, l'armée de la Loire et l'héroïque armée de Paris.

» Courage donc et persévérance ; la cause de la justice et du bon ordre doit enfin triompher. Surtout plus de dissensions, plus d'antagonisme politique. La seule pensée qui doive nous absorber aujourd'hui est celle de la défense nationale. Unissons-nous de cœur, d'intention et de fait aux hommes courageux qui ont entrepris la rude tâche de sauver le pays.

» Marchons fraternellement à l'ombre du glorieux drapeau que des désastres immérités ont pu ternir, mais qui doit recouvrer bientôt le prestige que l'incapacité et la trahison ont essayé de lui ravir.

» Vive la France ! Vive la République !

» Le général commandant supérieur,
» Séatelli. »

Lundi 12 décembre, vers deux heures, la musique municipale, accompagnée de détachements de gardes nationaux, de l'artillerie sédentaire et des sapeurs-pompiers conduisait à la gare les mobilisés de Cambrai qui se rendaient à Lille où devaient se réunir les contingents appelés à renforcer l'armée du Nord.

M. le général Séatelli et M. le Sous-Préfet attendaient nos jeunes soldats à l'embarcadère. Au moment du départ M. le commandant supérieur adressa aux officiers quelques paroles énergiques en rapport avec la situation, et cinq minutes après, le train emportait nos concitoyens.

V

Les Eclaireurs.

Au mois de septembre 1870, la population des petites cités ouvertes et des campagnes était affolée par le contenu des dépêches successives annonçant désastre sur désastre, et par les racontars les plus sinistres qui couraient le pays et venaient encore augmenter l'épouvante.

Peu à peu cette frayeur avait gagné la population de nos villes du Nord. Déjà on ne s'y croyait plus en sûreté derrière des remparts réputés jusque-là formidables. On voulait savoir ce qui se passait dans un circuit de plusieurs lieues : si des espions ne cherchaient pas à connaître les préparatifs et les moyens de défense, si l'ennemi approchait, si des traîtres ne se disposaient pas à l'approvisionner. Ces soucis, ces inquiétudes bien fondées, donnèrent naissance au corps des éclaireurs.

Des hommes de bonne volonté, tout dévoués à leur pays, s'offrirent et s'organisèrent d'abord, en toute hâte, sous le commandement d'un chef qu'ils élurent.

Le mercredi 14 septembre, l'escadron de cavaliers éclaireurs de Cambrai, commençait son service.

Ce corps d'éclaireurs avait donc pour mission de parcourir chaque jour à cheval l'arrondissement dans **tous** les sens, de signaler la présence ou la proximité de l'ennemi, d'éclairer, et la plupart du temps même, de rassurer la population.

Les éclaireurs ne tardèrent pas à faire preuve, en toutes circonstances, d'un vrai courage dans l'exécution de la tâche pénible dont ils s'étaient volontairement chargés.

« Chaque soir et chaque matin, disait un des journaux de Cambrai de cette triste année, un détachement de huit ou dix cavaliers, composé d'éclaireurs volontaires et de dragons, quitte notre ville et va jusqu'à l'extrémité de l'arrondissement s'informer des événements qui ont pu survenir.

» La durée de ces expéditions est de cinq à huit heures : nous n'avons pas besoin de dire ce qu'un pareil service, volontairement accepté, a de pénible et de méritant pour ceux qui le font. »

Et le même journal, au nom de ses concitoyens, exprimait ainsi sa gratitude :

« Aussi sommes-nous le porte-voix de tous nos concitoyens en leur adressant les sincères et justes félicitations qu'ils méritent. »

Les services rendus et que pouvaient rendre encore, dans les circonstances les plus difficiles, les éclaireurs cambrésiens, furent également appréciés par les autorités qui, au nom du Gouvernement, commandaient d'une manière absolue, dans le Nord, alors en état de siège. Un arrêté, pris d'abord par le Sous-Préfet de Cambrai, était conçu en ces termes :

RÉPUBLIQUE FRANCAISE

Nous, Sous-Préfet de Cambrai,

Considérant que le Ministre de l'Intérieur et de la Guerre a recommandé aux Préfets et Sous-Préfets de se renseigner exactement sur les faits de guerre et mouvements de l'ennemi ;

Que le corps de cavaliers volontaires, dit des *Eclaireurs Cambresiens*, a déjà rendu des services dans ce sens ;

Que d'ailleurs il n'y a plus à Cambrai de corps de cavalerie pour faire des reconnaissances dans les communes de l'arrondissement ;

Arrêtons :

Art. 1er. — Le détachement des Eclaireurs Cambresiens est maintenu ;

Art. 2. — M. Duchange Henri conserve le commandement des Eclaireurs Cambresiens.

Cambrai, le 31 octobre 1870.

Le Sous-Préfet,
Eric Isoard.

Voici, maintenant, d'autres documents qui établissent péremptoirement la preuve que les éclaireurs devaient être considérés comme *belligérants*, estimés à l'égal des soldats de l'armée active, puisque les « mobilisables » pouvaient en faire partie, à la condition de s'équiper à leurs frais.

M. Testelin, commissaire-général de la défense de la région du Nord, agissant en vertu des pouvoirs dont il est investi, a nommé à la date du 10 novembre 1870 :

M. Duchange Henri, au grade de capitaine-commandant le corps des éclaireurs de Cambrai.

M. Noché Frédéric, sous-lieutenant au même corps.

L'envoi du décret de nomination était accompagné des deux pièces suivantes :

Lille, le 11 novembre 1870.

M. Duchange Henri est autorisé à porter à cinquante le nombre des cavaliers éclaireurs qui composent sa compagnie. *Il n'y a aucune difficulté à ce que des mobilisables en fassent partie.*

Le Commissaire de la Défense,
A. Testelin.

J'autorise M. le Sous-Intendant de Cambrai à fournir la ration de fourrages demandée par M. le capitaine-commandant des éclaireurs, Henri Duchange.

Le Commissaire de la Défense,
A. Testelin.

Un peu plus tard, le 20 décembre 1870, la Compagnie des Eclaireurs à cheval de la ville de Cambrai devint *corps reconnu par M. le Ministre de la Guerre et assimilé aux armées de terre et de mer.*

Elle eut un uniforme qui se composait de :

Vareuse ou tunique courte en drap noir, avec parements et passepoils rouges ;

Pantalon noir avec bande rouge ;

Képi rouge avec liserets et bandeau rouge ;

Manteau blanc.

L'armement comprenait un sabre de cavalerie, un revolver ou un pistolet d'arçon.

Avec un peu d'attention il était impossible aux habitants de la campagne de confondre nos *éclaireurs* avec les *uhlans* dont l'uniforme était :

Une tunique bleu foncé, appelée *uhlanka*, avec collet, parements et plastron rabattu, dont la couleur variait suivant le numéro du régiment ;

Epaulettes sans franges, avec tournantes en cuivre ;

Pantalon gris avec passepoil rouge ;

Chapska avec fourragères.

L'armement de ces Allemands était la lance, le sabre courbé et le pistolet. La flamme des lances était blanche et noire pour la cavalerie prussienne, blanche et verte pour la cavalerie saxonne.

Or, qu'étaient-ce ces uhlans que nous avons vus maintes fois rôder aux alentours de Cambrai et qui s'éclipsaient dès qu'il y avait pour eux quelque apparence sérieuse de **danger ?**

En 1870, dans les combats que nos soldats ont eu à soutenir, ils ont subi des charges de cuirassiers, de dragons et de hussards — et pas une charge de uhlans. En effet le uhlan ne livre pas bataille, n'obéit pas à l'ordre d'un général, ne s'astreint pas à la discipline de la vie des camps.

Sur les ailes de l'armée prussienne, en avant et en arrière, à dix, vingt, trente et même quarante kilomètres des avant-postes, des nuées de cavaliers éclairent sa marche.

Toujours et rien que des uhlans.

La Prusse est-elle en paix?

Pas de uhlan.

La guerre est-elle déclarée?

Du sud au nord, de l'est à l'ouest, nombre d'officiers de cavalerie, retirés du service, et sans autre fortune que leur retraite modique, demandent à commander une troupe de cavaliers qu'ils se chargent de lever, d'équiper et d'entretenir à leurs frais.

On leur délivre une commission.

Munis de cette commission, ces vieux reîtres rassemblent des hommes, tous comme eux anciens soldats, tous à peu près sans ressources, et qui, n'ayant rien à perdre n'ont rien à risquer si ce n'est leur vie.

La frontière franchie, ils se mettent en chasse, car, s'ils font la guerre à leurs frais, ils la font aussi à leur profit, et ils ont donc droit à tous les bénéfices que pourrait leur rapporter la fortune des rencontres.

Les uhlans sont, autrement dit, des corsaires de terre ferme. La commission délivrée au capitaine n'est autre chose qu'une lettre de marque.

Ce qu'ils gagnent, c'est pour eux: ils ne se battent, nous le répétons, que pour le profit.

En cela les éclaireurs de l'armée allemande ne ressemblaient nullement aux éclaireurs cambresiens, douaisiens, valenciennois et saint-quentinois, dont la devise était : dévouement et désintéressement.

Si les éclaireurs allemands, appuyés le plus souvent par une forte troupe de fantassins et de cavaliers qui les suivaient à peu de distance, ont paru à proximité, nos cavaliers, à leur tour, bravant toutes les fatigues et les dangers, sont allés parfois bien loin reconnaître ce qui se passait, même en pays envahi.

Les rapports en font foi.

En novembre 1870, on voit quelques-uns de nos éclaireurs se diriger du côté de Laon, de Soissons, de Reims, de Châlons, d'Epernay, interroger des habitants sur leur passage, et recueillir partout des renseignements sur les évolutions de l'ennemi, ses forces éparpillées et le nombre de ses canons.

Voici quelques extraits de ces rapports :

« On s'étonne dans nos provinces conquises que l'armée du Nord ne profite pas de la négligence et du sans-gêne des Allemands.

» N'est-ce pas incroyable, disent les Français, qu'on ne détache pas de l'armée de Bourbaki 15 à 20,000 hommes pour surprendre, soit dans Reims, soit dans Laon ou dans La Fère, l'ennemi qui s'y trouve en petit nombre pour garder son artillerie.

» A Laon, samedi dernier, 19 novembre, il y avait au bas de la montagne, sur la route de Reims, dix pièces de canons, et quatre-vingt-six à Chavignon, sur la route de Laon à Soissons. Ce jour-là, Laon n'avait que 4,000 hommes de troupes ; Soissons n'en comptait que 2,000 ; sous La Fère il y avait un nombre à peu près égal.

» Pour ne pas distraire des soldats de l'armée, les Prussiens ont l'ingéniosité diabolique de faire conduire leurs voitures de réquisitions par les prisonniers civils que l'on reconnaît parfaitement à leurs **plaques en fer blanc, avec chiffres à jour**.

» L'Allemagne fait un grand commerce dans les pays envahis. Le savon et le sucre raffiné arrivent en abondance jusqu'à Reims.

» A Nancy, ils ont un entrepôt d'alcool qui ne contient pas moins de sept à huit cents pipes, de six cents litres chacune..... »

Nous passons bien d'autres renseignements qui ne seraient plus guère intéressants à lire aujourd'hui.

Le 30 novembre, au matin, des voyageurs, de passage en notre ville, répandirent le bruit que deux armées, fortes, l'une de dix mille hommes, et l'autre de quinze mille, s'avançaient, en deux colonnes, sur Cambrai, par Péronne et Guise.

Des éclaireurs furent envoyés aussitôt dans ces deux directions : leurs rapports ne signalèrent, ni à Péronne, ni à Guise, ni sur aucun point intermédiaire, la présence d'un seul ennemi.

C'est seulement plusieurs jours après, vers le milieu de décembre, après la prise d'Amiens, que les éclaireurs annoncent l'approche des avant-gardes ennemies. Leur mission n'est pas de les arrêter, mais de surveiller leurs mouvements et de deviner leurs projets. D'ailleurs ils sont en trop petit nombre et sont armés, non pour l'attaque, mais pour la défense. Toujours en vedette et sentinelles avancées, ils surveillent et cherchent à empêcher toute surprise. C'est grâce à eux si le général Séatelli, arrivé tout récemment à Cambrai, est mis au courant, chaque soir, des courses de l'ennemi à Masnières, à Noyelles, et presque jusqu'aux portes de Cambrai.

Cependant, le général n'ordonne aucune sortie : il sait qu'il n'a dans la ville que quelques mobiles, véritables recrues, venues de l'extrémité du département, mal armées, et dont les chefs sont, comme les soldats, dépourvus de toute instruction militaire. Avec de pareils hommes les chances lui paraissent par trop inégales ; il y aurait, selon lui, une grave imprudence à les exposer à se mesurer avec des troupes aguerries et pourvues d'armes perfectionnées ; car s'éloigner des remparts de la ville, c'était attirer l'ennemi.

C'est une justice à rendre aux Eclaireurs Cambresiens : quoique mal secondés, jamais ils ne se laissèrent aller au découragement, et continuèrent à remplir leur mission, comme si la fortune s'était enfin tournée de notre côté.

Nous regrettons de ne pouvoir donner ici la liste complète des braves Eclaireurs qui ont fait preuve de tant de dévouement et de désintéressement, jusqu'au dernier jour de la guerre de 1870-1871.

Voici les seuls noms que nous avons pu recueillir :

Capitaine-commandant : Duchange Henri.
Lieutenant : Noché.
Maréchal-des-logis-chef : Renart.
Maréchal-des-logis : Honoré, à Bonne-Enfance.
Fourrier : Bonche, à Cambrai.
Brigadier : Crassier, brasseur à Cambrai.
Eclaireurs : Bédu, à Villers-Guislain ;
» Bertrand Edmond, à Cambrai ;
» Black Gustave, à Sainte-Olle ;
» Boniface Oscar, à Esnes ;
» Brunel Jules, à Cambrai ;
» Carpentier ;
» Cattiaux Armand ;
» Charlet Jean-Baptiste ;
» Dransart Emile ;
» Duchange Jules, à Cambrai ;
» Dupont, à La Neuville ;
» Faille Emile, à Cambrai ;
» Gamblon, à Ossu ;
» Lécluselle Alexis, à Cambrai ;

Eclaireurs : Lépine, à Thun-Lévêque ;
» Leroy, à Villers-Outréau ;
» Mélot, au faubourg Cantimpré ;
» Meunier, à Hordain ;
» Pagnien Pierre ;
» Pagniez Alfred, à Cambrai ;
» Sauvet, à Cambrai ;
» Tabary, à Metz-en-Couture ;
» Vilain Oscar, à Cambrai.

On remarquera que parmi ces Eclaireurs il en est plusieurs qui habitaient la campagne. Or, leur dévouement à la patrie était d'autant plus méritoire, plus louable, qu'ils avaient tout à craindre, et pour leur personne et pour leurs biens : fusillés, s'ils étaient faits prisonniers, car les Allemands ne voulaient pas les reconnaître pour belligérants ; pillés et incendiés, s'ils étaient dénoncés au passage des Prussiens près de leur fabrique, de leur ferme ou de leur habitation.

Au mois de décembre le danger s'accrut pour eux. Se sentant appuyés par de nombreuses troupes qui bivouaquaient à de petites distances et pouvaient être ralliées au premier signal d'alarme, les Allemands parcoururent nos campagnes en tous sens : nos Eclaireurs, nous l'avons déjà dit, n'avaient point à les combattre, — du reste, leur petit nombre ne le leur permettait pas — mais à épier toutes leurs allées et venues. Ils rentrèrent plusieurs fois en ville, en décembre et janvier, et en sortirent quand il le fallut, soit pour obtenir des renseignements, soit pour éclairer la marche des mobiles ou des gardes-nationaux sédentaires.

Il y eut, en effet, quelques sorties ; mais, comme si on avait voulu attirer l'attention de l'ennemi qui rôdait aux alentours, la troupe, commandée pour aller en reconnaissance, partait de la ville au bruit des tambours et au son des clairons.

Pourquoi ?

C'est ce que nous n'avons jamais su deviner.

Si, pourtant, une seule fois. C'était pendant le siège de Péronne. De Cambrai, on entendait distinctement les coups de canon se succéder à de courts intervalles. Le général Séatelli avait appris par quelques Eclaireurs que Faidherbe, après avoir repoussé l'ennemi à Achiet-le-Grand et à Béhagnies, avait résolu de livrer bataille sous Bapaume, et de se porter ensuite au secours de Péronne pour en faire lever le siège.

Il fut donc décidé à Cambrai que la garde nationale ferait une « démonstration » sur la route de Bapaume et tâcherait d'inquiéter l'ennemi de ce côté. Le 1er bataillon fut désigné pour cette sortie qui s'opéra, *tambours battants* et *trompettes sonnantes*, sous le commandement du chef de bataillon Ozaneau. Un canon desservi par des artilleurs sédentaires, accompagnait la petite troupe composée d'environ cinq cents hommes, et armée de l'ancien fusil à percussion.

Les Eclaireurs étaient partis en avant à la découverte, tandis qu'une compagnie de la garde nationale avait pour mission de s'avancer en fouillant les bois de la Folie et de Bourlon. Après avoir dépassé Boursies sans rencontrer d'ennemis, ils revinrent sur leurs pas, au galop de leurs chevaux. A peine avaient-ils fait deux kilomètres que des passants les avertissaient de la présence des Prussiens à Fontaine-Notre-Dame. Celui qui commandait, ce jour-là, la petite colonne des Eclaireurs, réclama des hommes de bonne volonté comme avant-garde, et tout aussitôt quatre des plus résolus s'offrirent à partir en reconnaissance.

Le renseignement recueilli en route était bien exact : une douzaine de uhlans, chargés sans doute de surveiller Cambrai, avaient pressenti l'arrivée de la garde nationale et s'étaient mis à battre en retraite, lorsqu'arrivés au chemin creux d'Anneux à la grande route de Bapaume ils furent tout surpris de voir arriver à eux quatre cavaliers sabre au clair.

D'abord, les Allemands firent mine de vouloir barrer le chemin en faisant usage de leurs armes à feu, mais les quatre éclaireurs les ayant chargés résolûment, les Prussiens prirent la fuite, et, comme ils étaient admirablement montés, ils parvinrent à prendre une certaine avance sur la route de Bapaume qu'ils abandonnèrent bientôt pour s'enfuir à travers champs et échapper ainsi à la colonne qui arrivait à la suite de la petite mais vaillante avant-garde. Les noms de ces quatre cavaliers méritent d'être retenus, c'est : le maréchal-des-logis-chef, Renart; Baudet, brigadier de dragons ; Black Gustave et Gamblon, éclaireurs.

Le 4 janvier, des Éclaireurs, conduits par le fourrier Bonche, capturaient un Allemand et son cheval à Ribécourt.

Le 6 janvier 1871, un détachement de mobiles poussa une reconnaissance sur la route de Guise dans la direction de Walincourt. Le lieutenant Noché fut chargé d'éclairer la marche de cette troupe avec une dizaine de ses cavaliers.

La colonne s'en retourna sans avoir rencontré aucun ennemi.

Le lieutenant Noché réalisa alors un projet qu'il avait conçu la veille. Il savait que, depuis le 1er janvier, cinq ou six cavaliers prussiens venaient régulièrement, à l'entrée de la nuit, reconnaître ce qui se passait sur la route de Saint-Quentin à Masnières, poussant même quelquefois l'audace jusqu'à entrer dans le faubourg de Paris. Il détacha quelques-uns de ses éclaireurs, laissa les autres guider la colonne qui regagnait la ville, et, se dirigeant sur Bonavis par des chemins de traverse, il se rabattit sur Cambrai.

Arrivé près de Masnières, il apprit que des hussards venaient de passer et que quatre d'entre eux, comme s'ils avaient voulu garder le pont de Masnières, ne l'avaient pas dépassé, mais s'étaient arrêtés chez Beaurain, cabaretier, pour y prendre un café.

Nos éclaireurs se dirigèrent en toute hâte de ce côté. Il était environ cinq heures et demie du soir.

En entendant le galop des chevaux dans la rue, un hussard s'était levé, avait soulevé le rideau d'une fenêtre et avait crié d'un air effrayé : *Hop! Hop! Hier sind Franzosen!* «Vite! vite! voici des Français!»

Au même moment, le dragon Baudet et deux éclaireurs pénétrèrent dans l'enceinte du cabaret et sommèrent les Prussiens de se rendre. Ceux-ci, effrayés, essayèrent de se sauver par la cour ; on les y poursuivit, et, après avoir abattu d'un coup de carabine leur chef Max Abel, on trouva, l'un blotti dans un hangar, un autre caché sous une brouette. Quant au quatrième, il était parvenu à escalader la muraille et à se sauver à travers champs. L'obscurité de la nuit le déroba d'abord à toutes les recherches ; mais le lendemain ayant été aperçu au moment où il venait de franchir un des murs du jardin Dufrénois, à Bonavis, il fut poignardé par un franc-tireur nommé Charlet, qui accompagnait M. Décupère, notre concitoyen.

Le jeune hussard dont la poitrine avait été frappée par une balle fut alors relevé et confié à M. Thobois, médecin à Masnières.

Pendant ce temps, on avait attelé une voiture : les Éclaireurs y firent monter les deux cavaliers prisonniers; les quatre chevaux prussiens suivirent et furent emmenés en laisse ; mais en route l'un d'eux fit un brusque mouvement, se détacha et regagna la route de Saint-Quentin qu'il avait coutume de suivre chaque nuit depuis quelque temps.

Ces deux soldats allemands et quelques autres faits également prisonniers près de Cambrai étaient extraits, quelques jours après, de la maison d'arrêt de notre ville et conduits à Lille par des éclaireurs, car, ainsi que nous l'avons déjà dit, les éclaireurs, faute de gendarmes, étaient parfois obligés d'en remplir les fonctions. On les a vus, pendant la guerre, se mettre à la recherche des mobiles et mobilisés retardataires ou déserteurs, sans reculer devant aucune fatigue, aucune intempérie de saison, aucun danger.

C'est aux éclaireurs que le général Séatelli et le Sous-Préfet de Cambrai confiaient des messages secrets, messages qu'ils devaient, le plus souvent, porter au général Faidherbe, tantôt à Bapaume, tantôt à Bohain, tantôt à Vermand — comme on le verra plus loin, dans la deuxième partie, pour un « ordre de bataille », — et toujours à travers un pays parcouru par des cavaliers allemands. (1)

L'histoire des Eclaireurs ne prend fin qu'avec la guerre. Elle se trouve parfaitement résumée dans les adieux que le général Séatelli fit à la ville de Cambrai le 17 Mars 1871. Après avoir parlé du courage des Cambresiens qui avaient fait leur devoir sans forfanterie, il ajoute:

..... *Je n'oublierai pas dans cette succincte évocation nos braves Eclaireurs à cheval qui, pendant la période critique, nous ont rendu de si grands services et ont fait preuve d'un zèle et d'une intrépidité au-dessus de tout éloge.*

Et, en effet, tous ceux qui, comme nous, les ont vus à l'œuvre pendant la guerre diront : les Eclaireurs cambresiens se sont comportés en Français de cœur; tous ont bien mérité de la patrie.

---

(1) D'ordinaire, les Eclaireurs, porteurs de ces messages, étaient deux; ils étaient armés et toujours en uniforme. Une seule fois, cependant, le sous-préfet de Cambrai, Eric Isoard, voulant obtenir certains renseignements du maire de la commune de Mœuvres, dont les environs, avant la bataille de Bapaume, étaient occupés par les patrouilles allemandes, qui ne faisaient que se succéder, confia sa dépêche à l'éclaireur G. B. Ce dernier, au risque d'être regardé comme un espion, et d'être passé, comme tel, par les armes, s'il était pris, revêtit ses habits civils et accomplit sa périlleuse mission aussi hardiment qu'heureusement.

VI

Max Abel.

Nous avons dit que les Eclaireurs cambresiens étaient rentrés en ville avec deux prisonniers et trois chevaux capturés. « On a cru, a dit le lieutenant Noché, recon-
« naître la monture du brigadier blessé, pour être un
« cheval d'Afrique pris à Sedan à nos chasseurs. Ce soldat
« faisait la guerre avec une selle anglaise; ses hommes
« avaient là leur bourrée de rapines; il s'y trouvait de
« tout: une pièce de toile neuve, une fourrure de dame,
« des rideaux de fenêtre, un couteau à découper, des
« couverts et des flambeaux en ruolz, pris probablement
« pour de l'argent pur, un pantalon noir, un pantalon
« garance, un képi de commandant, un galon d'or, des
« pantoufles, de la passementerie pour rideaux, un gilet,
« des objets d'étagère, etc. Cela est bon à noter pour
« servir à l'histoire de la guerre de la Prusse contre la
« France. Je crois qu'on y aurait même trouvé la pendule
« traditionnelle, n'était la difficulté de la transporter à
« cheval. »

Le lieutenant Noché avait tenu à garder, tout d'abord, comme souvenir, le sabre de Max Abel; le général Séatelli lui avait même donné les deux plus beaux chevaux pris aux Prussiens; mais Noché ne voulut ensuite rien tenir pour lui et fit présent de sa grosse part de butin à ses camarades.

Le maréchal-des-Logis Honoré, qui était de l'expédition, conserve dans sa panoplie : la carabine, le sabre et la sabretache de Max Abel. Nous avons eu occasion de voir ces trois objets. Sur le long sabre de cavalerie, près de la poignée, sont trois inscriptions : les initiales P D — LUNESCHLOSS — SOLINGEN. Sur la carabine à aiguille, genre chassepot, on lit : SOMMERDA N D — Mod. 55. Enfin la sabretache qui est en cuir revêtu de drap rouge avec encadrement jaune, chiffre et couronne, porte, à l'intérieur, ce nom : ABEL.

Max Abel, blessé, avait été transporté, comme on sait, dans la maison d'un médecin de Masnières. Le lendemain, 7 janvier, les Prussiens, redoutant sans doute quelque embuscade, ne poussèrent pas leur reconnaissance au-delà du pont : ce qui les empêcha d'apercevoir le drapeau blanc qui flottait sur la maison de M. Thobois, et par conséquent de se douter de la présence de leur camarade, si dangereusement blessé la veille.

Le jeune brigadier ennemi, d'une nature expansive, ne tarda pas à se faire connaître à la religieuse de la Sainte-Famille qui le veillait et au médecin qui pansait sa blessure. On sut — et le bruit s'en répandit bientôt en ville, — que le prisonnier tombé dans l'enceinte du cabaret... était le fils d'un riche banquier de Berlin. On apprit, d'autre part, par les deux prisonniers, ses compagnons d'armes, que leur camarade se nommait Max Abel, qu'il n'était âgé que de dix-neuf ans, et que, protégé par la reine *Augusta*, sa marraine — ce qui était absolument faux comme la suite l'a prouvé — il ne tarderait pas à atteindre un grade élevé ; qu'il était hardi, plein de courage et fort estimé de ses supérieurs qui le traitaient en ami.

Le général Séatelli envoya le 7 janvier après-midi,

rechercher le prisonnier malade, mais comme ceux qui se présentèrent chez M. Thobois, n'avaient aucun ordre écrit, ce médecin refusa de leur livrer le brigadier allemand, et il ajouta que d'ailleurs l'état très grave du blessé s'opposait à tout transport.

Force fut donc aux cambresiens de revenir sans leur prisonnier. Ils étaient très mécontents, et comme ils avaient appris que Max avait écrit deux lettres, l'une pour sa mère, et l'autre pour son commandant; qu'il avait promis une bonne somme d'argent à qui les porterait au Catelet où se trouvait un camp prussien, ils ne manquèrent pas d'exposer au général combien il serait imprudent de laisser un prisonnier si important sous la garde d'un médecin qui, d'une heure à l'autre, pouvait être visité par une patrouille allemande. Séatelli se rendit à ces observations, rédigea un ordre écrit qu'il confia à M. Charles Déupère et à M. Thiéry-Foulon.

La nuit suivante, vers une heure, Max Abel entrait à Cambrai, dans une voiture-omnibus et était immédiatement transporté à l'hôpital militaire.

En même temps on remettait au général les deux lettres du blessé qu'avait rendues M. Thobois, et qui furent ouvertes en présence de M. Isoard, sous-préfet, de M. Duchange Henri, commandant des Eclaireurs, et de M. Happe, officier d'ordonnance du général.

Dans ces lettres, Max racontait comment il avait été fait prisonnier; il parlait de sa blessure, des bons soins dont les Français l'entouraient, du lieu où il se trouvait et laissait percer l'espoir qu'on viendrait proposer un échange afin de pouvoir le faire évacuer sur la Belgique.

Par prudence, sans doute, il était très sobre de nouvelles et de détails.

On ne parla presque plus de Max Abel jusqu'au 22 janvier 1871.

A cette date, qui était un dimanche, un parlementaire somma la ville de se rendre.

Le général répondit que Cambrai se défendrait jusqu'à la dernière extrémité.

Le mardi 24, vers quatre heures de l'après-midi, un nouveau parlementaire se présenta à la porte de Paris, et fut amené, comme le premier, les yeux bandés, à l'Hôtel-de-Ville. Il était porteur d'une lettre du prince Albert, dont voici la teneur :

« J'informe respectueusement Monsieur le Commandant de la Place que le porteur de cette lettre, lieutenant au 2e de Ortzen du régiment des hussards de la garde, est chargé par moi d'offrir l'échange de deux hussards de la garde, se trouvant à Cambrai, contre deux soldats français prisonniers. »

Le Catelet, 24 janvier 1871.
Prince ALBERT.

Voici la réponse du général Séatelli :

« Le général commandant supérieur a l'honneur d'informer son Altesse Royale le prince Albert, lieutenant-général, qu'il n'est pas autorisé à prononcer d'échange entre les prisonniers prussiens et français.

« Il le prie de vouloir bien s'adresser à Monsieur le général en chef Faidherbe, à Lille, qui seul peut décider la question.

« Il lui présente ses civilités respectueuses. »
Le général SÉATELLI.

A partir de ce moment, Max Abel fut gardé à vue. Voici comment M Bigorne, officier comptable, employé à l'hôpital militaire, nous a parlé lui-même de la surveillance dont le jeune brigadier des hussards devint l'objet :

« Une hémoptysie s'était déclarée après la blessure et Max crachait le sang. Il ne pouvait donc pas songer à s'évader ; et en eût-il l'idée, que l'impossibilité physique aurait déjoué ses projets. En conséquence, j'avais fait mettre Max dans une chambre commune ; mais quelques jours plus tard, il n'en fut pas moins mis dans une chambre particulière, avec porte fermée à clef et barreaux aux fenêtres. Un infirmier coucha d'abord dans le corridor, devant la porte, puis dans la chambre même.

« Ces précautions étaient suffisantes, comme l'on voit, contre toute évasion du blessé prussien.

« Certains bruits arrivèrent aux oreilles du général commandant supérieur, qui m'écrivit le 26 janvier pour m'avertir d'un complot d'enlèvement : suivirent des ordres en conséquence.

« Le même jour, le général m'écrivit pour m'annoncer que le prisonnier allait être gardé à vue par un garde national.

« Le 27, nouvelle lettre du général me demandant s'il était vrai que, contrairement à ses ordres, j'avais renvoyé la sentinelle, sous prétexte qu'elle était inutile. Cette insinuation malveillante était toute gratuite.

« Le même jour, autre lettre qui autorisait M. Décupère, peintre, à pénétrer à volonté à l'hôpital, pour s'assurer que le service de planton de la garde nationale se faisait régulièrement.

« Le même jour, troisième lettre qui me prévenait de laisser entrer dans l'hôpital M. Pagniez, chef de bataillon, M. Alfred Delannoy, capitaine, M. Delcroix Hyacinthe, lieutenant de la garde nationale.

« Le 28, autre lettre qui m'annonçait que trois officiers et sous-officiers devaient être commandés de service pour veiller à la garde du blessé. Ces Messieurs ont parfaitement fait le service de sentinelle pendant la nuit... »

Nous terminons ici le récit de l'officier comptable.

Max paraissait très jeune et il l'était en effet. Il avait les cheveux noirs, le teint légèrement coloré, la main très blanche et bien faite. Sa taille était fort ordinaire, mais élancée. Son extérieur n'avait rien de guerrier si ce n'est un air d'audace. Le mot de *patrie* l'exaltait.

Il n'y avait pas longtemps qu'il était à l'hôpital, lorsqu'il manifesta le désir de voir le cavalier qui avait tiré sur lui et l'avait blessé. Celui-ci, nommé Baudet, brigadier au 2e dragons, se rendit à ses désirs, et Max, après lui avoir serré la main, lui affirma qu'il ne conservait contre lui aucun ressentiment, qu'il ne voyait dans ce qui s'était passé qu'un devoir accompli et que lui-même, dans cette circonstance, en eût fait volontiers autant.

Max s'exprimait très bien en français et la raison était toute naturelle puisqu'il avait fait ses études à Paris et qu'il avait habité, pendant plusieurs années, la ville de Lyon, où son père, banquier à Berlin, avait, sinon une succursale, du moins un comptoir qui correspondait fréquemment avec sa maison.

Max appartenait à la religion judaïque.

Il portait toujours sur sa poitrine une amulette, espèce de sachet carré contenant un parchemin sur lequel sa mère avait écrit en allemand une formule superstitieuse, dont voici la traduction :

« *Le chevalier qui portera respectueusement ce sachet sur sa poitrine, tout en menant une vie exemplaire, en protégeant la veuve et l'orphelin, en combattant pour la justice, sera préservé de l'épée, des projectiles de l'ennemi, du feu du ciel et du poison.* »

On a vu précédemment que le jeune brigadier prussien avait été, à partir du 26 janvier, l'objet d'une surveillance toute particulière.

Laissons maintenant la baronne de Crombrugghe, infirmière de l'Internationale, et employée à Cambrai comme directrice de l'ambulance du Musée, raconter elle-même dans ses « Mémoires », ses visites à Max Abel et les soupçons auxquels elle a donné lieu. Cette bruxelloise, si charitable en actions, ne l'était pas toujours en paroles quand elle rédigeait son journal. Elle disait crûment les choses et manquait quelquefois de justesse dans ses appréciations. Quoi qu'il en soit, nous la citerons sans rien modifier.

Mercredi, 25 janvier.

Le général Séatelli m'autorise à visiter Max Abel qui continue à être avec le bombardement, auquel on persiste à croire, l'objet de toutes les conversations. Cependant, je ne puis voir le prisonnier qu'en présence d'un officier de la garnison et je dois m'engager à ne lui parler qu'en français. J'ai trouvé ce jeune homme en assez bonne santé ; la balle a été extraite assez facilement de sa blessure qui est en voie de guérison. Toutefois, depuis quelques jours, le prisonnier blessé est en proie à une sorte de nostalgie qui le rend très malheureux. Il se loue beaucoup des soins qu'il reçoit, il ne manque de rien ; mais toujours dominé par son idée fixe, il m'a suppliée à diverses reprises de faire des démarches afin d'obtenir sa mise en liberté. Ma visite ayant paru lui faire grand plaisir, je lui ai promis de revenir le voir tous les jours. Le chirurgien-major Allaire, qui m'accompagnait, est plein de sollicitude pour le prisonnier et adoucit sa captivité par tous les moyens qui sont en son pouvoir.

26 janvier, jeudi.

Ce matin, en rentrant à l'ambulance, je reçus du secrétaire général de la Croix-Rouge à Bruxelles, un télégramme ainsi conçu : *On ira chercher Abel demain, prenez vos dispositions.* Ce télégramme était pour moi, une véritable énigme et me contrariait fort. Je savais qu'on ne relâcherait à aucun prix le jeune prisonnier, et je regrettais, et pour lui et pour moi, qu'en ces moments de panique où la justice et le bon sens ne sont pas précisément à l'ordre du jour, on mêlât mon nom à un incident qui grandit ici, de jour en jour, en importance ridicule. Je jetai avec quelque impatience la dépêche sur ma table et bientôt tout à ma besogne, je n'y pensais plus, lorsqu'on vint m'avertir que M. le sous-préfet demandait à me parler. Je le fis prier d'entrer à l'ambulance. Ce fonctionnaire venait m'entretenir de Max Abel au sujet duquel j'avais reçu un télégramme. La population cambresienne avait appris qu'on essayait de faire relâcher le prisonnier et s'en montrait fort émue. Des groupes de femmes s'étaient rendus à l'hôtel-de-ville ce matin pour demander que l'on mît un poste de gardes-nationaux à l'hôpital militaire. Mon nom était mêlé à tout cela ; on disait que j'étais une Prussienne déguisée, venue à Cambrai pour délivrer le précieux otage. Bref, M. le sous-préfet me prévenait obligeamment que si je retournais à l'hôpital où se trouvait Abel, il ne répondait pas que je ne fusse sur mon chemin insultée, maltraitée peut-être par Mesdames les Cambresiennes. Je remerciai M. le sous-préfet, mais ne lui fis point l'éloge de la discrétion du service télégraphique. Il me reprocha de ne lui avoir point communiqué le fameux télégramme que je venais de recevoir et qui provoquait tout ce tapage. Oh ! comme en ce moment, j'avais envie de le questionner un peu au sujet de l'intervention prochaine des Anglais, annoncée dans sa proclamation de dimanche dernier à la suite d'un télégramme (1). Mon rôle actuel de Sœur de

---

(1) Voici ce à quoi fait allusion Mme la baronne de Crombrugghe :
Le dimanche 22 janvier, une heure avant l'arrivée du Parlementaire, M. Eric Isoard faisait afficher la proclamation suivante dans la ville :

« AUX HABITANTS DE CAMBRAI.

« Chers concitoyens,
« Gambetta est à Lille. Il me télégraphie de rassurer les esprits, de
« tenir en garde l'opinion publique contre de tristes défaillances :
« Cambrai se défendra à outrance ; nous serons soutenus, j'en ai le
« ferme espoir.
« Mon ami Wilfrid de Fonvielle qui vient de débarquer à Calais, me
« prévient qu'un grand mouvement d'opinion se produit en Angleterre

charité internationale me défendant toute malice de ce genre, je n'en fis rien. La forme républicaine, grave et austère en elle-même, répudie le système des fausses dépêches et des illusions trompeuses ; j'aurais voulu lui en faire la remarque.

On m'annonce une visite.....

Vendredi, 27 janvier.

C'était M. Rey, docteur italien, attaché aux ambulances de Bruxelles. Il était envoyé par M. le banquier Abel, que déjà il avait accompagné ici, au commencement de la détention de son fils. Je me hâtai de lui raconter l'incident et le suppliai de quitter au plus vite Cambrai. Toutes ces démarches, surtout ces télégrammes et ces lettres, dont les employés partagent les confidences, ne servent qu'à aggraver la position du prisonnier, et en me compromettant inutilement, à rendre plus difficile la mission de sollicitude que je continuerai, malgré tout, à remplir, parce que je l'ai acceptée. Le docteur m'a remis, de la part de M. Abel, cinq cents francs destinés aux blessés de notre ambulance : le banquier voulait reconnaître ainsi, disait-il, l'intérêt que je portais à son fils et disposer en sa faveur la population qui lui était hostile. J'appris au docteur que, quoique le général en chef eût autorisé l'échange du prisonnier, le Commandant de la ville, craignant une effervescence populaire, s'y refusait énergiquement... Après lui avoir donné quelques détails qui devaient engager à la prudence

---

« en faveur de la France ; le peuple anglais veut être l'allié de la
« République française.

« Ayons donc courage, préparons-nous à soutenir une attaque des
« Prussiens avec une indomptable énergie ; c'est au moment le plus
« cruel de cette crise que le salut va peut-être nous arriver.

« Ayons confiance ; que chacun soit à son poste. Puisse le malheur
« nous rapprocher et confondre tous les cœurs dans un même senti-
« ment, celui de la fraternité.

« Vive la France ! Vive la République !

« Le Sous-Préfet, Eric ISOARD. »

tous ceux qui s'intéressaient à Max Abel et à moi-même, j'obtins du docteur qu'il s'éloignerait le soir même et qu'on s'en remettrait dorénavant à moi pour tout ce qui concernait les intérêts du prisonnier.

Dimanche, 29 janvier.

Encore un incident à ajouter à l'histoire de Max Abel. M. De Try, le chef de la famille dans laquelle nous logeons, avait été désigné pour faire partie du poste qui gardait cette nuit l'hôpital militaire. Plus habitué à manier le violoncelle que le chassepot, notre hôte a trouvé bon d'abandonner son fusil dans le corridor et de s'en aller causer d'opéras et de musique avec le prisonnier. La patrouille est venue, a trouvé le fusil tout seul et le garde national avec Max Abel. Voilà M De Try traduit de ce chef devant un conseil de discipline. On m'a prévenue que je suis sous la surveillance de la haute police et cela ne m'étonne pas ; il semble que tous et tout conspirent pour me compromettre davantage aux yeux d'une population dominée en ce moment par la terreur.

Mardi, 7 février.

Les dames de Cambrai se montrent toujours charmantes pour nous et continuent de nous seconder de leur mieux par les bons services qu'elles nous rendent et par l'abondance de leurs dons. Mmes Brabant, Boniface, Wiart, de Chauny, Delcourt, De Try, Minangoy, la comtesse de Casa Bianca font à l'ambulance de fréquentes visites ; elles distraient nos pensionnaires et leur apportent des objets de vêtements et toute sorte de friandises.

Le général Séatelli est venu ce matin et nous a témoigné sa reconnaissance pour les soins que reçoivent ici les victimes de la guerre. Le général Chazal, gouverneur militaire de Bruxelles et oncle de Mme Séatelli, avait eu la bonté de me recommander à sa bienveillance toute particulière, et cette protection eût pu me devenir très utile, si l'armistice n'était venu mettre un terme favorable à l'incident Abel. Le jeune prisonnier, qu'un système de surveillance vexatoire et de jour et de nuit n'exposait à rien moins qu'à une maladie cérébrale, vient, sur les instances du docteur Allaire, d'être extrait de sa prison ; il est confié aux soins d'un particulier de la ville qui s'est engagé sur l'honneur à le retenir chez lui, jusqu'au moment de son transfert à Lille où il sera prochainement échangé contre un officier français.

Il est temps de terminer ce que nous avons à dire sur ce prisonnier dont on a fait, bien à tort, un personnage important, en le regardant comme un *palladium* ou un gage de conservation pour Cambrai.

Max s'entretenait quelquefois très familièrement avec les gardes nationaux qui lui paraissaient les plus expansifs.

Il leur parlait de l'armée française, attribuait tous ses malheurs à son indiscipline et au peu de respect qu'elle avait pour ses chefs. « Nous autres Allemands, dit-il un jour, n'oserions enfreindre un ordre donné par un chef, quelque peu élevé que soit son grade. Le soldat ne sait qu'obéir. On lui dit : « Vous irez, au milieu du pays ennemi, par tel chemin et vous reviendrez par tel autre », et la carte d'une main, le pistolet de l'autre, il brave tous les dangers, et ne revient sur ses pas, à moins d'avoir rencontré des obstacles insurmontables »

Non content de vanter les siens, il se vantait lui-même, et pour mieux montrer que la peur n'avait jamais eu sur lui aucun empire, il raconta un jour à un officier de la garde nationale chargé de le surveiller de très près, que plusieurs fois il était venu en reconnaissance jusqu'aux portes de la ville; que précédemment l'envie lui avait pris de faire une promenade dans Cambrai, et qu'après avoir obtenu l'assentiment de ses supérieurs, il avait revêtu des habits civils, pris pour toute arme une canne et était venu en ville admirer les mobiles assis sur les escaliers du perron de l'hôtel-de-ville, avait pénétré dans quelques cafés pour y voir leurs chefs, et, finalement, ayant su que le général Séatelli prenait régulièrement ses repas à l'hôtel de France à dix heures du matin et à cinq heures du soir chez M. Créteau, il y avait dîné à table d'hôte, sans toutefois avoir eu le plaisir, ajouta-t-il, d'entendre causer le général, et cela, parce qu'il prenait ses repas isolément, dans une salle qui lui était réservée.

C'étaient là de petites bravades qui ont pourtant leur enseignement : elles prouvent que l'espionnage, du côté des Prussiens, se faisait sous toutes les formes ; que nos ennemis se mettaient au courant de tout ce qui se passait dans nos armées et dans nos villes, tandis que nous ne prenions aucune précaution contre les étrangers qui venaient voir, entendre et interroger.

Max fut soupçonné d'avoir offert de l'argent au portier de l'hôpital pour faciliter son évasion : cette accusation demeura sans preuves. Ce qui est vrai, c'est que plusieurs fois, il manifesta le désir de séjourner hors de l'hôpital où régnait la variole : c'est là que les frères Caron dont l'un était lieutenant à la 2ᵉ compagnie du 2ᵉ bataillon de la garde nationale sédentaire, contractèrent cette maladie qui les fit mourir à peu de jours de distance.

Max voulait payer généreusement les services qu'on lui rendait. Il était aidé en cela par M. Pérot, banquier à Lille, qui avait été autrefois clerc de la maison de banque chez Abel à Berlin.

C'est ce Pérot qui fit toutes sortes de démarches pour obtenir la mise en liberté du prisonnier. Il reçut chez lui le père de Max, alla trouver M. Testelin, alors commissaire de la République, et parvint à obtenir un sauf-conduit qui permit à Abel, père, de venir voir son fils à **Cambrai**, le 26 janvier.

D'après Madame la baronne de Crombrugghe, ce ne

serait pas le banquier Abel qui serait venu à Cambrai, mais un ami de ce financier, le docteur Rey : or, l'un et l'autre sont arrivés dans nos murs le même jour et en même temps.

M. Testelin avait promis l'échange du brigadier, mais on l'avertit qu'il n'était pas encore temps de le faire, que le peuple de Cambrai s'ameuterait et s'opposerait à l'échange.

Certains journaux, à ce sujet, allèrent fort loin : ils firent entendre que M. Testelin avait un intérêt tout particulier à traiter de l'échange du prisonnier ; qu'il serait grassement rétribué, si l'opération se faisait.

Ces suppositions injurieuses forcèrent M. Testelin à adresser aux journaux la lettre suivante :

« La presse s'occupe beaucoup d'un prisonnier prussien qui se trouve à Cambrai : c'est un brigadier de *uhlans*, du nom d'Abel qui a eu la poitrine traversée de part en part par une balle.

« Son père et son oncle, tous deux banquiers, l'un à Berlin, l'autre à Stettin, m'ont adressé des lettres de recommandations signées par de nombreux prisonniers français, attestant les services sans nombre que leur avaient rendus ces deux honorables banquiers.

« Comme je reconnaissais plusieurs de ces signatures, je n'ai point hésité ; je suis intervenu auprès de l'autorité militaire pour qu'un fils gravement blessé fût rendu à son père en échange des services prodigués à nos amis.

« Si c'est une faute, il n'y a qu'un coupable, c'est moi.

« Je n'ai pas voulu qu'en aucune circonstance la France pût être vaincue au moins en générosité. »

L'ex-commissaire de la Défense,
A. TESTELIN.

Le 1er février, à six heures du soir, M. le maire Bertrand-Milcent conduisit le prisonnier chez M. Boone, fabricant d'huiles, rue Cantimpré.

Le 5 février, trois éclaireurs, le brigadier Crassier et les cavaliers G. Black et A. Cattiaux allèrent chercher Max et le conduisirent à la citadelle de Lille où il ne resta que quelques jours.

Max revit Berlin en février.

Peu de jours après le départ de Max Abel, M. Boone recevait, en signe de reconnaissance, quelques souvenirs qu'il remettait immédiatement à leur adresse: à M Allaire, chirurgien militaire, le banquier de Berlin offrait une tabatière d'or; à M. Thobois, médecin à Masnières, une tabatière d'argent ciselée; à M. Décupère Théophile, un nécessaire en argent que notre concitoyen refusa.

Un an après la guerre — c'était au mois de septembre 1872 — un de nos concitoyens attendait à la gare de Busigny un train de correspondance qui devait l'emmener à Paris.

Sur le quai où il se promenait, un jeune homme d'une vingtaine d'années passa et repassa plusieurs fois, jetant tout autour de lui des regards attentifs et interrogateurs.

A la fin, après avoir salué notre concitoyen, il l'aborda très poliment, et bientôt la conversation prit une allure familière, absolument comme si on s'était vu et connu de longue date.

Le jeune homme, qui avait un air distingué, s'exprimait simplement et correctement, avec un accent tout parisien.

— J'ai beaucoup voyagé en France, et dans le Nord principalement, dit l'étranger au cours de l'entretien, et cependant je connais bien peu cette gare que je n'ai jamais traversée que la nuit. Mais voici trois lignes, quelle est celle, s'il vous plaît, qui conduit à Cambrai?

Et son interlocuteur la lui désigna de la main en lui disant: « la voici devant vous. »

Je m'en doutais, continua le jeune voyageur, mon orientation ne m'avait pas trompé; c'est une ville que je reverrai avec plaisir, quoique j'y aie passé des journées et des nuits pleines d'inquiétude. Mais l'homme est ainsi fait : il aime souvent à revoir les lieux où il a couru le plus de danger.

— Et à quelles sortes de périls avez-vous donc été exposé? demanda le Cambresien.

— Puisque vous êtes de Cambrai, Monsieur, vous devez connaître mon nom, car il a été assez répété dans votre ville il y a un peu plus d'un an, et pour que vous n'en doutiez pas, ajouta-t-il en ouvrant son portefeuille, je vous prie d'accepter cette carte.

Le Cambresien, M. Hyacinthe Delcroix, y lut : MAX ABEL.

Ses yeux se reportèrent aussitôt, plus attentivement, sur l'étranger dont il reconnut alors les traits.

En ce moment, le train arrivait et un employé du chemin de fer cria : « Les voyageurs pour Bohain, St-Quentin, Tergnier et Paris en voiture ! »

Nos voyageurs, qui prenaient tous deux cette direction, entrèrent dans un même compartiment de première, et pendant tout le trajet la conversation roula presque uniquement sur le séjour de Max Abel à Cambrai, comme prisonnier de guerre. Max Abel se montra tout heureux de pouvoir s'entretenir sur pareil sujet avec un ancien officier de la garde nationale qui l'avait gardé, la nuit, dans sa chambre de l'hôpital militaire, et à qui il avait raconté comment il était parvenu à entrer dans Cambrai pendant la guerre, avant d'être fait prisonnier, et à manger même dans l'hôtel où le général Séatelli avait l'habitude de prendre ses repas deux fois par jour.

Max s'étonna que pendant son séjour forcé à Cambrai, on lui eût donné, pour le garder, des officiers. « On n'aurait pas mieux traité un général prisonnier, ajouta-t-il, et cependant je n'étais qu'un simple aspirant sous-officier. »

A cette question : « Que faites-vous aujourd'hui ? Appartenez-vous encore à l'armée ? » Max répondit :

« Après la guerre on m'a laissé la liberté de quitter le régiment et de prendre quelque repos. Et voilà pourquoi vous me voyez aujourd'hui voyager pour mon pur agrément ».

De nouveau Max ne dissimula pas sa grande envie de revoir Cambrai, et c'est ce qu'il fit en effet, car on le vit, l'année suivante, au printemps, revenir rendre visite, si pas à ses amis, du moins à quelques-unes de ses anciennes connaissances de Cambrai et de Masnières.

VII

La Garde nationale sédentaire.

Historique de ladite garde bourgeoise

L'origine de la milice bourgeoise remonte, pour Cambrai, à une époque très reculée. La position exceptionnelle de notre ville, qui était une *ville neutre*, lui imposait l'obligation de se garder elle-même, en temps de paix comme en temps de guerre. Il fallait donc que les bourgeois devinssent soldats à l'occasion. Il n'y avait d'exception que pour certaines personnes que les services publics retenaient dans les greffes et dans les prétoires ; encore devaient-elles se faire remplacer à leurs frais.

Les compagnies ou *enseignes bourgeoises* étaient divisées par quartiers Au seizième siècle, elles étaient au nombre de treize.

Lorsqu'en temps de guerre, les villageois se réfugiaient dans la ville, ils devaient, à leur tour, « faire guet et garde ».

Il existait des compagnies d'élite en dehors des compagnies de quartier : on les appelait les *Serments*. Tels étaient le serment des Arbalétriers, celui des Archers et celui des Canonniers. Ces corps devaient, comme les autres, veiller au salut de la Cité.

La garde bourgeoise cambresienne subsista jusqu'en 1789, époque où elle prit le nom de garde citoyenne, de garde nationale.

Dissoute en 1827, sous Charles X, parce que dans une revue à Paris, la garde nationale s'était montrée hostile aux Ministres, elle fut rétablie trois ans après, aux journées de juillet.

De 1830 à 1832, il n'est question partout que de Lafayette, de garde nationale, de drapeau aux trois couleurs et de bruits de guerre.

L'enthousiasme est presque général. Chaque ville, chaque bourg, chaque commune a sa petite garde nationale : avec Lafayette pour généralissime on se croit désormais en sécurité.

Des députations sont parties de divers points du royaume et sont allées tour à tour recevoir des mains du *roi-citoyen* le drapeau national, « ce drapeau qui doit peut-être se lever contre les puissances ennemies du peuple souverain. »

On ne demande pas la guerre, mais on ne la redoute pas ; on paraît fonder de grandes espérances de succès sur toutes les gardes nationales de France qu'on a rendues mobilisables. C'est ce à quoi faisait allusion M. Béry, colonel de la garde nationale de Cambrai, quand, présenté au roi par M. d'Estourmel, député de l'arrondissement, il dit : « Comme vous, Sire, comme la France entière nous désirons la paix ; mais que nos ennemis prennent garde : *au premier signal de guerre, tous nos citoyens seront soldats : vous marcherez à leur tête, Sire, et, secondée par vous, la liberté fera le tour du monde.* »

Et, en effet, comme si la guerre était prochaine, la garde nationale, armée de fusils à pierre, se mit à faire l'exercice presque tous les jours et à se livrer aux exercices de tir.

Hélas ! l'ennemi qui devait bientôt faire invasion dans le

Cambrésis, défia tous les préparatifs : CE FUT LE CHOLÉRA !

On ne parla presque plus de la garde nationale à Cambrai, avant la fin des journées de juin 1848. Le 25 de ce mois, les nouvelles alarmantes arrivées de Paris firent craindre pour le salut de la nation, et le soir de ce même jour, à huit heures, on battit le rappel dans les rues de Cambrai : nos gardes nationaux se réunirent en armes sur la Place et furent avertis par leurs chefs qu'à l'exemple d'Amiens, Beauvais, Saint-Omer, Péronne et autres villes, on irait combattre l'insurrection parisienne.

A minuit, un détachement de gardes nationaux cambresiens se mettait en route pour Douai, sous le commandement de Marc Douai, colonel de la légion.

Dans la matinée du 26, un deuxième détachement partit également pour Paris.

Enfin, le même jour, à midi, la garde nationale, convoquée extraordinairement, fut passée en revue sur l'Esplanade. Là, les autorités civiles firent un nouvel appel à son dévouement, et le soir deux cents hommes s'en allaient rejoindre leurs compatriotes.

Les Cambresiens payèrent largement leur tribut à la cause de l'ordre mis en péril par la sédition parisienne. Ils perdirent deux hommes : le commandant Durieux, le garde national Royaux, et comptèrent plusieurs blessés.

Les dépouilles de Durieux et de Royaux qui avaient combattu et succombé pour la même cause, ne tardèrent pas à être réunies dans le cimetière Saint-Géry ; la ville de Cambrai, reconnaissante, leur éleva un monument commémoratif dont l'inauguration se fit le 24 août 1851.

Un décret du 11 janvier 1855, promulgué le 22, prononça la dissolution de toutes les gardes nationales de France. L'Empereur, qui se défiait des parisiens, ne voulait pas que des armes leur restassent entre les mains plus longtemps.

Les événements de 1870 imposèrent au Gouvernement

la réorganisation de la Défense nationale, et le 12 août, quelques jours après le départ de Napoléon III pour le théâtre de la guerre, l'impératrice Eugénie, en vertu des pouvoirs qui lui avaient été conférés par l'empereur, ordonnait le rétablissement de la garde nationale dans tous les départements.

Suivant les termes du décret, la distribution des armes devait être faite, d'abord aux gardes nationaux des départements envahis, des villes mises en état de défense et des communes des départements déclarés en état de siège.

Un crédit provisoire de cinquante millions était ouvert au ministère de l'Intérieur et au ministère de la Guerre, pour faire face aux dépenses qu'entraînerait l'organisation des gardes nationales.

Le Maire de Cambrai avait pressenti et devancé le décret du 12 août 1870 qui rétablissait la Garde nationale, car la veille, 11 août, il donnait avis à ses administrés que — « tous les citoyens valides de 25 à 35 ans et indistinctement tous les citoyens de 35 à 50 ans » — étaient portés sur les contrôles de la Garde sédentaire de Cambrai.

En conséquence, il invitait les citoyens qui avaient des réclamations à faire valoir pour infirmités ou autres motifs, à se présenter le lendemain vendredi à l'hôtel de ville.

Sans perdre de temps, une Commission fut nommée et tout aussitôt elle s'occupa de la formation des deux bataillons Est et Ouest, qu'elle partagea, chacun en six Compagnies.

La grande difficulté consistait à rendre les compagnies presque égales en nombre d'hommes, tout en se servant d'un groupe de rues rapprochées les unes des autres. Cette difficulté fut heureusement surmontée par de zélés et intelligents organisateurs.

On procéda ensuite à l'élection des chefs, dont la composition varia à différentes dates, principalement lors de la formation des corps de canonniers sédentaires, d'éclaireurs, de mobiles et de mobilisés. C'est ce qu'indique suffisamment le tableau ci-après des nominations.

Colonel, chef de légion : Leroy (4 septembre 1870).

PREMIER BATAILLON

Chef de bataillon : Ozaneaux (4 septembre).

Première Compagnie

Rues Cantimpré — aux Chevaux — de Prémy — du Paon — des Récollets — du Temple — Saint-Julien — des Feutriers — Place Fénelon — rues Sainte-Anne — des Poissonniers — des Tanneries.

Capitaine : Paul Mallet (26 août).
Lieutenant : Arnaud (30 août).
Sous-Lieutenant : Devilder.
    id. Ponsin-Bricout.
Délégués : Dehorcourt Joseph, Duchange Jules, Daigremont Edmond.

Deuxième Compagnie

Rues de l'Epée — Vaucelette — Saint-Fiacre — des Ecoles — Place Sainte-Croix — Rues des Chanoines — de l'Ecu d'or — des Croisettes — Saint-Adrien — Tavelle — des Ratelots — de la Neuve-Tour — des Sottes — des Sœurs de Charité — de l'Aiguille — du Grand Séminaire — du Chapeau Bordé — Petite rue Vanderburch.

Capitaine : Ozaneaux (21 août)
Lieutenant : Doyen Gustave (28 août).
Sous-Lieutenant : Delcroix Hyacinthe.
    id. J.-B. Watremetz.
    id. Delhaye (30 septembre).
Délégués : Charles Savary (28 août), Canonne Octave, Proyart Ernest.

Troisième Compagnie

Rue des Rôtisseurs — des Lombards — des Juifs — de

la Madeleine — des Liniers — Place d'Armes (rang du Lion d'Or) — rue St-Jean.

 Capitaine :   Bureau (21 août).
 Lieutenant :   Bautista.
 Sous-Lieutenant : Mallet de Chauny (21 août).
   id.   Chiraux (11 septembre).
   id.   Pagniez-Lenglet (31 octobre).
   id.   Sion Alexandre (31 octobre).
 Délégués :   Lepot, Charlet et Degand.

Quatrième Compagnie

Rue St-Nicolas — St-Georges — du Petit Séminaire — Esplanade (Est) — Rues de Noyon — Petite rue St-Martin — Rang du fond St-Georges — Allée des Soupirs — Rues du Pré d'Espagne — Neuve St-Nicolas — au Fumier — Petite et Grande rue Aubenche — Rue des Pochonnets — des Anges.

 Capitaine :   Charles Bonnel (26 août).
 Lieutenant :   Paul de la Brunière (26 août).
   id.   Moreau Hector (31 octobre).
 Sous-Lieutenant : Dhermy (31 octobre).
   id.   Moreau Hector (15 septembre).
   id.   Léon Bertrand (26 août).
   id.   Devaux-Briffaut (16 janvier 1871).
 Délégués :   Alphonse Boisleux (26 août), Cattelain notaire.

Cinquième Compagnie

Place St-Sépulcre — Rues St-Sépulcre — des Vaches — — Chemins de Proville — de Noyelles — Petit chemin de Rumilly — Route de Paris.

 Capitaine :   Féret (11 septembre).
  id   Mallet Louis (16 septembre).
 Lieutenant :   Leclercq François (16 septembre).
 Sous-Lieutenant : Benoit Eugène.

Délégués :   Danquigny Auguste, Plet Jules, Hecquet Benoit.

Sixième Compagnie

Grand chemin de Rumilly — Rues Saint-Druon — de Crévecœur — de Niergnies — St-Ladre.

Capitaine :   Pluvinage Paul (21 août).
   id.   Derieux Louis-Joseph (2 octobre).
Lieutenant :   Derieux Louis-Joseph (21 août).
Sous-Lieutenant :   Delcroix Jules (2 octobre).
   id   St-Aubert Pierre 6 novembre).
Délégués :   Bricout Léandre, Delcroix Henri, Pluvinage.

DEUXIÈME BATAILLON

Chef de bataillon :   Gros Henri (13 septembre).
   id.   Pagniez-Stiévenard (9 décembre).

Première Compagnie

Place-au-Bois — Rue Neuve — des Bélottes — de l'Epine-en-Pied — de la Porte Robert — de la Herse — des Chauffours — des Bouchers — des Cordiers — Esplanade (rang St-Jean).

Capitaine :   Beck (19 septembre).
Lieutenant :   Boone Gustave (28 août).
Sous-Lieutenant :   Balique Miltiade (28 août).
   id.   Chivorez (26 septembre).
Délégués :   Créteau Victor (28 août), Hennino André, Brillet, Barbotin père, (9 septembre), Richard Aug. (5 décembre) et Lenglet Alphonse.

Deuxième Compagnie

Place d'Armes (moins le rang du Lion d'Or) — Rues des Carmes — de l'Arbre d'Or — de la Prison — des

Trois-Pigeons — de l'Ange — de la Porte Notre-Dame — des Balances — des Linguières — de la Rose.

   Capitaine :   Pagniez-Stiévenard (21 août).
      id.   Obled (22 décembre).
   Lieutenant :   Caron Fréjus (21 août).
      id.   Lanthier (27 février).
   Sous-Lieutenant : Obled (26 août).
      id.   Laude (21 septembre).
      id.   Adhémar (22 décembre).
   Délégués :   Lemaire, Delalande et Guilmain.

Troisième Compagnie

Rues de l'Arbre à Poires — de la Clochette — Tilvasson — des Corbeaux — Saint-Vaast (grande et petite) — Grande rue Vanderburch — Rues du Marché-au-Poisson — Sainte-Elisabeth — Sainte-Barbe — de la Caille — des Clefs — des Fromages — Fénelon — Saint-Pol — Saint-Jérôme — d'Inchy — de Saint-Aubert.

   Capitaine :   Alfred Leroy (21 août).
   Lieutenant :   Gobert (30 août).
   Sous-Lieutenant : Christian (28 août).
   Délégués :   Dutemple, Wallon et Mollet (28 août), Ch. Petit (9 septembre), Bugnicourt (5 décembre).

Quatrième Compagnie

Rues Saint-Géry — des Bleuettes — des Anglaises — de la Porte de Selles — des Capucins — Saint-Lazare — des Blancs-Linceuls — Monstrelet — Neuve-des-Capucins — des Candillons — Carré de Paille — du Quartier de Cavalerie.

   Capitaine :   De Percy (21 août).
      id.   Dinoir (8 janvier).
   Lieutenant :   Cottiaux-Crespin (31 août).
   Sous-Lieutenant : Ledurre Henri (31 août).
      id.   Dinoir (23 septembre).

Délégués : BERGER, GALLAND et PEUDEFER (21 août), ASSELIN et CHAUWIN, SAINT-AUBERT 3 décembre).

Cinquième Compagnie

Marais Cantimpré — Route de Bapaume — Route d'Arras — rue Verte — Chemin de la Fontaine — Vieux chemin de Saint-Roch — Allée Saint-Roch — Allée des Corsignies.

Capitaine : DANQUIGNY (28 août).
Lieutenant : FÉREZ Arsène (28 août).
Sous-Lieutenant : CRÉTIN Dieudonné (28 août).
Lieutenant : CRÉTIN Dieudonné (11 septembre).
Sous-Lieutenant : DRANSART (11 septembre).
id. DUFOUR (18 décembre).
Délégués : THIÉRY, DESPINOY et BALIQUE.

Sixième Compagnie

Route de Solesmes — Chemin de la Gare — Route du Cateau — Ruelle sans fond — Rue Gauthier — Chemin d'Awoingt.

Capitaine : DANJOU Edmond (21 août).
Lieutenant : COUPÉ Léon (21 août).
Sous-Lieutenant : P.-J. LOISEAU (11 septembre).
id. Louis DUEZ 21 août).
Délégués : GOSSELET, THÉZIN et JONKÈRE (21 août), Jules HERBET (11 septembre).

On a pu remarquer que dans ce tableau les grades ont été modifiés à diverses dates. La cause de ces transformations, c'est — nous l'avons déjà dit — qu'un certain nombre de gradés ont dû passer de la garde nationale dont ils faisaient partie tout d'abord, dans d'autres corps de l'armée active exposés davantage aux coups de l'ennemi, tels que mobiles, mobilisés, éclaireurs, artilleurs ou canonniers sédentaires.

Les premières compagnies armées furent la 3e, la 6e compagnie du 1er bataillon, et la 6e du second, dont l'élection des chefs était complète.

Le 8 septembre, le nouveau colonel de la garde nationale sédentaire adressait l'ordre suivant à la légion :

« Gardes nationaux, vous m'avez fait l'honneur de me nommer pour vous commander ; je m'efforcerai de justifier cette confiance ; l'unanimité de vos suffrages me permet d'attendre de votre part le concours le plus entier ; ce concours m'est indispensable, et je le réclame d'une manière absolue.

« Nous aurons à faire face à des circonstances difficiles : votre zèle, votre dévouement nous permettront d'en sortir avec honneur ; je compte sur vous, vous aussi comptez sur moi.

Le colonel, chef de la légion,
LEROY.

L'uniforme prescrit pour la garde nationale était le pantalon bleu foncé, le veston et le képi de même nuance, avec boutons argentés portant l'aigle, effigie qui fut remplacée, après le 4 septembre, par une autre représentant la liberté, l'égalité et la fraternité.

L'exercice ne tarda pas à commencer : il eut lieu, le plus souvent, pendant les premières semaines, de quatre à six heures du soir.

Toute la difficulté était d'avoir de bons instructeurs, car, avant la guerre, les jeunes gens de famille quelque peu à l'aise se faisaient remplacer à l'armée ; on choisit donc, de préférence, comme sergents et sergents-majors, d'anciens militaires qui étaient restés leurs sept années sous les drapeaux, et ce furent eux, en grande partie, qui durent apprendre aux hommes à marcher, à tenir le fusil, à le manier, à le charger en douze temps, en quatre temps et à volonté.

Le jeudi, 15 septembre, la garde nationale put commencer à faire le service des postes de l'hôtel-de-ville, de la porte de Selles, du Carré de Paille, du Rond-Point de la porte de Selles, de l'Avancée de la même porte. Un peu plus tard elle eut, en outre, à garder, jour et nuit : les portes de Paris — de Notre-Dame — la grande Baraque de la Place-au-Bois où se trouvaient les bestiaux appartenant aux bouchers de la ville — et d'autres postes dans la cité ou sur les remparts.

La garde nationale, sans recevoir directement des ordres du maire et de son conseil, en dépendait tout à fait : rien ne pouvait s'exécuter sans leur assentiment tacite ou exprimé.

Il est donc besoin de faire connaître ici la municipalité de cette époque si malheureuse.

Au lendemain de la proclamation de la République — le 5 septembre — M. Eric Isoard, délégué du Gouvernement de la Défense nationale, et agissant en vertu des pouvoirs que lui avait conférés, par télégramme, M. Gambetta, ordonna la dissolution de la municipalité qui avait prêté serment de fidélité à l'Empereur, et nomma à sa place une commission provisoire.

Il choisit pour maire M. Bertrand-Milcent ; pour adjoints : MM. Edouard Parsy et Mallet, notaire ; et pour membres de la Commission municipale provisoire :

MM. Bertrand-Milcent, manufacturier ; Boileux, ancien pharmacien ; Brunelle, docteur en médecine ; Brunel-Pamart, négociant ; Bureau-Pélerin, négociant ; Chantreuil, docteur en médecine ; Christian, avocat ; Cornaille-Leroy, négociant ; Danquigny-Mallet, propriétaire ; Dazin, docteur en médecine ; Delambre, avocat ; Delaporte, négociant ; Dubois-Ancelin, négociant ; Dutemple, avocat ; Galland-Ruskonné, négociant ; Lallier Alphonse, banquier ; Lancelle, avocat ; Lantoine, ancien négociant ; Leroy-Lallier, propriétaire ; Mallet, ancien notaire ; Molet François, négociant ; Pagniez-Delloye, négociant ; Parsy, fils, propriétaire ; Savary, notaire ; Wiart-Pinquet, président du tribunal de commerce ; Wiart, horloger.

Dès le lendemain, cette municipalité provisoire, après s'être occupée longuement de la question de l'approvisionnement de la ville, en prévision d'un siège prochain, passa en revue les frais que nécessitait le rétablissement de la garde nationale, frais qui incombaient à la ville : tels que le traitement des tambours, l'éclairage et l'appropriation des corps de garde.

Des démarches avaient été faites par le Maire près du commandant de place pour savoir s'il était en mesure de pourvoir à tout ce qui concernait la défense de la ville. Il lui fut répondu que dès le 7 septembre, 15,000 cartouches pouvaient être mises à la disposition de la garde nationale, ce qui, avec l'effectif d'alors, représentait environ douze cartouches par homme.

Mais on avait déjà compris qu'avec des fusils de munition portant à deux ou trois cents mètres, il n'était guère possible de défendre la ville efficacement.

Peu de jours avant la proclamation de la République, le 29 août, M. J. Brabant, alors maire de Cambrai, avait fait appel au patriotisme de ses administrés qui avaient servi dans l'artillerie de l'armée ou de l'ancienne garde nationale, et les avait priés instamment de se mettre à la disposition de M. Bléc, commandant d'artillerie à la citadelle, cet officier ayant reçu l'ordre de mettre, sans retard, la ville en état de défense.

Cent hommes se présentèrent.

Mais ce contingent parut insuffisant au point de vue de l'armement et du service des pièces. En conséquence, le colonel de la Garde nationale fit savoir au maire qu'il croyait utile de préparer l'instruction de la Garde nationale toute entière au service de l'artillerie : chacun des deux bataillons serait exercé à tour de rôle et adjoint au service de campagne.

Ce projet ne se réalisa qu'en partie et beaucoup plus tard. Et cependant il y eut encore de nouvelles instances.

Vers la fin d'octobre, le maire de Cambrai portait à la connaissance des gardes nationaux, mobilisables ou non, la dépêche suivante adressée au chef de la légion par M. le Commissaire général du Gouvernement de la Défense nationale.

Lille, le 25 octobre 1870.

Mon cher Colonel,

Le service de l'artillerie devant primer tous les autres dans une place de guerre, je vous prie de vouloir bien mettre M. le Commandant de l'artillerie de la Garde nationale de Cambrai, à même d'augmenter son corps, soit en requérant des gardes nationaux sédentaires, soit en permettant aux gardes mobilisables de s'enrôler dans son corps, ce qui leur donnerait la certitude presque absolue de ne pas quitter Cambrai.

Veuillez agréer mes salutations.

Testelin.

En conséquence, le Maire priait les gardes nationaux qui désiraient entrer dans l'arme de l'artillerie, de déposer leur demande à la mairie dans les vingt-quatre heures.

La taille qui, primitivement, avait été fixée à 1 m. 68, était notablement réduite.

Ce nouvel appel eut un meilleur succès.

On était arrivé au mois d'octobre, et c'était à peine si la moitié des compagnies était pourvue de fusils et d'uniformes. Le conseil d'administration de la garde nationale trouva qu'il était urgent de s'adresser à la municipalité et de demander qu'il lui fût ouvert un crédit pour couvrir diverses dépenses dont les unes étaient obligatoires et les autres facultatives.

Les dépenses obligatoires, telles qu'elles étaient énumérées, étaient les suivantes :

1° Prix de 12 caisses accessoires, à 47 fr. l'une   564 »»
2° Entretien de l'armement, sauf recours contre les gardes nationaux (950 fr. par an), soit pour le temps à courir, depuis le 1er septembre jusqu'au 31 décembre 1870 . . . . . .   316 65
3° Registres, contrôles, billets de garde et menus frais de bureaux, à raison de 1,000 fr. l'an, soit pour quatre mois, expirant le 31 décembre.   333 35
4° Achat d'un drapeau . . . . . .   225 »»
5° Achat de deux fanions . . . .   25 »»
6° Habillement de 12 tambours à 62 fr. l'un   744 »»
7° Solde des tambours, à raison de 1 fr. par jour, pendant la durée de la guerre, soit pour les 12 tambours, depuis le 1er septembre jusqu'au 31 décembre 1870 . . . .   1464 »»
8° Achat de 3 trompettes avec cordons à glands pour la compagnie d'artillerie . . . . . .   48 »»
9° Habillement de 2 trompettes à 62 fr. l'un (le brigadier s'habillant à ses frais) . . . .   124 »»
10° Un fanion pour l'artillerie 12 50
11° Equipement de 2 clairons 22 90
12° Solde de 2 clairons à 1 fr. par jour, du 1er septembre au 31 décembre 1870 . . .   240 »»

TOTAL DES DÉPENSES OBLIGATOIRES.   4119 40

Pour mémoire : *Achat de 500 fusils, pour compléter l'armement de la Garde nationale.*

Les dépenses facultatives étaient les suivantes :
Traitement de 3 adjudants du 1er septembre au 31 décembre 1870. . . . .   300 »»
Traitement du capitaine d'armement, à raison de 200 fr. par an, soit pour 4 mois 66 60
Dépenses extraordinaires. 56 35
Solde de 6 tambours du 15 au 31 août . .   36 »»

TOTAL DU CRÉDIT VOTÉ LE 7 OCTOBRE.   4578 35

Le Conseil municipal de Cambrai avait décidé dans une de ses réunions qu'on s'adresserait au département et à l'Etat pour obtenir la part revenant à la ville de Cambrai dans les subventions votées par le corps législatif et par le Conseil général du Nord, à l'effet d'équiper les gardes nationales

La demande fut faite et il fut répondu que la ville ne pouvait compter sur aucun secours, les fonds votés étant employés pour des dépenses plus urgentes.

Il était cependant nécessaire d'habiller le plus promptement possible nos gardes nationaux. D'un moment à l'autre, dans une sortie, ils pouvaient avoir à livrer quelques combats, et puisque l'ennemi ne reconnaissait pas comme belligérants, les volontaires sans uniforme, il y avait là un danger auquel on ne devait pas exposer nos concitoyens. Aux termes de la loi, on pouvait forcer à s'habiller à leurs frais ceux qui étaient dans une position à pouvoir le faire; quant aux autres, la ville devait considérer comme un devoir de venir à leur aide.

On avait songé d'abord à procéder par voie de souscription en ville, mais on réfléchit ensuite qu'il ne serait pas digne de demander à la charité privée de couvrir une dépense municipale qui devait incomber à la ville tout entière. On calcula que l'habillement de chaque garde national non aisé, conformément au modèle adopté et déposé à la mairie, coûterait une somme de 28 fr., ce qui nécessitait un nouveau crédit de 5,000 fr. qui fut voté à l'unanimité.

Les gardes nationaux n'avaient pour toute arme, comme nous l'avons déjà dit, que le fusil à percussion, arme qui demandait beaucoup trop de temps à se charger pour pouvoir être employée utilement en cas d'attaque. La commission d'armement de la Place songea à la remplacer : un de ses membres, M. Cirier, annonça d'après le dire de quelques journaux — ce qui n'était rien moins que vrai —

qu'il arrivait, chaque semaine au Havre, venant d'Amérique, des cargaisons considérables de fusils à six coups. Il demandait que la ville avisât au moyen de se procurer ces sortes de fusils ou du moins qu'elle cherchât à acheter des chassepots. « On pouvait, disait-il, acheter 500 fusils qu'on ne remettrait qu'aux hommes de notre garde nationale sédentaire qui, par suite du nouveau décret, allaient se trouver mobilisables ; les fusils dont ils étaient alors armés, auraient servi à armer d'autres gardes nationaux. »

Dans la séance du 18 octobre, la même commission spéciale, composée de MM. Cirier, Dubois, Delaporte, Lallier, Mallet, Galland, Lancelle, déclarait que l'achat de mitrailleuses était une chose utile pour ne pas dire indispensable à la Ville de Cambrai ; qu'un modèle de ces engins, la mitrailleuse Claxton, présentée sur plan et coupes, réunissait toutes les qualités désirables comme manœuvres, facilité de déplacement, etc. Son prix était de 6,500 francs.

La commission pensait que le conseil devait voter l'achat de ces mitrailleuses, au nombre de 2 à 5 ; mais qu'il était prudent de réaliser le marché quant à ses conditions et quant au mode de paiement, de façon à être sûr d'être en possession de ces engins avant le moment extrême du danger.

L'attaque de Cambrai par l'ennemi paraissant malheureusement possible, la Commission d'armement s'était surtout préoccupée d'achats et de livraison immédiate de fusils perfectionnés qui, dans les mains des gardes nationaux sédentaires les plus adroits et les plus disposés à s'en servir, pourraient causer à l'ennemi des pertes sérieuses.

Son choix s'était arrêté sur la carabine Comblain, arme réputée excellente et qui, d'après les communications faites par M. Devilder, avait l'avantage de pouvoir être livrée immédiatement.

La Commission proposait d'en acheter 250 au prix de 120 ou 125 francs, soit en tout 30,000 ou 31,250 francs.

Les conclusions du rapport furent adoptées.

Tout le monde n'était pas d'accord sur la nécessité qu'il y avait à se pourvoir de mitrailleuses pour la défense de la ville. Sans doute, la garde nationale sédentaire, section d'artillerie, parviendrait, au bout de quelques jours d'exercice, à se servir facilement de cet engin, mais comment l'essayer !

Il faudrait, fit remarquer M. Dutemple, avoir à sa disposition un espace de terrain considérable, qu'on n'avait pas. D'ailleurs, les mitrailleuses, qui devaient être des engins fort bons en rase campagne, lui paraissaient devenir beaucoup moins utiles à la défense d'une ville assiégée. « En effet, ajoutait le même conseiller, l'ennemi, en s'approchant de la ville, se cacherait derrière les plis de terrain, et dès lors serait-il possible de l'atteindre, de le prendre en enfilade, comme s'il suivait une route ou s'étendait en plaine sur un champ de bataille ? Mieux valait se servir des armes que la garde nationale avait à sa disposition et améliorer l'armement de la citadelle et de la place. L'achat de 12,000 sacs à terre pour préserver le tir des gardes nationaux et celui de 127 pièces de canon constituaient une dépense plus urgente et plus nécessaire que celle de mitrailleuses ».

A ces objections, un autre conseiller répondit qu'on ne se rendait pas bien compte de l'effet des mitrailleuses et que l'acquisition de ces armes lui paraissait, à lui comme à tous ses collègues de la commission, indispensable à la défense.

Et voici, à l'appui de sa thèse, les raisons qu'il fit valoir. « Les mitrailleuses portent à 1,200 mètres, tandis que nos fusils de munition n'atteignent que 150 ou 200 mètres.... Un fusil ne fonctionne que par l'homme qui le manie, tandis qu'une mitrailleuse manœuvrée par quelques hommes peut lancer instantanément un nombre de projectiles égal à ce que pourrait faire le concours d'une centaine d'hommes armés... Quant à l'objection consistant à dire que l'ennemi étant caché derrière des plis de terrain ou des obstacles naturels, on ne pourrait se servir contre lui avec avantage de ce genre d'armes, elle était purement spécieuse, puisque la condition essentielle des sièges dans nos places de guerre est précisément l'enlèvement des obstacles qui peuvent gêner le tir des assiégés... On a déjà coupé les arbres ; si l'ennemi avançait, on abattrait les maisons, et les mitrailleuses posées sur les remparts et desservies par la garde nationale, pourraient très bien tirer directement sur l'ennemi... Il n'en serait autrement que si l'on faisait un siège en règle, en établissant des parallèles derrière lesquelles l'ennemi se retrancherait ; mais, dans ce cas, il faudrait un temps fort long, et d'ailleurs cette éventualité, à cause de l'importance de la place, ne paraît guère probable. »

Il fut donc décidé que, conformément aux conclusions de la commission de la défense, il serait procédé à l'achat de deux à cinq mitrailleuses, à condition que ces engins pourraient être livrés avant le moment du danger ; et qu'en outre on ferait l'acquisition de 250 carabines Comblain, destinées aux gardes nationaux qui se seraient distingués dans les tirs à la cible et qui s'engageraient à rendre des services exceptionnels.

Ce fut, comme nous avons eu déjà l'occasion de le dire, M. Devilder qui fut chargé d'aller acheter à Bruxelles les 250 Comblain et de faire transporter immédiatement à Cambrai armes et munitions, mais rien n'était prêt. M. Devilder fut obligé de revenir à Cambrai sans avoir même pu obtenir l'assurance d'une prochaine livraison.

Quelques jours après, tout projet de marché était complètement abandonné à la suite d'une conversation qu'un des conseillers, M. Mallet, avait eu avec le commandant supérieur des forces de Cambrai. Cet officier avait déclaré qu'en cas d'attaque, le principal moyen de défense serait trouvé dans les corps de pompiers et d'artilleurs et que dans tous les sièges qui avaient eu lieu jusqu'alors, les fusiliers n'avaient eu à rendre presque aucun service, si ce n'est pour les sorties, l'artillerie ennemie pouvant se porter à des distances telles que la ville assiégée n'y répondait que par de l'artillerie...

Ce commandant supérieur avait raison. Le rôle de la garde nationale, pendant toute la durée de la guerre, se borna à faire l'exercice avec les anciens fusils et les anciens canons, à passer des revues, à occuper les principaux postes militaires de la ville, à monter des gardes, et à faire quelques sorties avec tambours et clairons, plutôt pour éloigner l'ennemi que pour le combattre. La seule de ces sorties qui parût vraiment utile fut celle dont nous avons parlé précédemment et qui fut poussée au-delà de Fontaine-Notre-Dame, au moment de la bataille de Bapaume.

La tête de la colonne vit, comme on sait, une douzaine de cavaliers ennemis et fit feu, au grand risque de blesser ou de tuer quatre éclaireurs français qui les poursuivaient.

Toutefois, si les gardes nationaux, mal armés, n'ont pas été plus souvent à la rencontre de l'ennemi, ce n'est jamais la bonne volonté qui leur a manqué. Mais le général qui avait à Cambrai le suprême commandement, savait que derrière une centaine de Prussiens s'avançant à cheval jusqu'à Masnières ou à Boursies, il se trouvait à proximité un corps plus considérable d'Allemands qui, prévenus par quelques vedettes, n'eussent pas manqué d'accourir au secours des premiers et d'envelopper nos gardes nationaux. Il était donc beaucoup plus prudent et plus utile de se borner à maintenir l'ordre dans la ville, à garder les remparts et les postes avancés contre toute surprise. Les compagnies montaient la garde tous les deux ou trois jours, à tour de rôle, et le service, malgré une température très rigoureuse — puisque le thermomètre marqua une certaine nuit 30 degrés — se fit sans aucune plainte et avec la plus grande ponctualité.

La garde nationale ne prit fin qu'avec la guerre.

Voici comment le 17 Mars, le général Séatelli, dans ses adieux à la ville de Cambrai, parlait de nos concitoyens :

Cambrai, le 17 Mars 1871.

Monsieur le Maire,

J'ai l'honneur de vous informer qu'une récente décision ministérielle supprime tous les commandements supérieurs des places de guerre.

Au moment de vous faire mes adieux et de me séparer de vous pour rentrer dans l'ombre de la vie privée, j'éprouve le besoin de vous remercier bien cordialement de l'accueil amical que vous avez bien voulu me faire, et surtout de l'attitude ferme et digne que vous, ainsi que vos dignes assesseurs et toute la population cambresienne avez su conserver pendant la période agitée et difficile que nous venons de traverser.

Je ne m'étais pas trompé à mon arrivée en pressentant que je trouverais en vous, le concours le plus dévoué, le plus sympathique, le plus efficace. *A l'heure suprême du péril, la population est restée digne et calme ; la garde nationale a occupé ses postes sans forfanterie, sans vaines démonstrations, avec l'impassibilité d'hommes de cœur décidés à faire leur devoir jusqu'au bout.* Certes, je suis heureux que la place ait échappé au désastre dont elle était menacée et aux funestes conséquences d'un bombardement, mais je sens en moi un juste sentiment d'orgueil, en songeant que s'il avait fallu subir cette épreuve, le courage, la constance, la ténacité de vos braves administrés m'aurait permis d'en prolonger les phases et de la soustraire peut-être à la honte d'une capitulation.

Je n'oublierai pas, dans cette succincte évocation, nos braves *Eclaireurs à cheval* qui, pendant la période critique, nous ont rendu de si grands services et ont fait preuve d'un zèle et d'une intrépidité au-dessus de tout éloge.

Soyez assez bon, Monsieur le Maire, pour être auprès des uns et des autres l'organe de ma profonde reconnaissance, dont vous voudrez bien vous réserver une large part. Dites bien à tous, qu'au fond de la retraite où je vais chercher le calme et l'oubli, je conserverai précieusement le souvenir de mon court séjour parmi vous, et que je m'estimerai tout particulièrement heureux si les hasards de mon existence me ramenaient un jour dans les murs de votre généreuse et hospitalière cité.

Veuillez agréer, Monsieur le Maire, avec l'assurance de ma considération la plus distinguée, l'expression de mes sentiments affectueux et dévoués.

Le Général SÉATELLI.

Dans sa séance du 24 août 1871, l'Assemblée Nationale votait par 488 voix contre 154 le projet de loi sur la dissolution des gardes nationales.

En théorie, l'institution de la garde nationale est une admirable chose : c'est la nation tout entière armée, prête à se tourner, selon le besoin, contre l'ennemi extérieur et l'ennemi intérieur, double et imposante garantie de l'indépendance nationale et de l'ordre public. Mais en allant au-delà de cette apparence, en analysant la garde nationale dans ses éléments constitutifs, on est bien vite désabusé, et l'on acquiert bientôt cette conviction qu'elle peut fournir des éléments de guerre civile.

Quel spectacle nous présente la Société française depuis **un siècle ?**

Celui d'une lutte entre les diverses classes de la nation :
Lutte du tiers-état contre la noblesse ;
Du peuple contre la bourgeoisie ;
Lutte du prolétariat contre la propriété et le capital ;
Lutte de la République contre la Monarchie ;
Lutte de la République modérée et honnête contre celle qui n'est rien de cela.

Commencée en 1789, cette lutte n'est pas terminée ; elle est même plus ardente, plus acharnée que jamais.

Au milieu de cette lutte flagrante et des passions qu'elle soulève, que vient faire la garde nationale ?

Elle donne des fusils à ceux qui ne doivent avoir d'autre moyen de combattre que des paroles ou des bulletins de vote.

Elle transforme, dans les grands centres de population, principalement, l'arène des passions en un champ de bataille.

La garde nationale, malgré son passé, malgré Bailly, malgré Lafayette, était condamnée à disparaître ; elle n'avait plus, en effet, aucune raison d'être, en présence du service obligatoire ; elle était un danger, car elle était la guerre civile en permanence. Aujourd'hui tout citoyen, convoqué militairement, est pourvu d'un fusil pour défendre et non pour combattre les institutions de son pays ; pour faire respecter la loi et non pour l'enfreindre.

VIII

La Quatrième Batterie d'Artillerie.

La 4ᵉ batterie d'Artillerie (section de Cambrai), existait déjà avant la déclaration de guerre. C'est, en effet, le 14 août 1869 que, sur la proposition du général Jeanningros et du général de division de Salignac Fénelon, commandant à Lille, — M. Charles Delcourt fut nommé capitaine dans la Garde Mobile du Nord (Artillerie, 4ᵉ batterie, section de Cambrai).

La batterie ne tarda pas à s'organiser, à former et à compléter ses cadres.

Le 20 juillet 1870, par décisions ministérielles, étaient nommés : lieutenant en premier : Charles Pagniez, et lieutenant en deuxième : Léon Moraux.

Ces jeunes cambresiens qui, jusque-là, n'avaient jamais servi, allèrent prendre immédiatement leur résidence à Douai avec M. Alfred Bertrand, proposé pour le grade de maréchal-des-logis instructeur, afin d'y suivre un cours spécial sur le service des bouches à feu. (1)

---

(1) Nous trouvons, en partie, ces détails dans une petite brochure que M. Delcourt a publiée, après la guerre, sous ce titre : *Journal de la 4ᵉ batterie du 3ᵉ régiment d'artillerie de la garde nationale mobile du Nord.*

M. Delcourt proposa ensuite pour les grades de sous-officiers et de brigadiers un certain nombre de jeunes volontaires qui avaient montré le plus d'aptitude aux exercices, et le 6 août 1870, en vertu des pouvoirs qui lui avaient été conférés, le chef d'escadron Souchon, commandant les batteries de la garde nationale mobile du Nord, nommait :

Maréchal-des-logis-chef : Capliez Gustave-Edmond-François ; fourrier : Gransart Arsène ; maréchaux-des-logis : Bertrand Alfred, Watremetz Emile, Watremez Emile ; brigadiers : Renaut Charles, Watremez Irénée, Ruffin François-Charles, Mullez Henri, Lamy Charles, Héloir Jules, Deldique Henri ; trompette : Caudrilliez Jules.

Dans la nuit du 13 au 14, le sous-préfet, le comte de Hogendorp, conformément aux instructions qu'il avait reçues, donnait ordre aux gardes nationaux mobiles de l'arrondissement appartenant aux classes de 1865, 1866, 1867, 1868 et 1869, de se rendre à huit heures du matin, à la citadelle de Cambrai, pour y être passés en revue.

Mais rien n'était prêt : point d'armes, point d'uniformes ; l'artillerie seule avait quelques canons. Et ce qui prouve une fois de plus qu'en France on était loin d'être préparé à la guerre, c'est que les ordres donnés avec précipitation se contredisaient très souvent.

L'inspection des hommes n'avait pas duré moins de six heures. A deux heures de l'après-midi ils étaient renvoyés chez eux ; — et le même jour, dimanche 14 août, dans la soirée, le Préfet donnait ordre aux sous-préfets :

De garder définitivement tous les mobiles, bien que non habillés ;

De commencer immédiatement leur instruction ;

De pourvoir à toutes les dépenses d'habillement et d'équipement ;

De pourvoir également aux frais de solde, provisoirement fixés à un franc par jour pour les simples mobiles et caporaux et à un franc vingt-cinq pour les sous-officiers.

A partir de ce moment les Mobiles du Nord étaient appelés à l'activité ; ils recevaient des billets de logement chez l'habitant et y faisaient leur cuisine.

Le capitaine Delcourt, qui mettait dans le commandement de ses hommes tout le feu et le zèle d'un ardent patriote, faisait faire à ses artilleurs six et huit heures d'exercices et de travail par jour ; il était aidé, pour cette rude besogne, par Blée, capitaine d'artillerie à la citadelle ; Leblond, garde d'artillerie de la place de Cambrai ; Boileau, ancien sous-officier au régiment d'artillerie de la Garde Impériale, et quelques autres officiers de la même arme.

On le voit, tout le monde faisait preuve de bonne volonté, mais il semblait qu'il y avait, dans la haute direction du département de la guerre, un désarroi complet.

En voici encore une preuve :

Le 16 août 1870, le Gouvernement, dans le but de rendre toutes ses forces disponibles et d'accumuler au besoin la plus grande masse de résistance, faisait appel au patriotisme des Sapeurs-Pompiers. Il y avait là presque une armée. Les Pompiers de bonne volonté, au-dessous de 40 ans, devaient se réunir au chef-lieu d'arrondissement.

Mais à peine cet ordre était-il donné qu'un autre venait l'annuler.

« L'élan des compagnies, disait le surlendemain le Ministre de l'Intérieur à ses préfets et sous-préfets, est tel que nous devons éviter l'encombrement. Suspendez donc tous les départs. Les hommes qui se seraient déjà déplacés pour se concentrer au chef-lieu de département ou d'arrondissement, ou pour se rendre aux stations de chemin de fer, seraient indemnisés de leurs frais. »

Et pour voiler, autant que possible, sa grande bévue, le ministre ajoutait :

« On prend des mesures pour assurer leur bonne installation à Paris. Vous recevrez prochainement de nouvelles instructions à cet égard. Expliquez à ces hommes dévoués les motifs de cet ajournement *momentané.* »

Il va sans dire que jamais pareil ordre ne fut réitéré.

Le samedi matin, 20 août, la quatrième batterie d'artillerie quittait Cambrai pour aller à Lille recevoir ses effets d'habillement, d'armement et d'équipement.

Au moment de monter en wagon, le capitaine Ch. Delcourt, commandant la batterie, crut devoir adresser ces quelques mots à ses artilleurs qu'il espérait bientôt conduire à l'ennemi :

« La guerre est déclarée, la France fait appel au patriotisme de ses enfants.

« Nos colonnes d'attaque sont déjà formées par notre vaillante armée active.

« Celles de la réserve le seront bientôt par la Garde nationale Mobile.

« Appelé à l'honneur de vous commander, vous trouverez en moi un ami autant qu'un chef.

« Vous rendrez ma tâche facile, animés que vous êtes tous des plus nobles sentiments.

« Notre batterie fera une famille bien unie.

« Elle se distinguera par sa bonne tenue, sa discipline et sa bravoure.

« Elle méritera de la patrie en la défendant vaillamment et avec honneur.

« Elle répondra à l'attente de nos concitoyens que nous quittons, dont les vœux nous accompagnent, ainsi que tous les défenseurs de la patrie. »

La 4e batterie, composée des Enfants de l'arrondissement de Cambrai, était arrivée à la citadelle de Lille le 20 août à deux heures ; à six heures et demie elle en sortait, habillée, équipée, et allait loger chez l'habitant.

Armée dans la matinée du 21 août, la batterie partait de Lille par chemin de fer et se rendait à Maubeuge où elle fut aussi bien accueillie par les autorités civiles et militaires que par les habitants.

Le lendemain 22 août, elle était logée dans un des quartiers destinés à la cavalerie.

Dès lors, tout son temps fut consacré aux manœuvres, théories, tir à la cible, marches militaires et travaux d'armement de la place. Ces exercices avaient lieu, par n'importe quel temps, au manège, à l'arsenal, sur les remparts et sur le terrain de manœuvres.

Le 2 septembre, la batterie passait de l'Administration de l'Intérieur à l'Administration de la Guerre et touchait l'allocation due au corps de l'artillerie.

Le 4 septembre, la batterie était consignée au quartier. La veille au soir, qui était un samedi, l'ex-prince impérial arriva à Maubeuge, escorté de quelques cent gardes et accompagné de sa maison ; sur la recommandation de M. Hamoir, député au Corps législatif, il reçut chez Madame veuve Marchand une bienveillante hospitalité.

Dans la matinée du dimanche, le petit prince — comme on l'appelait familièrement — s'est promené dans la ville, où tout le monde a pu remarquer sur son visage pâle et fatigué combien les derniers événements l'avaient affecté.

Le même jour, dans l'après-midi, il recevait une dépêche qui lui enjoignait de partir et c'est, obéissant à cette dépêche, expédiée par son père, que l'ex-prince impérial prenait le train pour la Belgique, laissant son escorte et ne prenant avec lui que ses deux médecins et deux aides de camp.

Le lundi soir il arrivait à Ostende et partait le mardi matin pour Douvres par le steamer *Comte de Flandre*. Presque en même temps arrivait à Cambrai, incognito, l'ex-impératrice Eugénie Au nombre des dames qui l'accompagnaient, on distinguait Madame Symphore Boitelle, femme de l'ex-préfet de police de Paris et Madame la duchesse de Bassano, femme du grand chambellan de Napoléon III.

Ces dames qui venaient de Paris, s'arrêtèrent à peine 24 heures dans notre ville, chez M. Boitelle, rue de Noyon, 10, et partirent par chemin de fer, pour la Belgique, comme si elles étaient de Cambrai et que les événements malheureux de la guerre les forçassent à s'en éloigner.

C'est seulement après le départ du prince impérial, dans la nuit du 4 au 5 septembre, que le colonel commandant la place réunit les chefs de corps et de détachement pour leur annoncer tout à la fois le désastre de Sedan et le renversement de l'Empire.

Le lendemain, à l'appel du matin, M. le capitaine Delcourt faisait lire la note suivante à sa batterie :

« De bien graves événements viennent de se passer ; nos braves frères d'armes, après des luttes inégales où ils se sont couverts de gloire, ont éprouvé des revers.

« L'empereur a été fait prisonnier par l'ennemi ; le corps législatif a prononcé sa déchéance et acclamé la République comme pouvant seule sauver la France ; nous serons ce que nous avons été sous l'Empire : les défenseurs de la patrie, de l'ordre et de la société.

« Dans un moment aussi solennel, nos liens doivent se resserrer, pour prouver à notre cité qui nous suit partout, que nous sommes de nobles enfants de la France et qu'elle peut compter sur nous.

« Tous, vous vous montrerez aussi braves que vos aînés, qui vous ont précédés sur les champs de bataille, pour combattre et chasser de notre territoire l'audacieux ennemi qui l'a envahi.

« Tous vous obéirez à ceux qui sont appelés aujourd'hui à nous gouverner ; tous enfin, vous vous montrerez aussi calmes que dignes ; et après avoir tenu cette ligne de conduite dont aucun de nous ne s'écartera quel que soit l'avenir qui nous soit réservé ; quoi qu'il nous arrive, nous aurons, ou nos familles auront, la satisfaction de pouvoir dire que nous avons accompli notre devoir.

« Je ne faillirai pas au mien ; plus que jamais vous me verrez sans cesse au milieu de vous, partageant vos peines, vos fatigues et vos dangers au cri qui sera comme toujours notre mot de ralliement :

« Vive la France ! »

Les dernières dépêches disaient que l'ennemi s'avançait sur Paris en trois corps d'armée ; que l'un était déjà arrivé à Sissonne, dans le département de l'Aisne, et que l'avant-garde de ce corps avait même sommé Laon de se rendre.

A l'annonce de ces nouvelles alarmantes, le général Colson, commandant la subdivision, ordonna à la 4ᵉ batterie de se rendre immédiatement par le premier train à la gare du Cateau, pour empêcher l'ennemi de s'emparer de la ligne.

Ici encore, l'intendance fit preuve de son imprévoyance, tant de fois constatée pendant la dernière guerre. Point de local pour recevoir la batterie qui était dépourvue de tentes et d'objets de campements. Nos artilleurs s'approvisionnèrent comme ils purent, tout en ne s'écartant pas de la ligne du chemin de fer : officiers et soldats furent tout heureux de pouvoir s'abriter pendant la nuit dans des magasins de mailleterie et de s'y reposer sur la paille.

Sur ces entrefaites, le conseil municipal de Cambrai, dans sa séance du 7 septembre 1870, se croyant à la veille d'un siège, cherchait à s'entourer de toutes les précautions jugées nécessaires pour ne pas être pris au dépourvu.

Il faisait donner des ordres aux veilleurs de nuit du beffroi, priait le chef de gare de Cambrai de l'avertir de tout ce qui se passerait sur sa ligne, faisait écrire aux maires du Cateau et de Busigny de lui transmettre tous les renseignements qu'ils pourraient recueillir, faisait camper deux cents hommes sur les remparts pour garder les canons, demandait une augmentation du contingent des artilleurs, et, en outre, le retour à Cambrai de la compagnie d'artillerie de la garde nationale en garnison à Maubeuge.

Plusieurs de ces vœux furent transmis immédiatement par le télégraphe aux autorités compétentes.

Dans la séance du Conseil municipal de Cambrai du 9 septembre, le maire, M. Bertrand-Milcent, donnait lecture de la lettre suivante qui lui avait été adressée par le général commandant la subdivision du Nord :

Lille, le 8 Septembre 1870.

Monsieur le Maire,

M. le général commandant la Division m'écrit ce qui suit, à la date du 7 septembre courant :

« M. le Maire de Cambrai m'adresse aujourd'hui deux dépêches télégraphiques dans lesquelles il se plaint du manque de garnison pour sa ville. Il demande, d'un autre côté, qu'on lui envoie au moins cinquante artilleurs de Douai pour armer et instruire l'artillerie de la garde nationale, et *le retour à Cambrai de la 4ᵉ batterie de la garde mobile.*

« Il y a à Cambrai le 4ᵉ bataillon de la Garde Mobile et la 11ᵉ batterie, ainsi que le dépôt du 24ᵉ de ligne.

« *Quant à la 4ᵉ batterie originaire de Cambrai,* elle a été envoyée à Maubeuge et doit y être maintenue. Je vous prie de faire savoir à M. le Maire que d'ailleurs tout ce qui a rapport à l'armée et à la défense des places n'est pas du ressort des Conseils municipaux, ni des Maires. »

J'ai l'honneur de porter à votre connaissance les observations que m'adresse M. le Général de Division au sujet des demandes que vous lui avez adressées.

Recevez, Monsieur le Maire, l'assurance de ma considération distinguée.

Le général commandant la subdivision du Nord,
Dessaint de Marthille.

Piqué au vif par la réponse du général de division, un Conseiller, se levant après la lecture de la lettre, déclara que la population était décidée à faire une défense énergique, et que la Municipalité proclamait que son premier devoir était de donner son concours à cet élan patriotique.

« *Il est bon*, ajouta-t-il, *que l'autorité militaire apprenne, par une mention spéciale, que la Ville de Cambrai ne demande à personne la permission de se défendre et que, n'eût-elle à opposer à l'ennemi que sa milice communale, elle résistera jusqu'au bout.* »

Le Conseil s'associa, à l'unanimité, à la déclaration de M. Cirier et décida que mention en serait faite au procès-verbal de la séance.

Il semblerait que cette déclaration produisit quelque effet sur l'esprit du général de division, car, deux jours après, le dimanche 11 septembre, à huit heures du matin, la 4ᵉ batterie recevait l'ordre de quitter la gare du Cateau pour retourner, non pas à Maubeuge, mais à Cambrai, où elle arriva vers l'heure de midi.

Dès le lendemain matin, elle reprenait ses manœuvres, ses théories et ses travaux qu'elle continuait jusqu'au 5 octobre sans interruption.

Ici nous faisons quelques emprunts au « journal » du capitaine Delcourt.

Par ordre du général commandant la subdivision, la batterie quittait de nouveau Cambrai, le 5 octobre par le train de 8 heures 50 du matin. Elle arrivait le même jour à Maubeuge, où officiers et soldats étaient reçus en amis.

Dès le jour même de la rentrée, la batterie reprenait son ancien casernement, ses exercices.

Les événements s'aggravaient de plus en plus ; M. Mazel, ancien colonel d'artillerie retraité, commandeur de la Légion d'honneur, fut nommé au commandement supérieur de la place de Maubeuge.

La nomination de cet officier de grand mérite et de hautes capacités militaires ne contribua pas peu à augmenter l'instruction et surtout la confiance des défenseurs de la place.

Le 4 décembre, pour honorer et non fêter la Sainte-Barbe, patronne des Artilleurs, le colonel Mazel, commandant supérieur, et le colonel de la Plane, commandant la place de Maubeuge, passèrent en revue la 4e batterie, à l'issue de la Messe Militaire qu'elle avait fait chanter. Les hommes de la 4e batterie profitèrent de cette occasion pour offrir à leur capitaine un sabre d'honneur, en témoignage de leur estime et de leur confiance. Voici comment était conçue la lettre qui accompagnait le présent :

GARDE NATIONALE MOBILE, 3e RÉGIMENT D'ARTILLERIE, 4e BATTERIE.

« 3 Décembre 1870.

« Cher capitaine,

« La Sainte-Barbe est la fête des Artilleurs. Tous, nous sommes heureux de saisir cette occasion de vous témoigner notre reconnaissance. Nous ne saurions trop nous rappeler que c'est vous qui avez organisé la batterie, que vous lui avez imprimé cette discipline et cet entrain qui font le succès.

« Pleins de confiance en vous, nous irons partout à votre appel ; vous pouvez compter sur la batterie. Tous vos soldats sont fiers à la fois de votre bonté et de votre énergie.

« On a vu la valeur de nos légions bien commandées ; nous mettrons notre orgueil à nous compter de ce nombre.

« Acceptez, cher capitaine, ce souvenir de vos soldats ; puisse-t-il vous rappeler plus tard que vos efforts et votre sollicitude n'ont pas trouvé d'ingrats.

« Vive la France ! — Vive la République ! — Vive notre Capitaine !

« *Pour la 4e batterie*
« Gustave (Edmond-François) CAPLIEZ,
« Maréchal-des-logis-chef. »

Le 10 décembre, par ordre du général Faidherbe, commandant l'armée du Nord, le lieutenant Pagniez fut mis hors cadre comme officier d'ordonnance à l'état-major général.

Il fut remplacé à la batterie comme lieutenant en 1er, par le lieutenant Moraux, remplacé comme lieutenant en 2e par le maréchal-des-logis-chef Démazure, venant de la 6e batterie.

C'est en décembre que la 4e batterie fut augmentée de cent hommes choisis parmi les plus intelligents dans les compagnies d'infanterie de la garde nationale mobile du Nord, en garnison à Maubeuge.

Ces auxiliaires pleins de bonne volonté et sous la surveillance de leur sergent Piette furent bientôt mis à même de rendre de bons et sérieux services; le maréchal-des-logis-instructeur Bertrand, le brigadier Bracq et le fonctionnaire brigadier Eugène Couvreur furent chargés de leur instruction sur le service des bouches à feu.

Le 21 décembre 1870, sur la demande du colonel Martin et par ordre du colonel Mazel, commandant supérieur à Maubeuge, la batterie a fourni un détachement parti de Maubeuge sous le commandement du maréchal-des-logis Ch. Tingry, pour être joint à la colonne expéditionnaire formée à Vervins par le colonel Martin.

Ce détachement fit diverses reconnaissances et eut une part aux affaires de Busigny et Maretz, 1 et 2 janvier 1871; — au combat de Bellenglise et de Bellicourt, 15 janvier 1871; — à la reprise de Saint-Quentin, le 16 janvier; — à la bataille de Vermand le 17, et à la bataille de Saint-Quentin le 19 janvier.

Quant au gros de la 4e batterie, il se distingua dans la défense de Landrecies. Nous parlerons de ce glorieux fait d'armes dans la deuxième partie de cette histoire de la guerre de 1870.

IX

Les Ambulances à Cambrai

En parlant de ce qui s'est passé à Cambrai pendant la guerre de 1870-1871, nous ne pouvons garder le silence sur les actes de dévouement qui se sont produits de toute part, à la nouvelle bien vite répandue, hélas ! de l'arrivée dans nos murs d'une grande quantité de blessés.

Vers le milieu d'août 1870, l'intendance militaire évacuait déjà sur le Nord les hôpitaux de Metz. Les convois ne tardèrent pas à se succéder sur nos voies ferrées, emportant d'abord les blessés au-delà de Cambrai, pour ne pas encombrer cette ville, qu'on réservait dans l'éventualité d'opérations militaires ultérieures.

Aussitôt que les trains étaient signalés par le télégraphe, les Dames de la « Société cambresienne de secours aux blessés », donnant un généreux exemple (1), s'empressaient de porter elles-mêmes à la gare, alors distante de la ville d'une vingtaine de minutes, des vivres en abondance : du bouillon, du vin chaud, etc., tandis que les Sœurs de Saint-Vincent de Paul et les médecins allaient visiter les blessés et panser leurs plaies.

---

(1) Rapport à M. le Comte de Flavigny, président du Comité central de la Société de secours aux blessés, par M. V. Delattre, trésorier du dit Comité.

Dès les premiers jours qui suivirent la déroute de Sedan, les débris meurtris de nos armées commencèrent à affluer dans Cambrai : la population les recueillit avec empressement ; de leur côté, les établissements municipaux, religieux et hospitaliers organisaient, en toute hâte, des ambulances au Collège, au Musée, aux Séminaires et dans les Hôpitaux.

Au Collège quarante blessés furent parfaitement soignés par le Principal, sa famille, ses domestiques, trois religieuses Augustines et le docteur Lorquin. On n'y perdit qu'un seul homme ; les autres soldats quittèrent cette ambulance, amplement pourvus de tout ce dont ils avaient besoin pour le voyage. M. Bleunard, principal, reçut plusieurs témoignages de reconnaissance de ceux qui avaient été soignés dans son établissement, et se fit un devoir d'envoyer à l'hôpital militaire la bière et le vin que la charité privée lui avait donnés pour ses malades.

A l'hôpital militaire, M. l'Intendant — sur la proposition de Madame la Supérieure des Filles de la Sagesse, demeurant alors rue Saint-Georges, — accepta les soins gratuits de dix-neuf religieuses, y compris celles de la Neuville, qui se rendirent tous les jours dans cette ambulance pour le service de l'infirmerie. Plusieurs d'entre elles durent même passer les premières nuits auprès des blessés, les infirmiers étant encore à la suite de l'armée.

Les sœurs continuèrent, sans faiblir, leur mission charitable, lors même que la « pourriture d'hôpital » se déclara à l'hôpital militaire.

Ici se place une petite anecdote qui est toute à l'honneur de l'ancienne Supérieure des Dames de la Sagesse.

Chaque blessé, en entrant à l'hôpital militaire, recevait du linge propre, à la place de celui qu'il portait et qui était toujours très sale et maculé de sang. Ce linge malpropre qu'on n'avait pas le temps de laver, était remisé dans un magasin avec le numéro d'ordre et le nom de celui à qui il appartenait.

Or, il arriva qu'au bout de quelques jours, on dut évacuer sur d'autres établissements un certain nombre de militaires qui faisaient ainsi place à de nouveaux venus, dont les blessures avaient un caractère de gravité autrement sérieux.

Le sous-intendant, en cette occasion, commanda de faire ôter le linge prêté aux malades et de leur remettre sur le corps le linge qui leur appartenait.

C'est alors qu'intervint la Supérieure des Filles de la Sagesse (1).

— Ce que vous exigez là, dit-elle hardiment au Sous-Intendant, ne peut pas être fait, et il ne le sera pas. Ce serait, en effet, commettre un acte cruel et barbare, que de remettre sur des plaies encore ouvertes, un linge infect et nuisible.

— Mais, Madame, reprit le Sous-Intendant, nous sommes bien forcés de remettre le linge tel qu'il nous a été donné, puisque le temps et les bras nous manquent pour les nettoyer ; d'un autre côté, il nous est défendu par les réglements de laisser sortir de l'hôpital les linges et autres effets qui appartiennent en propre à cet établissement.

— Il est des cas, répliqua la Supérieure, où il faut nécessairement oublier les réglements, et c'est pourquoi, nous, religieuses de la Sagesse, nous sommes aujourd'hui dans votre hôpital militaire où nous remplaçons vos infirmiers ; c'est pourquoi aussi ces blessés que vous devez transporter ailleurs, partiront, malgré vos réglements,

---

(1) Cette supérieure des Filles de la Sagesse de Cambrai, qui s'est distinguée entre toutes par sa fermeté et aussi par son dévouement envers les blessés pansés à l'hôpital militaire dans le courant du mois de septembre 1870, s'appelle Sœur Pascaline et est aujourd'hui Supérieure des Filles de la Sagesse à Valenciennes.

avec le linge propre que nous leur avons mis sur le corps. Pour l'avenir, j'aviserai autrement.

La Supérieure eut gain de cause, et les malades sortirent de l'hôpital dans un état de propreté convenable.

Le lendemain, cette excellente religieuse, après avoir visité plusieurs dames riches de la ville, cherchait dans la rue Saint-Lazare des lessiveuses et leur faisait laver, à grandes eaux, le linge qu'avaient quitté les blessés.

Hélas! il semble qu'on ait oublié bien vite à Cambrai, les services considérables que les Filles de la Sagesse ont rendus pendant la guerre et le dévouement qu'elles ont montré, en tous temps, pour l'instruction et la bonne éducation des enfants des classes ouvrières.

Le musée de Saint-Julien, devenu aujourd'hui la grande salle des concerts, avait été transformé, vers le 20 septembre 1870, en ambulance spéciale des *grands blessés* sous la surveillance de M. Bleunard, principal du Collège. Quinze soldats y furent amputés ; mais ni le dévouement, ni la science n'en purent sauver un seul. Au bout de quinze jours l'ambulance était fermée. Elle ne fut ouverte de nouveau qu'au mois de janvier 1871.

A cette époque, une Bruxelloise, Madame la baronne de Crombrugghe, présidente du COMITÉ DES DAMES BELGES, institué au mois de juillet 1870 dans le but de venir en aide aux blessés et aux malades en temps de guerre, arriva à Cambrai où elle ne tarda pas à se mettre à l'œuvre.

Elle visita le Musée de Saint-Julien, qui était débarrassé de ses tableaux, et, trouvant que la salle principale avec ses deux grands calorifères et son facile système d'aérage, convenait tout à fait à une ambulance, elle s'y installa avec deux religieuses Augustines qui la secondèrent dans son entreprise charitable.

Grâce à son expérience, et aussi à son esprit d'initiative, Madame la baronne de Crombrugghe sut pourvoir, sans retard, au nécessaire des premiers arrivants, blessés ou malades. Un grand fourneau devant servir à la préparation des aliments, fut placé dans la demeure du concierge ; on établit la pharmacie et la tisanerie dans une salle contiguë à la salle principale servant d'ambulance ; des institutions que la guerre privait de leurs élèves, des personnes riches et charitables, des établissements de bienfaisance prêtèrent les lits, les literies et le linge de première nécessité ; et l'argent arriva au fur et à mesure des besoins.

Après la bataille de Saint-Quentin, le nombre des blessés soignés au Musée de Saint-Julien s'élevait à quatre-vingt-quinze.

Chaque dimanche, M. l'abbé Marchand, un des vicaires de l'église Métropolitaine, disait la Messe à l'autel du chœur de la grande salle (1). Les Membres du Comité de secours, leurs dames et d'autres personnes de la ville y assistaient. Les blessés convalescents s'agenouillaient autour de la grille. Madame la baronne, qui était une femme, sincèrement et franchement chrétienne, se tenait au milieu d'eux et leur lisait, à haute voix, les prières ordinaires, y intercalant quelques aspirations religieuses appropriées à leur situation. Tous assistaient avec recueillement à cette cérémonie.

La noble Bruxelloise avait introduit à Saint-Julien, la coutume de réciter, soir et matin, une courte prière. Parfois, pendant le déjeuner, elle faisait à tous « ses grands enfants », réunis autour d'une longue table, une petite causerie sur tel ou tel devoir pratique ; et les soldats disaient qu'ils aimaient ces petits sermons.

En général, tous les blessés soignés à l'ambulance du Musée étaient doux, convenables, et très serviables les uns envers les autres. Ils savaient que la Baronne ne tolérait ni jurons, ni propos grossiers, et il lui a suffi de faire une seule fois une remontrance au sujet d'un blasphème, pour

---

(1) Journal d'une Infirmière.

que le cas ne vînt plus jamais à se représenter. Tous éprouvaient pour l'aimable Baronne et les deux religieuses qui les servaient avec dévouement, une sincère reconnaissance, et plus d'une fois ils la lui témoignèrent publiquement.

Un seul parut pourtant faire exception : c'était un mobile qui, blessé légèrement à la jambe pendant la retraite de Saint-Quentin, aimait à garder le lit et n'en sortait guère que pour le moment du dîner (1). L'expression de sa physionomie si dure, son ton brusque et ses façons originales avaient attiré d'abord l'attention de Madame de Crombrugghe.

— « Est-ce vous », lui dit-il le surlendemain de son arrivée à l'ambulance, « qu'on appelle ici Madame la Baronne ? »

— « Oui, mon ami »

— « Alors vous êtes noble et j'en suis bien aise. Avant la guerre, j'étais valet de ferme chez un baron ; j'ai toujours servi des riches et des nobles, et je ne serais pas fâché d'être à mon tour servi par eux ».

— « Vous verrez, mon enfant, lui dit Madame de Crombrugghe, que lorsqu'ils s'y mettent, ce sont de fameux serviteurs ».

— « Nous verrons cela ; cherchez-moi à boire », lui dit-il brusquement, comme pour commencer l'épreuve.

— « Oh non pas comme cela », lui répliqua la baronne en souriant ; « je dis toujours s'il vous plaît, quand je demande quelque chose à mes domestiques, et il faut faire comme moi ».

Le jeune mobile fronça le sourcil et hésita un instant ; mais voyant que Madame la Baronne restait immobile au pied de son lit, et l'envie de boire l'emportant sans doute

---

(1) **Journal d'une Infirmière.**

sur toute autre considération, il finit par se rendre aux exigences de la politesse.

A partir de ce jour-là ses camarades ne l'appelèrent plus que *le gentilhomme*.

En 1871, le Carnaval qui passa inaperçu à Cambrai comme dans tout le reste de la France, arrivait le 19 février. Le lendemain, lundi, « le gentilhomme » fit des siennes. Ce jour-là, à six heures du soir seulement, il rentra de sa promenade. En arrivant, il réclama en termes impérieux son souper.

Madame la Baronne lui dit avec douceur que ayant malgré ses recommandations prolongé sa promenade de deux heures au-delà de la rentrée habituelle, non seulement il ne souperait pas, mais qu'il serait privé de sortie le lendemain.

— « Ah ! je ne souperai pas », dit le Mobile, « nous allons voir cela ! »

Et, s'armant d'une canne qu'il alla prendre sur son lit, il marcha résolument vers la porte en brandissant son bâton.

Il y trouva, très calme, mais très ferme, Madame de Crombrugghe qui lui ordonna d'aller se coucher.

L'attitude de la noble infirmière sembla l'étonner et il se dirigea assez piteusement vers le lit. Mais lorsqu'il l'eut vue entrer dans la petite salle pour y faire la prière du soir, il recommença sa manœuvre. Armé de son bâton, il réussit à intimider les aides-infirmiers qui s'opposaient à sa sortie. Sans plus hésiter, Madame la baronne fit immédiatement prévenir l'autorité militaire. « Le gentilhomme » fut emmené au poste et de là à la prison, où il a pu réfléchir tout à l'aise sur les inégalités sociales et sur la sévérité du règlement des ambulances.

L'archevêque de Cambrai, qui était alors Mgr Régnier, avait mis à la disposition de l'Intendance les deux séminaires et leur maison de campagne de la Neuville. Les deux premiers établissements furent acceptés volontiers ; quant au dernier on le trouva trop éloigné de la ville pour le service médical. Toutefois, il fut employé un peu plus tard — lors de la réorganisation de l'armée — au logement de plusieurs régiments qui s'installèrent dans les corps d'habitation et dans de nombreux baraquements élevés au milieu de la vaste propriété.

Le grand séminaire reçut donc le 9 septembre 1870, deux cent trente-cinq blessés de l'armée de Sedan qui furent soignés avec le plus grand dévoûment par vingt prêtres et séminaristes, cinq sœurs de charité de l'Hospice général et cinq domestiques. Le supérieur, M. Sudre, ne négligea rien pour la nourriture de ses malades, et, bien que l'Intendance se chargeât des frais d'alimentation, il ne fit entrer dans son mémoire que le montant des dépenses réglementaires, laissant à la charge du séminaire un déficit qui tourna au plus grand avantage de la guérison des blessés.

Grâce à l'intelligence des soins donnés à cette ambulance, on n'y perdit que sept hommes. Le 1er décembre suivant, l'ambulance du grand séminaire était complètement évacuée.

Les vastes locaux du petit séminaire permirent d'abriter un plus grand nombre de blessés. Dix grands dortoirs et quinze chambres de professeurs furent convertis en ambulances et donnèrent l'hospitalité, du 9 septembre au 31 octobre, à trois cent soixante blessés, qui reçurent alternativement, à toute heure du jour et de la nuit, les soins d'un personnel nombreux, évalué à quatre-vingt-neuf personnes, se répartissant ainsi :

Neuf sœurs de la Sagesse, dix-huit sœurs Augustines, seize frères des Ecoles chrétiennes, trente élèves du petit séminaire et seize professeurs. Sont venus, en outre, se joindre à ces gens dévoués plusieurs membres des Conférences de Saint-Vincent de Paul qui ont assisté aux pansements et donné aux blessés les soins les plus assidus jusqu'à l'évacuation de l'ambulance.

Ici encore, les malades et les blessés, susceptibles de guérison, se remirent promptement, car la charité des directeurs l'emporta sur la parcimonie des règlements de l'administration militaire, et chaque homme reçut en sus de sa portion, portée au compte de l'intendance, des rations plus en harmonie avec ses besoins et son état de délabrement.

Par suite de l'évacuation des malades du petit séminaire, la maison des Petites Sœurs des Pauvres, établie route de Valenciennes, près de Cambrai, voulut aussi, malgré son indigence, avoir son ambulance. Dix blessés, reçus gratuitement dans cet asile du pauvre vieillard, furent, comme les cent pensionnaires de cette maison, admis à « la table d'hôte » que ces industrieuses et saintes filles savaient si bien organiser au jour le jour, avec l'aide de Dieu et de la charité publique.

Mais ce fut surtout après la désastreuse journée de Saint-Quentin que le zèle de nos populations se montra admirable d'abnégation, de dévouement et de reconnaissance envers les infortunés défenseurs de la Patrie. Partout les soldats du général Faidherbe furent reçus avec la même cordialité : les plus somptueux hôtels, aussi bien que les demeures les plus pauvres et les plus obscures, les usines, les maisons d'éducation, les établissements religieux, tous s'ouvrirent devant tant de misères.

C'est ainsi que les Frères de Sainte-Croix, demeurant alors rue des Chanoines, ont fait de la soupe du matin au soir et que leur modeste réfectoire se remplissait toujours de nouveaux convives. Trois soldats, incapables de suivre l'armée, ont été recueillis par eux jusqu'à l'armistice. Là encore furent reçus, à défaut d'hôtels : tout le corps des officiers du 91° régiment de ligne, depuis le colonel jusqu'aux sous-lieutenants ; celui du 7e dragons, pendant un mois ; puis enfin, quatre colonels et dix commandants, arrivant, eux aussi, à Cambrai pour la réorganisation de l'armée par le général Clinchant. Les Frères, qui avaient déjà prêté cinq lits à l'ambulance du Musée, offrirent aux militaires tous ceux qui leur restaient, et le directeur céda bien volontiers plusieurs fois le sien, se contentant d'une simple chaise pour tout lit de repos (1).

Et les Frères, comme les Dames de la Sagesse, dont nous parlions dernièrement, se trouveraient bien mal payés aujourd'hui de leur dévouement, s'ils attendaient des hommes leur récompense, car eux aussi, n'ont-ils pas été expulsés de la maison où ils exercèrent tant d'actes de charité en 1870 et 1871 ?

La défaite de Saint-Quentin eut plus d'un point de ressemblance avec celle de Malplaquet. Les conséquences furent en partie les mêmes. Le lendemain de la bataille livrée aux environs d'Avesnes (12 septembre 1709', un grand nombre de blessés, qui pouvaient encore marcher, tâchèrent de gagner les villes voisines.

Il y en eut un si grand nombre qui se dirigèrent sur Valenciennes qu'à la fin, on ferma devant eux les portes de la ville. Dès lors ces pauvres gens se traînèrent sur Cambrai. « Ce n'était, dit une chronique du temps, que
« blessés dans le grand chemin de Valenciennes à Cambrai :
« les uns avaient la tête enveloppée avec leur linge de
« corps ; les autres le bras soutenu avec la cravate ; celui-
« ci tombait par terre et ne savait plus marcher ; celui-là
« ne faisait que gémir et déplorer son malheur ; d'autres
« revenaient à cheval, ne sachant pas se soutenir dessus ;

---

(1) Rapport à M. le comte de Flavigny, président du Comité central de la Société de secours aux blessés.

« on en menait d'autres sur des chariots. C'étaient ceux-là
« qui excitaient le plus la compassion ; ils étaient tout
« couverts de sang, et assurément on les aurait pris pour
« des hommes écorchés, tant ils étaient maltraités de
« blessures... »

Les deux hôpitaux de Saint-Jean et de Saint-Julien ne furent pas suffisants pour tant de monde. Après les avoir remplis le plus qu'il fût possible, on envoya le reste dans les casernes, jusqu'à ce qu'on eût préparé d'autres logements. Au bout de quelques jours, bon nombre d'entr'eux étaient transportés dans la grande salle du collège des Jésuites (aujourd'hui le grand séminaire), dans l'église des Récollets, les Chartrières (aujourd'hui le grand magasin aux vivres, rue des Capucins[1], la maison de Saint-Paul et Saint-Jacques, rue des Rôtisseurs. L'archevêque Fénelon donna asile dans son palais aux chevau-légers, aux mousquetaires et à des blessés de la maison du Roi. Il les fit panser et ne cessa de les visiter tous les jours.

L'empressement à accueillir et à soigner les blessés après le désastre de Saint-Quentin, ne fut pas moins remarquable. Comme on l'a vu ils furent reçus à l'hôpital militaire, à Saint-Julien, au collège, au petit et au grand séminaire, au musée, chez les Petites Sœurs des Pauvres et à Sainte-Croix. Après la funeste bataille de Malplaquet, on logea les soldats valides, un peu partout dans Cambrai : quelques églises même leur donnèrent asile. Après Saint-Quentin, on en soigna au pensionnat de Saint-Bernard, à la Maison fondée par l'archevêque Vanderburch pour l'éducation entièrement gratuite de cent jeunes filles d'ouvriers et même dans l'église paroissiale de Saint-Géry, suivant le désir de Mgr Régnier.

Le 20 janvier, c'est-à-dire le lendemain de la bataille de Saint-Quentin, M. Desrousseaux, doyen de Saint-Géry, après avoir fait retirer le Saint-Sacrement du tabernacle, ouvrit son église aux soldats qui y entrèrent par centaines vers huit heures du soir, et s'y installèrent le moins mal possible, sur des chaises, des paillassons, des couvertures, empruntés de côté et d'autre. Mais des voisins charitables, et beaucoup de pauvres gens du bas quartier de la ville ne l'entendaient pas ainsi : rivalisant de zèle et de patriotisme, auprès de nos pauvres soldats, ils les emmenèrent loger chez eux avec leurs frères d'armes qu'ils abritaient déjà, et leur offrirent également une cordiale hospitalité.

On dut pourtant se résigner à laisser cent cinquante hommes, environ, passer la nuit dans l'église, où ils furent d'ailleurs l'objet de la sollicitude du clergé de la paroisse et des pauvres ouvriers de la Cité Fénelon qui trouvèrent — comme le grand archevêque de Cambrai, à la suite de la bataille néfaste de Malplaquet — l'occasion de verser le baume de la charité sur tant de cœurs brisés par la fatigue et les revers.

On était dans l'admiration de voir avec quel entrain, avec quelle ardeur ces bons ouvriers et ces pauvres femmes du peuple distribuaient le pain de leur nombreuse famille, et achetaient même de la viande, du café, du tabac, lorsque peut-être leurs enfants manquaient du nécessaire.

Le lendemain, tous ces soldats, logés à l'improviste un peu partout, furent évacués sur Douai et Lille. Il ne resta plus, pour ainsi dire, à Cambrai, que les invalides.

Les Frères des écoles chrétiennes avaient installé dans leur établissement de la rue Saint-Jean, une ambulance de quatre salles, contenant ensemble quarante-cinq blessés qu'ils ont soignés pendant trente-et-un jours.

Les Sœurs de charité de l'Hospice Général qui, pendant trois semaines, avaient, comme les Filles de la Sagesse, remplacé les infirmiers à l'Hôpital militaire, allèrent prodiguer leurs soins aux blessés de diverses ambulances.

L'hôpital Saint-Julien, rue Saint-Lazare, s'ouvrit de nouveau pour cent soixante-onze varioleux, ou grands blessés qui devaient subir diverses amputations.

Au grand séminaire qui avait d'abord été transformé en caserne et où avaient été reçus plus de mille hommes appartenant au 24ᵉ de ligne, aux mobiles de l'Aisne et à ceux du Nord, — M. Sudre, supérieur, accueillit avec le même empressement la demande qui lui fut faite, par l'intendance, de convertir de nouveau en ambulance cet asile de l'étude et de la prière. Il se mit lui-même à la disposition de l'administration pour y faire le service de l'aumônerie et de l'infirmerie, avec tout son personnel de professeurs, de séminaristes et de quelques personnes de la ville qui lui avaient prêté, une première fois, leur utile et très précieux concours

Au petit séminaire, où la rentrée des classes avait eu lieu le 3 novembre 1870, on fut bientôt obligé de congédier les élèves pour transformer, une fois encore, les classes et les dortoirs en ambulance, selon l'offre charitable que Mgr Régnier en avait faite à l'autorité militaire. Dix salles furent affectées à ce service, confié à neuf Sœurs de la Sagesse pour les pansements, à dix Sœurs de Notre-Dame de la Treille pour la cuisine, et aux infirmiers militaires sous la surveillance de M. Monnier, alors supérieur du petit séminaire, et des professeurs de l'établissement qui s'étaient mis, comme leurs confrères du grand séminaire, à l'entière disposition de l'intendance.

Les salles du petit séminaire ne furent totalement évacuées que le 12 mars 1871, après avoir donné l'hospitalité à plus de mille blessés.

Nous pouvons le dire hardiment, sans crainte d'être démenti par qui que ce soit : s'il est vrai que les Cambresiens ont, généralement, montré du cœur au moment de nos désastres ; s'ils ont secouru les blessés et donné volontiers asile aux vaincus, il n'en est pas cependant qui ait pu surpasser la charité, le dévouement des prêtres, des frères, des séminaristes et des religieuses de tous les ordres non cloîtrés. Nous qui écrivons ceci les avons vus à l'œuvre, et, loin d'exagérer, nous sommes sûr de rester en-dessous de la vérité en parlant de leur zèle qu'aucun obstacle ne pouvait rebuter ni ralentir.

Nous venons de parler de diverses ambulances établies dans Cambrai pendant et après la guerre. Partout le spectacle était lamentable, et cependant les blessés et les varioleux étaient entourés des meilleurs soins : les médecins se prodiguaient jour et nuit; les dames de la ville, plusieurs dames étrangères, des religieuses, des laïcs, des prêtres, pansaient les plaies les plus envenimées, et paraissaient ne plus rien connaître de ce qui, en d'autres temps, aurait pu leur faire peur ou les répugner.

La Charité, cette fille du Ciel, leur faisait surmonter toutes les difficultés.

Pauvres blessés ! avant d'arriver dans ces hôpitaux et ces ambulances de villes, où rien ne leur manquait, quelles souffrances inouies n'avaient-ils pas endurées, pour la plupart? Comment avaient-ils pu échapper à la mort?

C'est sur un champ de bataille qu'il faudrait écrire l'histoire des horreurs que la guerre entraine après elle. Que d'hommes couchés par terre, de minute en minute ! Que de sang répandu ! Que de lamentations ! Cris des mourants ! Cris plaintifs des blessés !

Chaque maison, voisine du champ de bataille, devient une ambulance, une ambulance ravagée par la mort.

Avant la guerre on a travaillé avec une vigoureuse énergie à procurer le nécessaire aux blessés. Et voilà qu'à peine l'action commencée les brancardiers ne peuvent déjà plus suffire à la besogne. La plupart des hommes couchés à terre sont forcément abandonnés, assez souvent, pendant plusieurs heures ; ceux qu'on ramasse au péril de la vie, sont étendus plus loin sur un lit de paille ou de foin, en attendant l'arrivée du docteur qui ne fait que passer et donner ses ordres. Les autres, exposés à de nouveaux coups, au piétinement des hommes ou des chevaux, meurent en grand nombre sur le lieu même où ils ont été frappés.

Les blessés qui survivent sont ensuite évacués, au bout de douze ou vingt-quatre heures, sur des ambulances de villes plus ou moins rapprochées.

A Cambrai, dans les diverses ambulances, il est entré des militaires de toutes armes, blessés dans les combats livrés sous les murs de Metz, à Sedan, Bapaume, Amiens et Saint-Quentin.

Le service médical a été rempli avec beaucoup de zèle par tous les docteurs en médecine de la ville qui se sont ainsi partagé les ambulances :

Hôpital militaire : M. QUENTIN, médecin en chef, en remplacement de M ALLAIRE, en campagne ; MM. BRUNELLE et DELBARRE fils ; M. GROSJEAN, pharmacien.

Grand Séminaire : MM. HARDY, HANNOIS, DELBARRE fils, médecins, et DELPORTE, officier de santé.

Petit Séminaire : MM DAZIN, DELBARRE père, CHANTREUIL et LARIVIÈRE; DOUILLOT, major, et ROUX, aide-major.

Collége : M. LORQUIN.

Cercle de la petite rue Vanderburch : M BRUNELLE.

Frères de la Doctrine Chrétienne : M CHANTREUIL.

Musée : MM. HARDY et DELPORTE ; ALLAIRE, médecin en chef.

Voici, en résumé, — d'après le rapport adressé par M. Victor DELATTRE au Président de la Société de secours aux blessés, — le chiffre total des blessés entrés dans les diverses ambulances de Cambrai.

Evacuations faites de Metz et de Sedan sur notre ville :

40 Malades reçus à l'ambulance établie au Collège
    Décès. 1
95 Malades reçus à l'ambulance établie à l'hôpital
    Saint-Julien. Décès. 15

12 Malades reçus à l'ambulance établie au Cercle de la petite rue Vanderburch. Décès		2
15 Malades reçus à l'ambulance établie au Musée. Décès		13
235 Malades reçus à l'ambulance établie au Grand Séminaire. Décès		7
360 Malades reçus à l'ambulance établie au Petit Séminaire. Décès		31
4 Malades reçus à l'ambulance établie chez les Frères. Décès		»
761	Total.	69

Malades et blessés reçus après les batailles de Villers-Bretonneux, Bapaume, Saint-Quentin, etc.

45 Blessés reçus à l'ambulance des Frères des Écoles chrétiennes. Décès		»
171 Blessés reçus à l'ambulance de l'hôpital Saint-Julien		7
205 Blessés au Grand Séminaire.		
1024 Blessés au Petit Séminaire		6
158 Blessés au Musée.		
895 Blessés à l'Hôpital militaire.		
3259 Malades et blessés.	Décès	82

Il y a donc eu 3.259 blessés soignés à Cambrai pendant la campagne de 1870-1871. Ce total ne comprend pas les blessés recueillis dans les maisons particulières, ni dans les localités de notre arrondissement.

En conséquence, doivent s'ajouter à cette liste les ambulances établies dans les communes voisines, soit par l'intendance, soit par les administrations municipales : à Busigny, Le Cateau, Maretz, Oisy-le-Verger, Saint-Aubert, Saulzoir, Solesmes, Saint-Vaast, qui reçurent bon nombre de blessés, la plupart confiés à des infirmiers volontaires ou à la charité inépuisable des congrégations religieuses.

X

Souvenirs religieux de la Guerre.

Il n'y avait pas quatre mois que la guerre était commencée, et déjà la situation paraissait désespérée : une armée avait été faite prisonnière à Sedan avec l'Empereur et tous les généraux qui la commandaient ; — Laon s'était rendu ; — Soissons avait capitulé ; — Metz, la ville imprenable, appartenait aux Allemands, grâce à la défection du traître Bazaine ; et les cent cinquante mille hommes qui défendaient la forteresse étaient allés rejoindre en captivité l'armée de Sedan ; — Saint-Quentin, après s'être barricadé et avoir soutenu victorieusement un siège le 8 octobre, avait été forcé de se rendre le 21 du même mois. Le bruit courait que les Prussiens allaient se diriger sur Cambrai et sur Amiens. Dans ces tristes circonstances et à la vue du danger que courait la cité, la population pieuse invoqua le secours de Celle qui est appelée par l'Eglise *Auxilium Christianorum*. Un *Triduum* de supplications et d'hommages en l'honneur de Notre-Dame de Grâce fut célébré dans la Chapelle du Grand Séminaire, transformée en église paroissiale depuis l'incendie de la Cathédrale.

Le dernier jour du *Triduum*, samedi 12 novembre,

M. Destombes, ancien supérieur du collège Saint-Jean, à Douai, nommé récemment chanoine titulaire de la Métropole en remplacement de M. Monnier, nommé vicaire-général titulaire, monta en chaire et après avoir retracé, à grands traits, tous les motifs de confiance en la Patronne de Cambrai, il promit solennellement, sur la demande de bon nombre d'habitants, que deux lampadaires brûleraient jour et nuit devant l'habitacle de Notre-Dame de Grâce, pour redire aux âges futurs sa divine protection, SI, PAR SON INTERCESSION, DIEU PROTÉGEAIT CAMBRAI DES MAUX DE LA GUERRE. (1)

A cette occasion, il y eut, le dimanche 13 novembre, à trois heures de l'après-midi, une procession à laquelle prirent part un grand nombre de paroisses du Cambrésis.

Elle parcourut les rues de Noyon, des Chanoines, Place Sainte-Croix, petite rue Van der Burch, Place Fénelon, rue Saint-Aubert, de l'Arbre-d'Or, Place d'Armes, rue de l'Ange, Place-au-Bois, rues du Petit-Séminaire et Saint-Nicolas. Sur la Place d'Armes, Monseigneur l'Archevêque Régnier donna, du haut du perron de l'Hôtel de Ville, la bénédiction du T.-S. Sacrement.

On verra, dans la seconde partie de ce livre, par quel concours de circonstances suscitées — d'après la croyance commune — par la Reine du Ciel, Cambrai a échappé à un bombardement.

La Cathédrale, brûlée par accident en 1859, fut rendue au culte le jour de Pâques, 9 avril 1871. Une fête religieuse de reconnaissance et d'actions de grâces eut lieu le lendemain. De grandes affiches, placardées dans toute la ville, l'avaient annoncée en ces termes :

« Aux jours du danger, Cambrai et le Cambrésis ont invoqué par des prières publiques et une procession de

---

(1) Voir plus loin, aux *Notes et Documents divers.*

supplication, la protection de Notre Dame de Grâce.

« Durant la guerre, l'ennemi s'est plusieurs fois mis en marche contre nous. Il est venu jusque sous nos murs.

« Nous avons été préservés des horreurs du siège et du bombardement, et nos campagnes ont vu se restreindre et s'arrêter, inopinément, les calamités ordinaires de l'invasion.

« Cambrai et le Cambrésis en rendent grâces à leur Patronne ! »

Il y eut ce jour-là cinquante mille étrangers à Cambrai. La ville, dès le matin, fut littéralement envahie par les pèlerins venus des villages les plus éloignés du Cambrésis, et qui tous se rendaient devant l'image de Notre-Dame de Grâce pour y accomplir leur dévotion avant de faire partie de son cortége d'honneur.

A dix heures les cloches sonnaient à toutes volées et la procession commençait à se mettre en marche. Cinquante-sept paroisses rurales y assistaient. Jamais procession ne réunit un cortège aussi nombreux. Les rues étaient superbement ornées ; chaque maison, chaque appartement avait sa tenture et sa bannière.

La procession ne rentra à la Cathédrale qu'à deux heures et demie, sans avoir fait d'autre station que celle de la Place d'Armes pour la bénédiction que Monseigneur l'Archevêque donna du haut du perron de l'Hôtel de Ville à la foule dévotement agenouillée.

Conformément au vœu formulé le 12 novembre 1870 dans la Chapelle du Grand Séminaire, deux lampadaires, en tous points semblables l'un à l'autre, sont suspendus à droite et à gauche de l'autel de Notre-Dame de Grâce.

Les parties saillantes de ces *ex-voto* sont trois couronnes de lumière représentant les trois murs d'enceinte de la ville de Cambrai.

La première couronne figure le premier mur d'enceinte ;

le deuxième, les remparts ou l'enceinte principale ; et enfin la troisième reproduit la citadelle.

Les murs de la première enceinte sont couronnés de porte-cierges placés au centre de chaque redent. Autour de la première couronne qui a 1 mètre 45 de diamètre, se trouve gravée l'inscription suivante :

« Le 12 novembre 1870, les Allemands victorieux, en-
« vahissant le Nord de la France, M. le chanoine Destombes,
« au nom des habitants de Cambrai et du Cambrésis, en
« présence de Monseigneur Régnier, du Chapitre et du
« Clergé et des Fidèles de la ville, fit solennellement vœu
« d'offrir à Notre-Dame de Grâce deux riches lampadaires
« qui brûleraient nuit et jour devant son tabernacle si
« Cambrai et le Cambrésis étaient préservés des maux de
« la guerre.

« Reconnaissants de la protection obtenue au moment
« où les ennemis menaçant la ville du bombardement,
« tout espoir de salut semblait perdu, nous offrons à
« Notre-Dame de Grâce, protectrice, libératrice de notre
« cité, ce double hommage de notre foi et de notre
« amour. »

Sur les murs de cette première enceinte, entre chaque redent, sont inscrits, sur des plaques en émail, les noms des cinquante-sept communes qui ont adhéré au vœu par leurs offrandes, et dont la plupart — au nombre de quarante-deux — sont venues processionnellement, le 10 avril 1871, remercier Notre-Dame de Grâce de son intercession.

Voici les noms des cinquante-sept communes :

St-Druon-lez-Cambrai, Abancourt, St-Aubert, Avesnes-lez-Aubert, Avesnes-le-Sec, Banteux, Bantigny, Bantouzelles, Bévillers, Blécourt, Cagnoncles, Carnières, Cattenières, Caullery, Cauroir, Clary, Escaudœuvres, Esnes, Estourmel, Estrun, Eswars, Fontaine-Notre-Dame, Fontaine-au-Pire, Gonnelieu, Gouzeaucourt, Haynecourt, Hem-Lenglet,

Haucourt, Saint-Hilaire, Honnecourt, Inchy-Beaumont, Audencourt, Iwuy, Lesdain, Ligny, Lourches, Malincourt, Montigny, Neuville-sur-l'Escaut, Neuville-St-Rémy, Niergnies, Paillencourt, Proville, Ramillies, Rumilly, Sailly, Selvigny, Thun-Saint-Martin, Saint-Waast, Vendegies-sur-Ecaillon, Walincourt, Wambaix, Quiévy, Séranvillers, Troisvilles, Audencourt, Pecquencourt.

En dessous de cette première enceinte est la base du lampadaire, formée de riches rinceaux en bronze doré, enrichis de pierreries et se reliant entre eux, suivant le plan de la première couronne.

C'est au centre de ces rinceaux qu'est placée la lampe qui doit brûler perpétuellement.

Le culot, qui sert à manœuvrer la lampe, représente un amas de flammes au milieu desquelles sont groupées les figures grimaçantes de Guillaume, de Bismarck, de Moltke et de Von Gœben.

Nous arrivons à l'enceinte du milieu. Ce second mur est flanqué de ses bastions entre lesquels sont figurées en relief quatre portes de la ville : porte de Paris, porte Notre-Dame, porte Robert et porte Cantimpré.

On remarquera qu'on a négligé de représenter la porte de Selles. A notre avis, si on ne trouvait pas de place pour une cinquième porte, il eût été préférable de ne pas faire mention de la porte Robert, d'autant plus que cette porte a été non seulement fermée, mais même murée à l'approche des Prussiens.

Les quatre bastions de ce second mur d'enceinte possèdent au centre de leurs plates-formes quatre bras de lumière portant chacun neuf bougies. L'angle de chaque bastion est orné d'un écusson aux armes de Cambrai, de l'Archevêque, du Chapitre et du Pape.

La troisième couronne représente la citadelle de Cambrai. Chaque bastion est couronné d'un ange : ce sont les anges tutélaires de Cambrai.

Le bastion central, crénelé comme les autres, est couronné d'une grande pyramide largement ajourée par des rinceaux entrelacés. Cette pyramide sert de base à la colonnette formant la tige principale du lampadaire.

Le chapiteau de cette colonnette supporte un motif représentant le général prussien Von Gœben dont le bras est près de lancer la torche incendiaire qui doit détruire la ville ; mais un ange abat cet émissaire de Guillaume, et, mettant une main sur la garde de son épée, il lui montre, de l'autre, l'image de la Vierge protectrice de Cambrai. Ce groupe allégorique s'enlace autour de la tige principale qui se prolonge pour recevoir un grand écusson couronné, représentant en peinture sur émail l'image de Notre-Dame de Grâce, copie fidèle de celle qui existe au reliquaire de la chapelle de la Vierge. Cette figure, terminant le lampadaire, montre à quelle intervention Cambrai doit d'avoir été préservé.

Les lampadaires pèsent chacun 200 kilos ; ils sont en bronze doré à la pile. Ils ont coûté environ 15,000 francs ; la valeur de l'or employé est d'environ 6,000 francs. C'est, on le voit, la main-d'œuvre qui a constitué la plus forte dépense.

Les lampadaires ont quatre mètres de hauteur ; mais la place qu'ils occupent dans la Basilique n'est pas en rapport avec les dimensions étroites du chœur de la chapelle située dans un des bras de la croix de l'église : c'est ce à quoi n'ont sans doute pas songé l'architecte qui a fait le dessin et la commission qui l'a adopté.

Depuis 1871, Cambrai n'a pas manqué une seule année de solenniser le 22 janvier, l'anniversaire de la délivrance de Cambrai.

La fête est annoncée, dès la veille, par la sonnerie des cloches, et le 22, la messe avec chants est dite à sept heures ; à dix heures et demie, la messe solennelle d'actions de grâces, et à six heures du soir, le salut solennel avec sermon, de circonstance, sur les vertus et le pouvoir de Marie.

C'est ainsi que les Cambresiens, en témoignant leur reconnaissance à leur patronne, peuvent conserver l'espoir de toujours être protégés par elle.

FIN DE LA PREMIÈRE PARTIE.

DEUXIÈME PARTIE

LA GUERRE

DANS LA RÉGION DU NORD

Avant de raconter les opérations des armées française et allemande dans la région du Nord de la France, d'après les documents les plus sérieux et les plus authentiques, tant pour l'une que pour l'autre partie belligérante (1), je vais esquisser à grands traits cette campagne de 1870-1871, dont nous ressentirons longtemps encore les effets désastreux.

I

Revue rétrospective.

On a vu précédemment ce qui a donné lieu à cette terrible guerre ; je le rappelle ici en quelques mots.

L'empereur Napoléon III, qui avait pour principaux conseillers Emile Ollivier, garde des sceaux ; de Gramont, ministre des Affaires étrangères ; le maréchal Le Beuf, ministre de la Guerre ; Chevandier de Valdrôme, ministre

---

(1) Les principaux documents dont il est ici question sont : 1° Le rapport fait au nom de la Commission d'enquête sur les actes du Gouvernement de la Défense nationale ; 2° la campagne de l'armée du Nord par Faidherbe ; 3° la guerre de 1870 par le maréchal Comte de Moltke.

de l'Intérieur ; sous prétexte que le refus de Guillaume — de déclarer *qu'il n'autoriserait plus à l'avenir le renouvellement de la candidature du prince Léopold au trône d'Espagne* (1) — constituait un cas de guerre, fit rompre toutes négociations avec la Prusse.

Le Sénat et le Corps législatif accueillirent par des bravos enthousiastes la conduite du gouvernement (2) et le pays battit des mains. On le voit : un des caractères principaux de cette malheureuse guerre de 1870, c'est l'esprit de vertige qui tout d'abord y préside (3). Elle éclate comme un coup de foudre ; les événements se précipitent comme poussés par une invincible fatalité ; le train ordinaire des choses immédiatement s'accélère et atteint un maximum de vitesse qui dépasse toute prévision et déconcerte toute prudence. On a la fièvre, on ne veut ni attendre, ni réfléchir, ni négocier, ni savoir. On se lance en un instant sur une pente sans retour ; on se jette, les yeux fermés, dans un gouffre, et si une voix prophétique se fait entendre pour avertir la nation des périls où elle court, on la dédaigne, on la calomnie, et tous les aveuglements conspirent pour qualifier la clairvoyance de trahison. En une semaine, tout est dit, le sort en est jeté ; habitués aux guerres plus ou moins faciles et toujours heureuses ; inattentifs à ces signes, presque certains pourtant, qui présagent un changement de fortune et qui annoncent, comme on aurait dit autrefois, le déclin d'une étoile, nous nous endormons en proie à une illusion mortelle dont nous ne serons réveillés, réveillés en sursaut, que par le canon de Wissembourg.

Wissembourg ! Au lendemain de cette journée d'épouvante pour tout le pays, on s'est demandé : « Etait-on prêt pour la guerre ? » Ce doute terrible qui commençait à

---

(1) Déclaration lue au Sénat et au Corps législatif par Emile Ollivier.
(2) Paroles de M. Rouher à la **Chambre.**
(3) Claveau Anatole.

gagner la nation, avait assailli, depuis longtemps déjà, depuis près de vingt jours, l'esprit des généraux. Wissembourg fut pour eux une révélation, sans être une surprise. Placés plus près des événements, ils ne pouvaient se dérober à une vérité cruelle qui, chaque jour, s'imposait avec plus d'évidence à leurs regards : **on n'était pas prêt !** On s'était lancé au hasard dans toutes les difficultés d'une mobilisation à la frontière, et on ne pouvait opposer à un ennemi qui n'en était plus à faire ses preuves d'activité, qu'une formation incomplète et insuffisante.

Avait-on du moins un plan de campagne ?

Avait-on conçu quelque dessein énergique qui permît de suppléer à l'infériorité de l'armement et du nombre par la célérité des coups ?

Les incertitudes trop visibles du quartier général, les ordres contradictoires, la dispersion des corps sur une ligne fragile de cinquante lieues d'étendue, une sorte d'abattement déjà répandu sur le front des principaux chefs, trahissaient au contraire un manque d'initiative et de résolution dont commençait à s'inquiéter la clairvoyance des subordonnés. L'obscurité presque absolue qui régnait sur les projets de l'ennemi, le mystère profond dont il se couvrait, son apparente lenteur derrière laquelle on devinait une précision de vues et une sûreté de conceptions avec lesquelles nous aurions bientôt à compter, ajoutaient encore aux perplexités, chaque jour croissantes, des généraux. Le dévouement restait égal, mais l'ivresse des premières heures était tombée. On sentait instinctivement planer sur soi quelque chose de particulièrement menaçant et grave. Chacune des dépêches échangées entre l'administration de la guerre et les commandants supérieurs lors de l'entrée en campagne, porte la trace de cette sombre préoccupation. Wissembourg la justifia ; Forbach et Reichshoffen y mirent le comble.

C'est dans la journée du dimanche 7 août que la nouvelle

des défaites subies à Forbach et à Reichshoffen arriva à Cambrai. Elle frappa de stupeur une population surexcitée que de faux bruits de victoire, bientôt démentis, avaient jetée hors d'elle-même. Nous avions perdu en un seul jour deux batailles ; l'aile droite de l'armée du Rhin n'existait plus ; ses débris dispersés battaient en retraite à travers les Vosges. L'Alsace tout entière était abandonnée au vainqueur. Alors les plus obstinés ouvrirent les yeux, la confiance disparut, le découragement entra dans les âmes, et la défaite, il faut bien le dire, commença à exercer sur nous son action dissolvante.

La semaine qui suivit se passa en délibérations confuses, et, plus malheureusement encore, en évolutions contradictoires. On mit sept jours à décider la retraite de Metz sur Verdun, et quand on la commença, l'ennemi était déjà sur nos arrière-gardes. Maltraité à Borny, il nous devance néanmoins sur la Moselle, nous barre la route à Mars-la-Tour et vient se jeter sur notre flanc à Rezonville. C'est la journée du 16 août qui a reçu différents noms, mais qui gardera celui de Gravelotte. Nous avions enfin cette grande bataille offensive tant désirée. Toute l'armée française allait se mesurer avec la principale armée prussienne, soutenue par d'autres corps, tout prêts à entrer en lignes de bataille. L'avantage fut pour nous, bien que les récits allemands le contestent ; mais pour le rendre décisif, il fallait livrer une seconde bataille le lendemain ; il fallait tenter un suprême effort et passer à tout prix. Le pouvait-on ? C'est un point qui est resté obscur. Condé l'eût fait, a dit un général, mais Turenne ne l'eût point risqué.

Deux jours après la bataille de Gravelotte, il fallut soutenir, contre un ennemi renforcé, ce terrible choc de Saint-Privat, le plus sanglant de toute la guerre, cette formidable bataille à *fronts inverses* qui, par cela même, devait être nécessairement décisive, puisque la défaite fermait au vaincu le chemin de sa patrie. Ce qui paraît certain, c'est que dans cette journée mémorable, le commandement en chef ne fut pas à la hauteur de l'énergie des généraux et du dévouement des soldats. Elle tourna contre nous et décida du sort de la France.

Après Saint-Privat, l'armée du Rhin bloquée dans Metz s'achemine, à travers des combats héroïques, vers sa douloureuse destinée. Les nouvelles obscures et confuses qu'on en reçoit ne servent qu'à précipiter cette fatale expédition des Ardennes qui aboutit à SEDAN !

Coulmiers nous donna une lueur d'espérance. Nous en eûmes d'autres, car quel est celui d'entre nous qui, à la fin de novembre, ne rêva pas, au moins un instant, que Ducrot et Chanzy allaient relever la fortune de la France : *Ils sont sortis !* disait-on en province ; *Ils sont vainqueurs !* répondait-on à Paris. Et pendant quelques jours l'incertitude des dépêches entretenait l'illusion. La sortie, hélas ! c'était Champigny ; la victoire, c'était Loigny, et les troupes de Ducrot rentraient dans le bois de Vincennes, pendant que les soldats de Chanzy battaient en retraite sur Vendôme. Paris n'était pas délivré et Orléans était pris.

Et plus tard, encore, lorsque nos provinces du Nord, de l'Ouest et du Centre étaient envahies à la fois, lorsque la France et Paris semblaient pour jamais séparés, qui donc refusa de partager la dernière espérance de la patrie ?

On compta tour à tour sur Bourbaki dans l'Est, Chanzy dans le Centre et Faidherbe dans le Nord.

Il y eut là comme une suprême lueur, un pâle et fugitif rayon qui s'éteignit bientôt, presque à la même heure, sur tous les champs de bataille : à Héricourt, au Mans et à Saint-Quentin. C'était fini ! La fortune avait trahi, l'un après l'autre, tous nos efforts, et s'était prononcée contre nous. Paris lui-même, Paris bombardé, presque affamé, indiscipliné et mal dirigé, allait être obligé de se plier au sort commun ; Paris allait subir la loi du vainqueur, en attendant que la sédition plus atroce que la guerre elle-même, vint de nouveau, sous le regard ironique de l'étranger, le couvrir de ruines et de sang.

Tel est le résumé de cette invasion terrible, qui n'avait pas eu sa pareille depuis la guerre de Cent Ans. Et encore dans la guerre de Cent Ans, fait remarquer l'auteur de la préface de la *Guerre de France*, il y a Jeanne d'Arc, il y a des figures lumineuses, des victoires, un rayon de fortune, une promesse de résurrection au dénoûment. Ici rien, tout est sombre, tout est noir et tragique. Dans cette série d'échecs, de revers, de désastres, qui va de Wissembourg à la capitulation de Paris et à la Commune, en passant par Reichshoffen, Forbach, Gravelotte, Saint-Privat, Sedan, Châtillon, Orléans, Champigny, Loigny, le Mans, Héricourt, Saint-Quentin, Buzenval, c'est à peine si l'œil pour se reposer, si le cœur pour se soulager, rencontrent çà et là quelque pâle éclaircie, un répit, un temps d'arrêt qui n'est qu'un leurre et une duperie de plus Et cependant, combien de Français ont fait bravement, généreusement leur devoir ! On a dit que dans cette guerre, nous avions manqué d'hommes de génie ; en tout cas, nous n'avons pas manqué d'hommes de cœur.

Ce qui nous a perdus c'est l'excès de confiance en nos propres forces : dès le début de la guerre, nous n'avons été au-devant de l'ennemi qu'avec deux cent cinquante mille hommes, tandis que la Confédération germanique faisait avancer plusieurs armées, l'une suivant l'autre, non seulement supérieures par le nombre, mais aussi par l'armement et la discipline.

Nous allons maintenant reprendre avec quelques détails les opérations de guerre dans la région du Nord, nous en tenant, comme nous l'avons dit, aux récits appuyés sur des documents sérieux et authentiques.

II

Le plan des Prussiens après Sedan.

Après la capitulation de Sedan (2 Septembre 1870), les armées allemandes commencèrent immédiatement leur marche sur Paris. Pour couvrir les assiégeants et empêcher ainsi toute surprise, le maréchal de Moltke, l'âme de l'invasion, chercha, tout d'abord, à isoler les armées françaises du nord et de l'ouest, et dans ce but il fit avancer quelques corps d'armée, avec ordre de s'emparer successivement de Reims, Laon, Soissons, La Fère, Saint-Quentin, Ham, Amiens, Rouen et Cambrai.

C'est au moment de la déroute de Sedan que le général Vinoy, parti de Paris avec le 13ᵉ corps d'armée dans les derniers jours du mois d'août — mais arrivé trop tard pour secourir Mac-Mahon — parut à proximité du champ de bataille. Une division de ce corps, arrêtée près de Mézières, se trouvait le 2 septembre à la discrétion des Allemands, qui pouvaient facilement la tourner et la prendre. Heureusement, tout à l'ivresse de leur victoire, les généraux ennemis paraissaient avoir oublié la division fourvoyée ; ils n'étaient préoccupés que de la marche offensive sur Paris.

« Afin de placer les troupes dans les meilleures conditions possibles, cette marche allait s'exécuter sur un front très développé et se couvrir d'un fort détachement de cavalerie lancé au loin, en avant. Ce détachement devait être soutenu par de l'artillerie à cheval, et, en cas de besoin, par de l'infanterie transportée en voiture. La route passant par Rethel et Reims était indiquée comme formant la ligne séparative de deux armées, marchant, pour ainsi dire, de front.

» Le soin de régler les détails des marches était laissé aux commandants des deux armées jusqu'à hauteur de Laon et de Sézanne. Le roi Guillaume se réservait le soin de donner les ordres relatifs aux mouvements à exécuter au-delà (1) »

On voit que la marche sur Paris était le seul objectif du comte de Moltke et de Guillaume : la capture du 13° corps n'était ni prévue, ni facilitée par les dispositions du grand quartier général.

Ce 13° corps rentra, par chemin de fer à Paris, les 7, 8 et 9 septembre, après avoir repoussé plusieurs fois des colonnes prussiennes volantes qui n'avaient cessé de le harceler jusqu'à son arrivée dans le département de l'Aisne.

On avait fait courir le bruit que l'armée de Vinoy s'arrêterait à Reims, Laon et Soissons et s'opposerait à la marche en avant des corps prussiens. « On constata bien vite, dit le maréchal de Moltke (2), que la nouvelle d'une grande concentration de troupes françaises à Reims était inexacte. Dès le 4 septembre, des détachements de la cavalerie prussienne entrèrent au galop dans la ville, dont la population surexcitée manifestait des sentiments fort hostiles. Dans le courant de l'après-midi, la 11° division y pénétra, et le lendemain le roi arriva avec le grand quartier-général dans l'antique cité où étaient couronnés les rois de France. »

---

(1) La guerre franco-allemande, par Félix Bonnet.
(2) La guerre de 1870 par le maréchal comte de Moltke.

III

Capitulation de Laon.

(9 Septembre 1870)

Le jeudi, 8 septembre, vers cinq heures du soir, quatre Prussiens dont un lieutenant-colonel se présentaient devant Laon, en parlementaire. Ce dernier, le comte Alvensleben, fut conduit les yeux bandés : d'abord, à la citadelle où se trouvait le général Thérémin d'Hame, qui répondit par un refus ; et ensuite à l'Hôtel de Ville où l'attendait M. le Maire Vinchon.

Or, comme la ville — quoique située sur le sommet d'une montagne de cent mètres d'élévation — n'avait, à l'époque de la guerre, qu'un mur d'enceinte en mauvais état pour toute défense, et qu'elle ne pouvait même pas être protégée par la citadelle, le Maire, après avoir exposé la situation à M. Le Flo, ministre de la guerre, consentit à entrer en pourparler ; mais le parlementaire déclara que la reddition de la cité seulement ne suffisait pas, et que Laon serait brûlé avant qu'il fût tiré un seul coup de canon sur la citadelle.

Après le départ du comte Alvensleben « grand émoi dans les rues. Les habitants courent du préfet au général. Placés en face de la terrible réalité, ceux-ci comprennent qu'on ne peut faire brûler une ville pour l'honneur d'une citadelle qui ne pourrait même pas se défendre elle-même. » (1)

C'est dans cette terrible situation que le général Thérémin, d'accord enfin avec le maire de Laon, adresse un télégramme au ministre de la guerre, pour demander qu'il soit permis de céder à la sommation du général ennemi, « afin de ne pas exposer la place, par une défense inutile, à être réduite en cendres. » Et le ministre qui, de son côté, ne tient pas à se compromettre, répond : « Agissez devant la sommation suivant la nécessité de la situation. »

Par suite de cette dépêche, deux officiers de la garde mobile, MM. de Chézelles et de Berthoud, vont aussitôt faire connaître au camp ennemi la soumission de la ville et de la citadelle.

Ce même jour, 9 septembre, vers l'heure de midi, par une pluie battante, un corps d'infanterie prussienne de mille hommes environ, précédé et suivi de cavaliers escortant un groupe d'officiers supérieurs, entre dans Laon, musique en tête.

Le général prussien duc de Mecklembourg, suivi de son état-major et d'une centaine d'hommes, est introduit dans la citadelle pour en prendre possession et traiter avec le général Thérémin, des conditions de la capitulation.

Tout aussitôt les mobiles rangés dans la cour, du côté de la poterne, commencent à défiler en déposant leurs armes ; le duc de Mecklembourg se trouve auprès du général Thérémin, qui lui a remis son épée ; il se prépare à signer la capitulation lorsqu'une effroyable détonation se fait entendre. La poudrière, renfermant 26,000 kilogrammes de poudre, a sauté.

Rien ne peut décrire la scène qui se passe en ce moment. Le général Thérémin et le duc de Mecklemboug sont par

---

(1) L'invasion dans le département de l'Aisne par Ernest Lavisse.

terre, atteints tous les deux ; 400 Français et Allemands gisent là, tués ou blessés ; les murs, les maisons s'écroulent ; la fumée répand un épais nuage noir sur la ville entière. Une pluie de débris tombent bientôt, effondrant les toits, brisant les fenêtres, écrasant amis et ennemis sous les décombres.

Après le premier instant de stupeur, des cris s'élèvent de toutes parts, et les Allemands ne songent plus qu'à se venger de la peur qu'ils ont eue : les voilà fusillant, incendiant. De malheureux gardes mobiles qui fuient, effarés, sont frappés par les balles des soldats teutons, fous de terreur eux-mêmes (1).

Bientôt paraît le duc de Mecklembourg traînant son pied blessé. Il pleut à torrents, et son visage, son manteau noir, ruissellent d'une boue jaunâtre. Un piquet de soldats l'escorte, l'arme prête, regardant de droite et de gauche, visant les rares habitants qui paraissent dans la rue ou montrent aux fenêtres leurs visages effarés. Le cortège arrive à l'Hôtel-de-Ville.

« Où sont les autorités ? » s'écrie le duc.

Le maire se présente.

« C'est une honte pour la France, continue le duc, c'est une infamie ! J'en veux tirer une vengeance dont on parlera dans mille ans ! »

Et comme le maire, M. Vinchon, essaie de parler :

« Silence ! c'est moi qui commande ici ! »

Les soldats tiennent couchés en joue les conseillers municipaux et les personnes qui se sont réfugiées à l'Hôtel-de-Ville. L'œil fixé sur leur général, ils n'attendent qu'un signe et leur visage dit qu'ils le désirent (2).

Cependant le maire, d'une voix calme, rejette, au nom de la ville, toute complicité dans l'événement, parle des

---

(1) *Le dernier chapitre de l'histoire de Laon,* par Melleville.
(2) *L'invasion dans le département de l'Aisne* par Ernest Lavisse.

dépêches qu'il a envoyées au ministère de la guerre pour démontrer que Laon ne pouvait se défendre.

Le duc reste muet, le visage altéré par la fatigue, l'émotion, la douleur de sa blessure. On lui offre un verre d'eau : « Je n'ai pas confiance », s'écrie-t-il, en l'écartant de la main.

Par bonheur, le comte Alvensleben arrive ; avant de se présenter dans la ville comme parlementaire, il y avait, dit-on, passé deux jours sous un déguisement ; il prend la défense de Laon, intercède pour les habitants et fait les plus louables efforts pour calmer le prince. Celui-ci cède enfin (1).

Dans la citadelle et aux alentours, le spectacle était horrible à voir (2). Murs, bâtiments, maisons, tout était renversé, éventré. Des cadavres mutilés, des bras, des jambes, des têtes, noircis par la fumée de l'explosion, gisaient de tous côtés. « On respirait une odeur innommée qui tenait à la fois de la poudre et du sang et qui vous prenait à la gorge. » (3). Toutes les personnes se trouvant dans la citadelle avaient été tuées ou blessées.

« La perte totale s'élevait pour les Français à trois cents hommes ; du côté des Prussiens, trois officiers et trente-neuf hommes étaient morts ; douze officiers et soixante hommes étaient blessés. Au nombre de ces derniers figuraient : le commandant de la division, duc de Mecklembourg-Schwérin et le major Schœnfels, de l'état-major ; le colonel comte de Grœben avait une légère blessure à la tête (4). Le général Thérémin était mortellement blessé.

L'enquête, faite par les Prussiens et la Municipalité, fit connaître que le général Thérémin, soupçonné d'avoir

---

(1) Ernest Lavisse.
(2) Alfred Duquet. (Guerre de 1870-1871.)
(3) Ernest Lavisse.
(4) *La guerre franco-allemande*, résumé et commentaires de l'ouvrage du grand état-major prussien, par Félix Bonnet, chef d'escadron d'artillerie.

inspiré cette détermination désespérée, n'y était pour rien. Celui qui l'avait prise était un garde d'artillerie, nommé Henriot. Indigné de l'attitude des habitants, il avait résolu de se faire sauter avec la ville, dès que l'ennemi serait dans la place, livrée, suivant lui, si piteusement par les civils et les militaires (1). « Si la ville se rend, on entendra parler de moi, » avait-il dit. Et il tint parole.

L'ennemi s'empara à Laon de vingt-cinq bouches à feu, de deux cents fusils et d'une quantité considérable de munitions.

Par ordre du grand duc de Mecklembourg, toutes les armes à feu : fusils de gardes nationaux, fusils de chasse, pistolets, revolvers, etc., durent être portées immédiatement à l'hôtel de ville, sous peine de mort.

Dix otages : le préfet, le président du tribunal, le maire, le directeur des contributions directes, six conseillers municipaux et, en outre, M. Henri de Chézelles, commandant de la mobile, furent désignés par le grand duc pour répondre sur leur tête de la sécurité générale. Retenus un moment prisonniers, ils furent ensuite mis en liberté sur parole.

On conçoit que les Prussiens étaient mal vus et mal reçus partout où ils allaient en promenade. On ne leur ménageait pas les coups à l'occasion. C'est pour faire cesser ces rixes, devenues très fréquentes, que fut affiché le jeudi 6 octobre, l'avis ci-après, dans Laon et les communes avoisinantes :

« *Aux Habitants de Laon et aux villages voisins,*

« Tous les journaux politiques, à l'exception du *Journal*
« *de Reims,* sont, par cette annonce, strictement
« défendus.

---

(1) *Ibid.*, en notes. — « Le garde d'artillerie Henriot, outré de voir la place se rendre sans défense, et ne voulant pas survivre à cet acte, s'était rendu dans le magasin à poudre et avait tâché d'ensevelir avec lui le plus grand nombre possible d'ennemis. »

« Comme dans les derniers jours les habitants du pays
« se sont montrés hostiles envers les troupes allemandes,
« j'annonce par cela que pour la moindre attaque ou résis-
« tance, la plus rigoureuse vengeance sera exécutée et que
« pour chaque soldat allemand tué il sera, par contre,
« fusillé quatre Français, coupables ou innocents, et que
« les environs paieront une forte contribution.

« Pour le bien des habitants et pour leur éviter ces
« sévérités si rigoureuses, le soussigné somme les habitants
« de Laon et des environs de faire leur possible pour
« éviter des cas semblables et par contre promet la
« protection de la propriété et un bon traitement.

« Toutes les armes non délivrées jusqu'à ce jour (fusils
« et sabres) doivent être remises au maire et seront déli-
« vrées au commandant.

« M. le maire est prié de faire publier, sans délai, le
« décret ci-dessus.

« DE KAHLDEN,
« Colonel et Commandant du 1er régiment
« N° 17 des dragons Mecklembourgeois,
« Commandant de Laon. »

5 Octobre 1870.

IV

La défense de Saint-Quentin.

(8 Octobre 1870)

M. Anatole de La Forge, préfet de l'Aisne, muni des pleins pouvoirs de la Défense Nationale, instituait, le 19 septembre 1870, à Saint-Quentin, devenu le chef-lieu du département, un comité de résistance.

Les hommes de cœur ne manquaient pas, mais ce qui faisait défaut à Saint-Quentin, c'étaient des remparts, des soldats, des canons, des fusils à longue portée et à tir rapide.

Au mois d'octobre, à l'approche des Prussiens, le préfet se rendait auprès de la commission municipale, et, malgré la pénurie presque absolue des moyens de résistance, il déclarait, avec autorité, que si l'ennemi se présentait en nombre et en forces quelconques, il ne distinguerait pas s'il avait devant lui une bande de partisans, une troupe de quelques cents hommes, ou bien une armée munie d'artillerie ; il résisterait à outrance, ne restât-il à ses côtés qu'un peloton de combattants.

La commission partagea son avis sur « le devoir de résistance que le patriotisme et l'honneur imposent à tous les Français ; il ne faut pas, pensa-t-elle, « souffrir qu'une ville, même ouverte, subisse les insultes et les déprédations de bandes ennemies ». Elle fut donc unanime pour approuver toutes les mesures tendant à assurer une défense locale contre de pareils outrages.

Elle ne fit des réserves que pour le cas où la ville serait attaquée par « des forces véritablement écrasantes », et où toute résistance serait reconnue vaine.

Elle se demanda alors si, lorsque les vaillants défenseurs de la ville, gardes nationaux, pompiers, ouvriers, auraient sauvé l'honneur, on devrait « laisser consommer un sacrifice désormais inutile ».

Et la séance fut close par un « vote de confiance dans la juste appréciation que M. le Préfet voudrait bien faire des difficultés de la situation. » (1)

En prévision d'une attaque prochaine, quatre fortes barricades avaient été construites, sous la direction savante de M. Lermoyer, ingénieur en chef des Ponts et Chaussées : l'une sur le bord du canal, dont le pont avait été disposé de manière à pouvoir être jeté à l'eau en quelques minutes ; deux autres à deux cents mètres de distance, dans la ville ; la quatrième, en dehors, fermant la route de La Fère, au haut du faubourg d'Isle.

Le 7 octobre, vers onze heures du soir, par une pluie torrentielle, la générale battait dans les rues ; la commission municipale s'établissait aussitôt à l'hôtel de ville pour y siéger en permanence, tandis que les gardes nationaux allaient rejoindre leurs postes de combat, sous le commandement de Dufayel, récemment investi du grade de lieutenant colonel et chargé du commandement de toutes les gardes nationales ainsi que de toutes les compagnies de pompiers du département.

Voici les positions qu'occupaient les gardes nationaux :

1re compagnie. Au canal, en réserve, dans le magasin de charbon de M. Dufour.

---

(1) Extrait du procès-verbal de la séance.

2ᵉ compagnie (capitaine Coutant). Au canal, dans les bâtiments des Ponts et Chaussées et rue Crétet.

3ᵉ compagnie (capitaine Vouriot). A la barricade du pont.

4ᵉ compagnie (capitaine Demanet). Sur le chemin de Rouvroy.

5ᵉ compagnie (capitaine Basquin). Devant le pont de Rouvroy.

6ᵉ compagnie (capitaine Lecomte). Au cimetière qui avait été crénelé.

7ᵉ compagnie. Au faubourg Saint-Jean.

8ᵉ compagnie (capitaine Maruy). A Remicourt.

La compagnie des sapeurs-pompiers, sous les ordres du capitaine Baston, occupait un poste avancé, au lieudit le Petit Neuville.

La nuit du 7 au 8 octobre se passa sans qu'on vît l'ennemi, et comme au matin on n'en avait encore aucune nouvelle, les gardes nationaux s'en retournèrent dans leurs foyers pour y prendre quelque repos, — repos qui ne fut pas de bien longue durée, car, vers dix heures, le guetteur signalait, du haut de sa tour, l'approche des éclaireurs allemands : le tocsin sonna alors à toutes volées, appelant de nouveau à leurs postes de combat les défenseurs de la ville.

Pas un seul ne manqua à l'appel.

Le combat s'engagea bientôt à l'entrée de Saint-Quentin, à la grande barricade du canal, défendue par les hommes du brave capitaine Vouriot. Là aussi se trouvait le préfet qui encourageait les combattants par son exemple et par sa parole.

Les Prussiens, au nombre de mille, dont six cents fantassins et quatre cents dragons bleus de Mecklembourg, étaient parvenus à se retrancher dans la gare. Ils essayèrent, en profitant des saillies des maisons, des balustrades à claire voie du chemin de fer, de se déployer en tirailleurs, mais ils ne purent atteindre et encore moins déloger la garde nationale.

Le commandant Dufayel avait, pendant ce temps, dirigé sur Rouvroy les 4e, 5e et 6e compagnies, flanquées de francs-tireurs. Ces derniers, à un moment donné, partaient au pas de course avec un admirable entrain, chassant au loin la cavalerie qui essayait d'exécuter un mouvement tournant.

Vers trois heures, une délégation de la commission municipale avertie, sur de faux rapports, qu'un incendie venait de se déclarer et qu'il y avait déjà de nombreux morts et blessés, était allée demander au préfet d'entrer en pourparlers avec l'ennemi, lui représentant qu'une ville ouverte comme Saint-Quentin ne pouvait pousser la résistance au-delà des limites d'une défense honorable.

Un *non* énergique fut toute la réponse.

A peine la délégation était-elle repartie à l'hôtel de ville que le feu parut se ralentir du côté des Allemands. Jusqu'à quatre heures ils ne tirèrent plus, en effet, que par intervalles : le mouvement de retraite était commencé. A quatre heures, les pompiers Saint-Quentinois pouvaient reprendre leur poste en haut du faubourg d'Isle, qu'ils avaient dû abandonner, et où ils faisaient quelques prisonniers.

Les ennemis s'étaient retirés avec une cinquantaine d'hommes tués ou blessés. Du côté des Français on ne compta que trois morts et cinq ou six blessés.

Quelques habitants furent atteints par les balles, par suite de leur imprudence, en circulant, malgré la défense, dans la rue d'Isle qui se trouvait sous le feu plongeant des hauteurs du faubourg.

V

Prise de Soissons.

(15 Octobre 1870)

L'investissement de Soissons (1) avait commencé vers le milieu de Septembre 1870, mais il ne fut véritablement achevé qu'après le 8 octobre suivant. Entre ces deux dates, la garnison, qui se composait d'une compagnie d'artilleurs de la Mobile du Nord, d'un bataillon du 15e de ligne, de deux bataillons de Mobiles de l'Aisne, en tout 4,000 hommes, réussit deux fois à faire entrer dans la place des convois de ravitaillement.

Le 8 octobre, une troupe de fantassins allemands apparut non loin du village de Pommiers, à cinq kilomètres de Soissons, et s'apprêta à jeter sur l'Aisne un pont de bateaux, en remplacement du pont véritable que le génie avait fait sauter avant l'arrivée de l'ennemi.

Les habitants, bien résolus de s'opposer à cette tentative, demandèrent des secours à Pasly et à Vaurézis, villages voisins où l'on venait d'armer les gardes nationaux qui avaient, pour les commander, Débordeaux et Poirette, tous deux instituteurs.

---

(1) Soissons, ville forte située sur la rivière de l'Aisne, commande les routes de Maubeuge à Paris, de Reims à Compiègne, de Château-Thiéry à Saint-Quentin et la ligne ferrée de Reims à Paris et Mézières.

En présence de l'attitude résolue de leurs adversaires, les allemands, qui ne s'entêtaient jamais à recevoir des coups de fusils quand ils sentaient leur infériorité, battirent en retraite ; mais ils ne tardèrent pas à revenir avec des renforts considérables, et cette fois ils résolurent de franchir l'Aisne, malgré l'opposition de Débordeaux qui marcha à leur rencontre à la tête des gardes nationaux de Pasly et de Vaurézis, et ne se retira qu'après avoir épuisé toutes ses munitions.

Pendant la nuit un pont était jeté à la hâte sur la rivière, et le 9 octobre, au matin, quinze cents Prussiens envahissaient le village de Pommiers. Furieux de la résistance qu'on leur avait opposée, ils menacèrent de brûler le village, si les combattants ne leur étaient pas livrés. Comme gages ils faisaient garder à vue M. Vauvillé, maire, M. Henry, instituteur, M. Mulet, curé, et plusieurs autres notables de la commune.

En même temps Pasly était envahi à son tour par un détachement que commandait le colonel Krohn.

MM. Deschamps et Débordeaux se trouvaient alors devant la maison d'école. Le colonel qui s'était fait renseigner, s'avança vers eux : « Vous êtes le maire », dit-il au premier, « et vous, l'instituteur », ajouta-t-il en regardant Débordeaux qui lui répondit assez sèchement : « Oui, Monsieur. »

Aussitôt l'officier le souffleta sur les deux joues et lui réclama impérativement la liste des gardes nationaux de la commune.

Tandis que Débordeaux, sous la menace de deux revolvers, cherchait ou plutôt feignait de chercher la liste si brutalement demandée, le colonel annonçait au Maire que le village serait incendié si l'on y découvrait des fusils.

M. Deschamps protesta et prouva, avec l'aide des décrets parus, que la garde nationale rurale était une institution régulière créée par l'Empire.

Le colonel sembla fléchir devant ce langage ; toutefois il ordonna que toutes les armes lui fussent remises dans l'après-midi. A l'heure indiquée, les fusils furent apportés et brisés. Durant cette opération, l'instituteur Débordeaux fut de nouveau outragé et frappé. L'ennemi, pourtant, ignorait encore qu'il eût dirigé l'expédition de la veille.

Le lendemain, 10 Octobre, le drame prit tout à coup une physionomie nouvelle. Au moment où les otages de Pommiers, entassés dans une charrette, allaient partir au château de Vauxbuin, en présence de la population consternée, un officier s'écria : « On va fusiller les otages et incendier le village, si les coupables ne sont pas découverts. » (1)

Trois habitants de la commune, trois traîtres, faiblissant devant ces menaces, dénoncèrent aussitôt trois de leurs compatriotes. Un maçon, Joseph Leclère, déclara qu'une dizaine d'hommes de Pasly et de Vaurézis étaient venus charger leurs fusils dans sa cour, et il nomma le sieur Courcy ; — Jean Bertin désigna le sieur Planchard ; — enfin, un troisième, Arthur Arnould, âgé de dix-neuf ans, livra le nom de l'instituteur Débordeaux qui, dit-il, « s'était vanté d'avoir tiré quatre coups de fusil. »

Les Allemands recherchèrent aussitôt les trois gardes nationaux dénoncés. Débordeaux et Courcy essayèrent de se cacher, mais on les découvrit et on s'en empara. Planchard, seul, parvint à échapper par la fuite au sort qui l'attendait.

Débordeaux et Courcy furent confrontés avec Arnould et Leclère qui renouvelèrent leurs dénonciations.

Un officier dit alors, d'une voix forte, en français : « Qu'on fusille ces deux hommes-là, entre Cuffies et Pasly, sur la montagne. » On entraîna les deux condamnés, et

---

(1) M. Fossé d'Arcosse.

quelques minutes après, ces deux patriotes tombaient frappés par les balles allemandes.

Deux paysans qui travaillaient dans les champs, non loin de là, furent témoins du drame. « On avait attaché les malheureux sans écouter leurs supplications ; en vain ils avaient réclamé des juges ; en vain ils avaient demandé grâce au nom de leur famille : il ne leur fut rien accordé, pas même un prêtre pour les préparer à paraître devant Dieu. Quand ils eurent gravi la colline, on leur banda les yeux, puis l'on donna sans pitié le signal du feu. Les bourreaux manquèrent deux fois le pauvre Débordeaux qui deux fois se releva en poussant des cris épouvantables ; alors l'officier se décida à mettre fin à cette terrible agonie en déchargeant son revolver dans l'oreille de la victime. (1)

Les Allemands abandonnèrent les cadavres sans sépulture, sur la montagne, et descendirent dans Cuffies. » (2)

Leur vengeance n'était pas encore satisfaite.

Sur leur ordre, M. Deschamps, maire de Pasly, les accompagne. Ensemble, ils se dirigent sur Vaurézis, et, de même qu'à Pasly, les Allemands se saisissent de l'instituteur, nommé Poulette, à qui ils font subir la même sorte d'interrogatoire qu'à Débordeaux.

---

(1) Voir la brochure de M. Deschamps : *six exécutions prussiennes racontées par un maire de campagne du département de l'Aisne*. Soissons, 1872.

(2) Un monument, produit d'une souscription publique, a été élevé à l'endroit même où Débordeaux et Courcy ont été fusillés. On a gravé les inscriptions suivantes sur les quatre faces de ce monument :

A L'INSTITUTEUR JULES DÉBORDEAUX ET A LOUIS COURCY
FUSILLÉS LE 10 OCTOBRE 1870.

A CETTE PLACE DEUX GARDES NATIONAUX ONT ÉTÉ FUSILLÉS PAR LA LANDWEHR PRUSSIENNE POUR AVOIR DÉFENDU LEUR PATRIE.

AUX MARTYRS DE PASLY, MONUMENT ÉLEVÉ A L'AIDE D'UNE SOUSCRIPTION PATRIOTIQUE.

MONSIEUR LE MINISTRE DE L'INSTRUCTION PUBLIQUE ET DES CULTES ET LE CONSEIL GÉNÉRAL DE L'AISNE ONT PARTICIPÉ A CETTE SOUSCRIPTION,

Mais Poulette ne se laisse pas intimider par leurs menaces et refuse de donner la liste qu'on lui réclame, sous prétexte qu'il l'a détruite la veille.

Malheureusement, là aussi se trouve un traître : c'est le garde-champêtre Poitevin, qui, croyant se faire bien venir des Allemands et échapper à leurs coups, leur donne une copie de cette liste qu'il avait pu se procurer.

Au cours des perquisitions faites dans le village, des soldats assomment un jeune ouvrier, Charles Odot, arrivé au secours de sa femme à qui ces Prussiens voulaient enlever une cinquantaine de francs, le seul argent qu'elle possédât.

Après avoir saisi toutes les armes et fait l'appel des gardes nationaux à l'aide de la liste livrée par l'infâme Poitevin, les Allemands réquisitionnent cinq charrettes dans lesquelles ils font monter vingt-quatre otages avec l'instituteur Poulette, Létoffé et Déquirez ; puis, sous les regards des femmes et des enfants en pleurs, le cortège se met en marche pour Vauxbuin, où déjà sont arrivés les otages de Pommiers.

Tous les prisonniers sont introduits dans une des salles du château, où se tient une sorte de conseil de guerre, sous la présidence du colonel Krohn.

La séance s'ouvre par un discours du président, qui donne l'ordre de séparer les captifs en trois groupes ; on enferme ensemble, dans une pièce voisine, le curé de Pommiers et M. Deschamps, maire de Pasly ; on retient devant le conseil de guerre l'instituteur POULETTE, LÉTOFFÉ et DÉQUIREZ. Les autres otages sont placés sur la pelouse du parc.

« Ce jour-là, 11 Octobre, » — dit M. Deschamps dans une petite brochure qu'il a fait imprimer après le départ des Allemands, — « le sol était fortement imbibé par la « pluie tombée la nuit précédente. On força ces malheu-
« reux à se coucher à plat ventre sur l'herbe, les bras

« croisés sur le visage, les jambes allongées; et, derrière
« chacun d'eux, on plaça un soldat qui, au moindre mou-
« vement, assénait au patient un violent coup de pied ou
« un coup de crosse. Ce supplice barbare dura cinq heures, »
c'est-à-dire jusqu'au moment où la séance du conseil prit
fin.

L'arrêt rendu, le colonel Krohn vint trouver le curé
de Pommiers : « Trois hommes de votre religion, lui dit-il,
« sont condamnés à mort; remplissez auprès d'eux le
« devoir que votre ministère vous impose. »

Et comme le digne prêtre se récriait et demandait un
sursis, espérant que quelque sentiment humain s'éveillerait
dans le cœur de cet homme avant que le sang coulât de
nouveau, l'officier, impassible, l'interrompit : « Je vous
accorde cinq minutes pour les trois »

Il fallut obéir.

Poulette, Létouffé et Déquirez — car c'étaient bien eux
qui allaient mourir — apparurent sous la garde d'une
escorte ; ils fondaient en larmes et se soutenaient à peine.
Ils eussent fait volontiers le sacrifice de leur vie, les armes à
la main ; mais prisonniers de guerre, ils estimaient que le
droit des gens rendait leur personne inviolable et qu'ils ne
pouvaient être lâchement assassinés.

Le curé de Pommiers se plaça derrière eux, et le cortège
se dirigea vers le lieu de l'exécution où se trouvaient tous
les otages qui durent s'agenouiller en cercle autour de
trois fosses creusées à l'avance.

Après la lecture de la sentence de mort, on livra les
condamnés au ministre de Dieu, qui reçut leur confession
au milieu de cette lugubre mise en scène, et qui leur
adressa ces touchantes paroles :

« Restez dans cette attitude humble et résignée (ils
« étaient à genoux), et demandez à Dieu pardon pour vos
« bourreaux; je vais les implorer une dernière fois en
« votre faveur. » Puis, s'avançant vers le colonel Krohn,

le curé de Pommiers s'agenouilla devant lui et le supplia, au nom de l'humanité, de commuer la peine de mort en prison perpétuelle : « Non, répondit le bourreau, justice sera faite, le conseil a prononcé à l'unanimité », et il donna le signal fatal.

Par un raffinement inouï de cruauté, Létoffé, Poulette et Déquirez furent fusillés l'un après l'autre, et, détail horrible, on força les otages à les entourer et à piétiner le sol qui recouvrait leurs restes (1).

Dans la pensée des Allemands, cette triple exécution, précédée de celles de Débordeaux et de Courcy, ainsi que du meurtre de Charles Odot, ne devait pas clore la série de leurs vengeances. Le colonel Krohn le fit entendre au curé de Pommiers qui demandait à retourner dans sa paroisse : « Non, non, il y aura encore des condamnés, et

---

(1) Un troisième instituteur de l'Aisne devait avoir bientôt le même sort que ses confrères Débordeaux et Poulette.

Dans le courant de l'année 1870, les habitants de la petite commune de Vendières (arrondissement de Château-Thierry dans l'Aisne) avaient formé une compagnie de francs-tireurs pour harceler l'ennemi. Au commencement de janvier 1871, ces francs-tireurs surprirent et emmenèrent prisonniers à Vendières deux cantiniers et deux cantinières de l'armée allemande. Malgré la surveillance exercée sur eux, les deux cantiniers parvinrent à s'échapper, et, quelques jours après, ils revenaient à Vendières avec un détachement de Prussiens qui devaient tirer des francs-tireurs une terrible vengeance.

A leur arrivée, les soldats allemands fouillèrent dans les maisons, et lorsqu'ils pénétrèrent dans l'école que dirigeait l'instituteur Leroy, les cantiniers désignèrent celui-ci aux soldats comme étant le chef des francs-tireurs. Immédiatement il fut saisi et entraîné par les Allemands qui l'accablèrent de coups de pied et de poing, malgré les supplications de sa femme dont la douleur faisait peine à voir.

Comme s'ils trouvaient que ce seul otage ne leur suffisait pas, ils arrêtèrent neuf autres personnes ; puis, faisant monter leurs prisonniers sur un chariot, ils se dirigèrent avec eux sur Nogent-l'Artaud.

Pendant le trajet, Leroy eut particulièrement à subir toutes sortes de mauvais traitements. Un officier allemand eut la lâcheté de lui cracher à la figure, de lui tirer violemment la barbe, donnant ainsi, par cet acte vil, l'idée de la conduite ignoble tenue par ses semblables envers leurs captifs.

Les prisonniers furent jugés en conseil de guerre et Leroy fut condamné à mort ainsi que trois de ses compagnons d'infortune.

vous serez chargé de les confesser. » L'abbé Mulet, s'indignant de pareils ordres, répondit courageusement « qu'il ne lui convenait pas d'accepter les fonctions d'aumônier des exécutions prussiennes » ; — « il le faudra ! » répliqua sèchement le colonel (1).

Fort heureusement, ces nouvelles menaces restèrent sans effet. Les Prussiens, après avoir obligé les habitants du pays à rétablir le pont que le génie militaire avait fait sauter, avaient investi Soissons et commencé, le 12 octobre, le bombardement qui dura quatre jours, de six heures du matin à neuf heures du soir. Une des bombes faillit incendier la cathédrale.

La place répondit par un petit nombre d'obus, bien dirigés, qui firent des vides dans l'armée assaillante.

Quelques sorties causèrent aussi beaucoup de mal à l'ennemi. Malgré cette résistance, le 15 octobre à trois heures de l'après-midi, la ville, en présence des dégâts causés par les bombes et menacée d'une entière destruction, consentit à se rendre. A onze heures du soir la capitulation était signée. Les Allemands ne firent leur entrée dans Soissons que le lendemain dimanche 16 octobre.

Les troupes, qui se trouvaient dans la place, furent faites

---

(1) En 1872, la justice française, saisie des faits relatés ci-dessus ouvrit une minutieuse enquête et renvoya les délateurs devant un conseil de guerre. L'ancien garde champêtre de Vaurézis, Poittevin, et Arthur Arnould furent condamnés à mort ; François-Joseph Leclère et Jean Bertin, eurent dix et cinq ans de travaux forcés. On exécuta Poittevin, mais Arnould eut sa peine commuée et fut déporté à la Nouvelle-Calédonie.

Pour perpétuer le souvenir des Instituteurs Débordeaux et Poulette, ainsi que celui d'un de leurs collègues, Jules Leroy, de Vendières, condamné à mort et exécuté par les Allemands le dimanche 22 janvier 1871, dans la cour de l'Ecole normale de Laon, on érigea une plaque de marbre portant cette inscription commémorative :

A la mémoire de DÉBORDEAUX *(Jules-Denis), instituteur à Pasly, de* POULETTE *(Louis-Théophile), instituteur à Vaurézis, fusillés par les Prussiens pour avoir défendu leur pays, et de* LEROY *(Jules-Athanase), instituteur à Vendières, victime d'une inique condamnation de la part de l'ennemi, le Conseil général de l'Aisne a élevé ce monument.*

prisonnières et emmenées sous escorte vers une station voisine pour gagner ensuite l'Allemagne. Chemin faisant, plusieurs coups de fusil s'étant fait entendre, causèrent une mêlée générale. Les pelotons prussiens placés entre les divisions de mobiles se portèrent en tête pour couper court à ce qu'ils croyaient une révolte. Pendant ce temps, les prisonniers du centre et de la queue de la colonne repoussèrent les lignes de gardiens qui les escortaient à droite et à gauche de leur route et gagnèrent un bois situé à peu de distance d'Oulchy-le-Château. Douze à quinze cents mobiles purent ainsi recouvrer leur liberté.

VI

Occupation de Saint-Quentin

(21 Octobre 1870)

Les Prussiens, honteux de leur échec du 9 octobre, avaient promis de revenir bientôt, en nombre, occuper Saint-Quentin.

M. Anatole de La Forge, en prévision de ces représailles, avait demandé qu'un corps d'armée de dix mille hommes vînt tenir garnison à Saint-Quentin, mais l'autorité militaire supérieure, réunie en conseil de guerre à Lille, le 17 octobre, reconnut que la ville ne pouvait être mise si rapidement en état de défense suffisante et que les troupes n'y seraient pas à l'abri d'un coup de main. A la suite de cette décision, M. de La Forge crut devoir donner sa démission et disparut de St-Quentin, abandonnant ainsi cette ville à son malheureux sort.

Le vendredi 21 octobre, une troupe de 4 500 Allemands, infanterie, cavalerie et artillerie, sous les ordres du colonel de Kahlden, se présentait devant la barricade du Petit-Neuville, et s'annonçait tout aussitôt par trois obus envoyés sans sommation. Cette fois, les Saint-Quentinnois, jugeant que toute tentative de résistance était inutile, arborèrent le drapeau blanc des parlementaires et envoyèrent le commandant des pompiers et un officier de la garde nationale s'entendre avec l'ennemi. La délégation ne plut pas à l'officier prussien qui lui ordonna d'aller quérir la Commission municipale « tout de suite » ajoutant que si elle tardait à venir il brûlerait toute la Cité.

Quand la Commission arriva, le colonel allemand lui remit une pièce, très curieuse, que la ville de St-Quentin conserve dans ses archives. C'était une espèce de jugement motivé qui frappait la commune :

1° D'une amende de 600.000 francs « par suite de la « proclamation du 18 septembre 1870, signée par Anatole « de La Forge, ainsi que de plusieurs articles insérés dans « le *Courrier de Saint-Quentin* du 3 octobre 1870, « contenant des sentiments calculés d'exciter la population « à lui faire prendre les armes et à exprimer des sentiments « hostiles à S. M. le roi de Prusse. »

2° D'une amende de 300.000 francs et d'une réquisition de vingt chevaux de selle, « pour avoir, dans la « journée du 8 octobre 1870, tiré à coups de feu sur une « compagnie d'infanterie et trois escadrons de dragons qui « étaient envoyés à la ville sans aucune intention hostile, « afin de lui remettre des proclamations, et pour avoir « détruit les ponts et moyens de communication avec la « ville et avoir empêché les troupes de remplir leur « mission... »

Ces conditions, toutes dures qu'elles étaient, furent acceptées et les Prussiens entrèrent dans la ville. Les vingt chevaux présentés ayant été refusés, la contribution en argent fut portée à 950.000 francs, qui durent être payés dans les vingt-quatre heures.

En outre, les officiers et les soldats furent logés chez les habitants. Aux termes des conditions imposées, chaque soldat devait être nourri par celui qui lui donnait le logement et être traité « confortablement et substantiellement », et recevoir chaque jour une bouteille de vin.

Cette charge, heureusement pour les Saint-Quentinnois, ne fut pas de longue durée : dès le lendemain de l'occupation, 22 octobre, la moitié de la garnison quittait Saint-Quentin pour aller renforcer le corps d'armée qui devait opérer dans le Nord.

VII

Formation de l'Armée du Nord.

Au moment de la catastrophe de Sedan, le général Espivent avait le commandement de la division de Lille. Il mit au service de la Défense nationale son expérience, son énergie, son autorité militaire. Mais il était à peu près dénué de toutes ressources, en soldats, en officiers et en matériel.

Il avait pu recueillir un certain nombre d'échappés de Sedan, les incorporer dans les nombreux dépôts des régiments qui avaient formé le 4ᵉ corps de l'armée de Metz. Il avait en outre commencé à instruire et à organiser la classe de 1870, qui, dans ces départements populeux, donne un effectif de 1,000 hommes environ par dépôt.

Les officiers, nécessairement improvisés, n'avaient pas l'expérience nécessaire pour le seconder efficacement ; de plus, aussitôt qu'une compagnie était à peu près formée, elle était immédiatement appelée par le ministre de la guerre à l'armée de la Loire (1).

C'était là que devaient se frapper — on le croyait du moins — les coups décisifs ; c'était de là que l'on devait partir pour essayer de dégager Paris, si la chose était possible. Mais, dans ces moments d'angoisse et d'agitation

---

(1) Lettre du général Espivent à M. Testelin, octobre 1870.

fiévreuse, l'opinion publique se surexcite, est inquiète et souvent injuste. C'est le propre des jours de malheur. Les nations alors se troublent, s'agitent, fuient devant les fantômes ou s'éprennent de quelques idoles qu'elles brisent le lendemain.

L'œuvre capitale à poursuivre étant la guerre, on ne peut véritablement s'expliquer le sentiment de suspicion qui s'empare d'une partie de la population contre les généraux et même contre l'esprit militaire.

Le général Espivent fut, dans le Nord, la première victime de ces défiances ; il était en butte aux soupçons de l'autorité civile et d'une partie des populations urbaines ; il lui sembla que le bien lui devenait difficile à faire ; il se retira.

Le colonel Farre, appartenant à l'arme du génie, directeur des fortifications à Lille, fut adjoint à la délégation de la Défense nationale avec le grade de général de brigade, vers le 15 octobre, et lorsque, peu de jours après, le général Bourbaki vint prendre le commandement en chef de l'armée du Nord, le général Farre fut nommé son chef d'état-major.

Le général Bourbaki, qui, peu de temps avant la capitulation, avait commandé un corps d'armée à Metz, réunit autour de lui des officiers de tous grades, les uns échappés de Sedan, les autres sortant de la retraite pour offrir à leur pays malheureux ce qui leur restait de forces et de vie.

Arrivé le 20 octobre, Bourbaki trouva le pays dans une triste situation ; on avait retiré des places fortes tous les canons rayés, susceptibles d'être utilisés pour la défense de Paris.

Il n'existait plus d'armement pouvant répondre à celui de l'ennemi en cas de siège. On avait puisé dans les dépôts tout ce qui s'y trouvait, jusqu'au dernier homme, jusqu'au dernier habit, jusqu'au dernier fusil, pour organiser l'armée de la Loire. Les arsenaux et les magasins étaient complètement vides.

Le 29 Octobre le général Bourbaki adressait de Lille l'ordre du jour suivant aux *Citoyens, gardes nationaux, soldats, gardes mobiles et mobilisés* de la région du Nord :

« J'ai été appelé par le Ministre de la guerre au commandement militaire de la région du Nord.

« La tâche qui m'incombe est bien grande, et je la trouverais au-dessus de mes forces si je n'étais soutenu par les sentiments de patriotisme qui vous animent.

« Tous mes efforts tendent à créer le plus vite possible un corps d'armée mobile qui, pourvu d'un matériel de guerre, puisse tenir la campagne et se porter facilement au secours des places fortes que je me hâte de mettre en bon état de défense.

« Pour moi qui ai loyalement offert mon épée au gouvernement de la défense nationale, mes forces et ma vie appartiennent à l'œuvre commune qu'il poursuit avec vous, et vous me verrez au moment du danger à la tête des troupes qui seront incessamment organisées.

« Pour remplir cette tâche difficile et faire payer cher à notre implacable ennemi chaque pas qu'il fera sur notre territoire, il faut que la concorde et la confiance règnent au milieu de vous et que nos cœurs ne soient animés que du désir de sauver et de venger notre malheureuse France.

« Vous pouvez compter sur le plus énergique concours et le dévouement le plus absolu de ma part comme je compte sur votre courage et votre patriotisme.

Bourbaki.

Bourbaki se mit tout de suite à la besogne et au bout d'une vingtaine de jours il avait formé son petit corps d'armée.

A ce moment il pouvait être de 15,000 hommes (1).

L'artillerie, placée sous les ordres du commandant Charon, évadé de Sedan, et dont l'activité et l'énergie contribuèrent puissamment à l'organisation de l'artillerie de l'armée, ne comprenait encore que trois batteries de 4 en formation, et une batterie de 12. On arrêta la formation de deux nouvelles batteries, avec pièces de 12, ayant pour servants des marins choisis dans les bataillons de fusiliers marins qui venaient d'arriver dans le Nord. Ces pièces de 12 étaient traînées avec facilité dans tous les terrains par de magnifiques chevaux flamands que le pays possède en abondance.

En ce qui concerne la cavalerie, il restait dans les places du Nord, quatre petits dépôts de dragons. Ils furent réunis à Lille, en un seul dépôt de *dragons du Nord*, sous les ordres du capitaine de Cabannes, nommé major pour l'organisation de ce corps qui, sur la désignation du ministre, devint le 7e dragons. Des achats de chevaux eurent lieu, des cavaliers furent recueillis çà et là, et bientôt on eut deux escadrons. En outre, on forma avec les gendarmes de la région deux autres escadrons qui se trouvèrent bientôt en état de marcher (2).

Mais ces efforts, si énergiques qu'ils fussent, ne répondaient ni aux exigences ni aux impatiences qui se manifestaient autour de Bourbaki.

Ce général, au retour d'Amiens où il avait reçu le Comité de défense et discuté d'urgence les questions les plus importantes, s'était arrêté le Dimanche 30 Octobre à Douai pour assister à un conseil où devaient se traiter également de graves questions au sujet de l'ensemble de la Défense locale. Il avait été très bien reçu à la gare par les autorités

---

(1) Déposition de Bourbaki contenue dans le rapport fait par M. de Pioger au nom de la Commission d'enquête sur les actes du Gouvernement de la Défense nationale.

(2) *Campagne de l'Armée du Nord* par Faidherbe.

civiles et militaires. Mais, au moment de son départ, il fut insulté dans sa voiture et poursuivi par les huées de nombreux étudiants, surexcités par la nouvelle du désastre de Metz dont le triste héros Bazaine était regardé comme le compagnon d'armes, l'ami et le confident de Bourbaki.

Le général Bourbaki devait peu se préoccuper des clameurs de quelques centaines de jeunes gens désavoués immédiatement par tout ce qu'il y avait de plus honorable dans la population de Douai, mais il ne pouvait garder la même indifférence pour les sentiments qui lui étaient témoignés par les membres mêmes du gouvernement.

La capitulation de Metz avait porté au plus haut degré, dans certains esprits, la disposition à la méfiance qui existait partout contre les chefs d'armée. Le général Bourbaki ne tarda pas à s'en ressentir.

Dans une dépêche officielle transmise de Tours à Lille, et datée du 9 Novembre 1870, Léon Gambetta, alors ministre de l'intérieur et de la guerre, disait à M. Testelin :

« Oui, votre opinion est la bonne. Vous ne devez pas vous borner à défendre des places ; il faut vous organiser de façon à pouvoir attaquer.

« Les impressions que vous me transmettez sont des plus graves ; faites surveiller de près le général Bourbaki. »

Le général Bourbaki était à la même époque l'objet d'un rapport de M. de Freycinet, délégué de la guerre, dont nous devons reproduire les termes :

« Je croirais engager gravement ma responsabilité, — écrivait-il de Tours à Gambetta le 13 Novembre 1870, — en confiant plus longtemps au général Bourbaki le commandement de la région du Nord.

« Vous vous rappelez l'impression que me fit cet officier général à son passage ici. Il me parut découragé et peu apte dès-lors à faire les efforts suprêmes réclamés par la situation. Ses lettres n'ont fait que me confirmer dans cette appréciation. Elles révèlent toutes un abattement profond et peuvent se résumer ainsi : « Je ferai mon devoir de soldat, mais les moyens me manquent de le faire efficacement. » En vain j'ai écrit au général de chercher à organiser des forces, de profiter des ressources naturelles du pays, de commander de l'artillerie, de lever des volontaires, etc. Je lui ai donné à cet égard des pouvoirs illimités, et, comme on dit vulgairement, carte blanche. Rien n'a pu vaincre cette apathie, qui a fini par scandaliser les populations. Vous avez reçu du commissaire à la défense, de M. Testelin, plusieurs dépêches, une entre autres, du 9 courant, qui s'exprime très nettement. Tous les officiers évadés de Metz qui ont vu Bourbaki à Lille sont unanimes à blâmer cette attitude. Je reçois tous les jours des doléances dans ce sens. Récemment je vous ai communiqué une lettre caractéristique, c'est celle de l'intendant Richard qui, ami du général Bourbaki, avait sollicité la faveur de s'adjoindre à lui pour organiser les forces du Nord. Navré aujourd'hui de l'indolence de son chef, il demande à s'en séparer.

« Je n'en finirais pas, Monsieur le Ministre, si je voulais énumérer les faits qui démontrent à quel point le général Bourbaki est éloigné d'être l'homme qui convient à un moment comme celui-ci. Je n'incrimine pas ses intentions que j'admets loyales, malgré les soupçons dont elles sont l'objet ; mais son moral n'est pas bon. Le général serait impuissant à communiquer autour de lui la confiance et l'énergie qu'il n'a pas lui-même.

« Cependant le temps marche et l'ennemi avance, et la région du Nord sera bientôt menacée. Ce riche district possède actuellement plus de 60,000 hommes de troupes, éparses, qui, avec un peu d'activité, pourront être portées à 70,000. Ces éléments de défense ne doivent pas rester plus longtemps inutilisés. J'ai donc l'honneur de vous proposer de profiter de la mesure générale qui vous sera soumise, d'abolir les commandements régionaux, pour retirer au général Bourbaki celui du Nord et mettre cet officier général en disponibilité.

« J'avais un instant songé, — disait en terminant M. de Freycinet, — à vous le proposer pour un corps d'armée, mais j'ai acquis la conviction que son commandement découragerait les troupes. »

Enfin dans une dépêche officielle, adressée le 26 Novembre à M. Jules Favre, transmise par pigeon et arrivée à Paris, le 15 Décembre, le ministre de la guerre exprimait sur le général Bourbaki un jugement à peu près identique à celui de son subordonné :

Selon Gambetta, « Bourbaki n'était pas un organisateur ; il avait mollement poussé le recrutement de ses forces, malgré qu'il fût investi d'un absolu blanc-seing pour les voies et moyens ; son découragement mal déguisé, l'entourage détestable qu'il s'était fait dans son état-major en attirant près de lui les Magnan et beaucoup d'autres officiers sortis mystérieusement de Metz ; son voyage toujours inexpliqué auprès de l'ex-impératrice, ses attaches avec la famille impériale, le voisinage de Bruxelles, foyer de conspirations bonapartistes, ses relations fréquentes avec l'écuyer Raimbeaud de la famille impériale, étaient trop de prétextes à la défiance et aux soupçons de l'opinion. »

Le général Bourbaki ressentit vivement, au milieu des difficultés de la tâche qui lui était confiée, les soupçons qui l'enveloppaient ; il aurait eu besoin d'être soutenu par un concours loyal et il ne l'était pas. Alors, cédant à une susceptibilité qu'on ne saurait juger excessive, il se retira ; mais sur de vives instances qui lui furent faites, il finit par accepter un commandement à l'armée de la Loire après la bataille d'Orléans.

Son passage à l'armée du Nord n'avait pas été stérile : il laissait au général Faidherbe, que Gambetta venait de lui donner pour successeur, un noyau de troupes suffisamment exercées, évaluées à 15,000 hommes, sans compter les mobilisés dont, il faut le reconnaître, il n'appréciait que médiocrement le concours sur le champ de bataille pour des opérations actives, vigoureuses, en un mot, pour faire campagne.

C'était cependant à une rude campagne d'hiver qu'était vouée cette armée du Nord encore si peu solide, si peu formée, si peu nombreuse. Mais le temps manquait pour achever son organisation, et l'armée allemande ne pouvait ni ne devait laisser à nos jeunes soldats le loisir de s'exercer, à leurs généraux et officiers celui de connaître leurs troupes et de s'en faire connaître. Nous avions, hélas! dans des conditions lamentables, sur tous les points du territoire envahi, à résister et à combattre.

Quoiqu'il en soit, dans les derniers jours de novembre, l'effectif de la petite armée du Nord pouvait être évalué à 17.500 hommes qui, réunis aux 8.000 hommes de la garnison d'Amiens placés sous les ordres du général Paulze d'Ivoy, formait un total de 25.000 hommes (1).

Au nombre des meilleurs éléments de ce petit corps d'armée, nous devons mentionner le régiment des fusiliers marins expédiés de Brest, de Cherbourg et de quelques autres ports.

Dès le 26 octobre, 1.600 de ces marins, commandés par 24 officiers, étaient arrivés à Lille, un peu déconcertés de se voir au milieu de mobiles et de mobilisés, qui étaient à peine renforcés par quelques détachements de l'armée régulière. Ils apportaient — ce qui valait mieux que leur nombre — l'exemple d'une ferme discipline, le respect de leurs chefs et une juste confiance en eux.

Le général Faidherbe, comprenant le parti qu'il avait à en tirer, réunit ces trois bataillons de fusiliers-marins en un seul régiment, qui fut incorporé dans la 1re division du 23e corps d'armée.

---

(1) Voir *Campagne de l'Armée du Nord,* par le général Faidherbe.

VIII

Contre-coup de la reddition de Metz.

Pendant que dans le Nord et dans le Midi on arrivait à constituer des forces un peu sérieuses ; pendant qu'on cherchait à improviser le moins mal possible, régiments, batteries, escadrons, un événement capital se produisait : *la capitulation de Metz* ! (1).

Il n'est point douteux que cette catastrophe n'ait mis le comble à notre infortune.

C'était, en effet, toute une armée aguerrie, exaltée par la victoire, qui allait se porter sur la Loire et dans le Nord pour écraser nos corps nouvellement organisés, pour les dissoudre et pour disperser les obstacles qu'on chercherait à lui opposer (2).

Les témoignages des officiers allemands nous apprennent ce que le maréchal de Moltke prescrivit alors au prince Frédéric-Charles :

« La capitulation de Metz, dit le comte de Wartensleben, arrivait à un moment où il était fort à souhaiter que la première et la deuxième armée reprissent la liberté de leurs mouvements pour protéger l'armée d'investissement de

---

(1) Tablettes Cambresiennes.
(2) Rapport de la Commission d'enquête sur les actes du Gouvernement de la Défense nationale.

Paris contre les forces ennemies nouvellement organisées. Celles-ci n'avaient point encore pris l'offensive, mais d'après tous les renseignements et tous les indices, on devait prochainement s'y attendre, particulièrement du côté de la Loire, peut-être même sur l'Ouest. Jusqu'alors les formations dans le Nord étaient moins visibles ; plusieurs fois, cependant, les détachements de l'armée de la Meuse, envoyés dans les directions de Rouen, d'Amiens et de Saint-Quentin avaient rencontré des résistances assez fortes pour n'avoir pu en triompher. L'armée d'investissement pouvait donc se trouver bientôt dans la nécessité de faire face des deux côtés à la fois contre des forces numériquement supérieures. C'est pour cette raison que les instructions du 23 octobre avaient recommandé aux première et deuxième armées (1) de se porter en avant le plus rapidement possible »

---

(1) Les sept cent mille hommes fournis d'abord *au début de la Guerre*, par toute l'ancienne Confédération germanique, fut divisée en trois armées :

La 1re, commandée par le général d'infanterie Von Steinmetz (Prussiens, Westphaliens et habitants du Rhin).

La 2e commandée par le général de cavalerie le Prince Frédéric de Prusse, Altesse Royale (Troupes royales saxonnes, poméranaises, brandebourgeoises); puis, vinrent s'adjoindre les slesvigsholsteinais, les hanovriens et la garde provenant d'autres provinces *(Aus allen provinzen die Garde)*.

La 3e armée, commandée par le prince Frédéric Guillaume, prince royal de Prusse, Altesse royale. (Troupes royales de Bavière, du Wurtemberg, du grand Duché de Bade, de Posen, de Saxe, de Silésie et de Hesse-Nassau).

De son côté, la France comptait sept corps d'armée, mais ne parvenait à opposer à l'ennemi, au début de la guerre, qu'environ 200 ou 250.000 hommes. C'est ce qu'a compris et expliqué lui-même M. de Moltke qui était au courant de ce qui se passait chez nous mieux que n'aurait pu l'être un général français.

IX

Première occupation de Ham.

(21 Novembre 1870).

C'était le 11 septembre que les cuirassiers blancs avaient fait leur entrée à Chauny et désarmé la garde nationale.

A Ham on avait eu, tout d'abord, la pensée de se défendre ; mais l'enthousiasme et toute velléité de résistance s'étaient évanouis à la nouvelle de l'occupation de Saint-Quentin et de la capitulation de Soissons. Le vendredi 28 octobre s'opérait le désarmement des deux cents gardes nationaux hamois ; leurs fusils, pour ne pas tomber entre les mains des ennemis, étaient envoyés en Picardie. Il ne resta pour tous « combattants » que dix éclaireurs à cheval, chargés de surveiller la marche de l'ennemi et de signaler aux éclaireurs des villes voisines, — Péronne, Amiens, Cambrai — la présence des Allemands à Tergnier, station importante à deux kilomètres de La Fère.

Dans la nuit du 18 novembre arrivait du chef-lieu de la Somme, par chemin de fer, le deuxième bataillon des mobiles du Gard, avec deux pièces de canon et une section du 4me d'artillerie. Un bataillon de 800 *volontaires* de la Somme, ou plutôt de *mercenaires*, payés à raison de trois francs par jour, vint les rejoindre à Ham. Cette petite troupe, d'un effectif de 1,400 hommes, sous le commandement de M. Kraft, de Nesle, ancien officier de marine, avait pour mission de surprendre les avant-postes ennemis, du côté de Tergnier, de les couper du gros de l'armée occupée au siège de La Fère et de les rejeter sur la Somme où ils auraient été faits prisonniers.

Mais les Prussiens, avertis à temps par leurs espions, s'étaient mis sur leurs gardes : retranchés derrière des haies, des murs et dans les maisons, ils accueillirent si bien la colonne à coups de fusil, qu'ils la forcèrent à battre en retraite. Le 19 Novembre, à sept heures du soir, cette colonne de 1,400 hommes était de retour à Ham, et le lendemain, Dimanche, elle quittait la ville, emmenant avec elle un certain nombre de mobilisés. Ces derniers allaient ensuite rejoindre à Péronne la troisième légion, tandis que Kraft et tous ses hommes regagnaient Amiens.

Vingt-quatre heures après, lundi 21 Novembre, les Allemands entraient dans Ham sans coup férir, et occupaient le château fort.

X

Capitulation de La Fère.

(26 Novembre 1870)

Le 11 novembre, des uhlans avaient paru aux environs de La Fère.

L'officier, récemment investi du commandement de cette petite place de guerre, était M. Planche, capitaine de frégate. Sa proclamation, où se manifestait la ferme volonté d'obéir aux instructions du gouvernement de Tours, semblait révéler un homme de cœur et d'énergie.

« Tant qu'il me restera, disait-il, une gargousse et un
« morceau de biscuit, je ne me rendrai point ; je ne me
« laisserai arrêter par aucune considération d'intérêt par-
« ticulier..... La place peut se trouver exposée au
« danger d'un bombardement....., mais nous serons
« forts, énergiques, et nous prouverons que l'ère des
« lâches capitulations est passée.....»

Hélas ! là comme ailleurs, le courage, l'énergie, l'abnégation ont dû céder devant un bombardement à outrance. Pendant trente heures, une pluie de fer et de feu est tombée sur la ville ; pendant trente heures les batteries prussiennes ont semé dans la place la ruine et la mort.

Dans la soirée de vendredi 25 novembre, les habitants commencèrent à parler de capitulation. Une demande fut adressée au commandant pour le supplier de rendre la ville et de faire cesser les horreurs d'un siège impossible à soutenir, sans casemates, dans une petite ville comme La Fère.

Sous cette pression, et devant l'impossibilité matérielle de continuer une résistance désespérée, le commandant céda à la dure nécessité, et le drapeau blanc fut hissé le samedi 26 novembre à dix heures du matin.

Les Prussiens, au nombre d'environ 12,000, avaient 18 canons et obusiers de fort calibre qui ont démonté, en trois heures, en la prenant de flanc, l'artillerie de La Fère.

Les deux tiers des maisons étaient détruites ou gravement endommagées ; la caserne était en ruine.

La garnison de La Fère n'était que d'environ trois mille hommes ; quelques centaines purent se sauver ; les autres, faits prisonniers, furent envoyés en Allemagne avec leurs officiers qui avaient refusé l'offre de rester prisonniers libres sur parole et qui avaient voulu partager le sort de leurs soldats.

Les Prussiens firent leur entrée à La Fère, le dimanche 27 novembre, à dix heures du matin, musique en tête.

La possession de La Fère était importante pour les Prussiens, comme l'a dit M. de Moltke. Elle leur garantissait la sécurité des convois arrivant d'Allemagne, leur livrait l'embranchement très important de Tergnier et barrait le passage à l'armée du Nord.

Le lendemain de la capitulation de La Fère on racontait

à Cambrai (1) que le commandant de place de cette petite ville, officier de marine de grand cœur et du plus haut mérite, qui avait, comme on l'a vu plus haut, promis de ne rendre la place que lorsqu'il aurait épuisé son dernier biscuit et sa dernière cartouche, avait été séquestré par les habitants, empressés de soustraire leurs foyers aux dangers du bombardement. On ajoutait que les négociations pour l'armistice avaient été entamées en leur nom par la municipalité et qu'il fallait expliquer ainsi l'incroyable reddition de La Fère.

Rien n'était moins vrai. Point de meilleure preuve, du reste, que la dépêche suivante par laquelle M. Planche informait le ministre de la guerre de la capitulation de La Fère :

« *Saint-Quentin, 27 novembre, 11 h. 35 m. du soir.*

« LE CAPITAINE DE FRÉGATE PLANCHE, COMMANDANT SUPÉRIEUR DE LA FÈRE, AU MINISTRE DE LA GUERRE, A TOURS, ET AU GÉNÉRAL COMMANDANT, A LILLE.

« Après un investissement de quinze jours, pendant lesquels tous les efforts ont été tentés soit au moyen de sorties, soit par l'artillerie, pour entraver les travaux de l'ennemi, la place a été attaquée avec de la grosse artillerie de siège et des mortiers et a subi un bombardement effroyable de trente heures.

« Contrairement à toutes les lois de la guerre l'ennemi a ouvert le feu sans avertissement ni sommation préalables, à sept heures du matin, ce qui a porté à son comble l'effroi et le désastre dans la population.

« Dès les premières heures nos batteries prises à revers des hauteurs qui dominent la ville ont été complètement démontées. La résistance ne s'en est pas moins prolongée

---

(1) Voir la *Gazette de Cambrai* du 30 novembre 1870.

pendant toute la journée, la nuit et le jour suivant.

« Cette malheureuse petite ville a été écrasée sous une pluie de bombes et d'obus. Une grande partie est incendiée, les approvisionnements presque tous consumés.

« Les abris manquaient : ni caves, ni casemates. Impossible de rétablir les bastions et les batteries.

« Alors désarmés, impuissants, sur l'avis unanime du Conseil de Défense, ne pouvant laisser écraser inutilement cette population et les troupes, j'ai dû rendre la place. Nos pertes sont grandes. »

XI

Combat de Gentelles.

(26 Novembre 1870)

Avant son départ le général Bourbaki avait eu le projet de s'établir au sud d'Amiens, avec le 22ᵐᵉ corps, de défendre le chemin de fer de Rouen à Amiens et de se réserver le moyen de se porter sur Beauvais ou Creil, menaçant ainsi l'armée qui investissait Paris.

Mais les choses étaient changées depuis quelques jours.

Les Prussiens avaient réuni des forces considérables, au moins 45.000 hommes, et s'avançaient sur Amiens par les routes de Montdidier, de Roye et par le chemin de fer de Tergnier. Se borner à les attendre sur la rive gauche de la Somme, c'était s'exposer à perdre absolument sa ligne de retraite sur les places du Nord, véritables bases d'opération de notre armée, et alors tout combat malheureux sous Amiens aboutissait fatalement à un désastre.

Le colonel Farre, promu général et succédant provisoirement au général Bourbaki, ne voulut pas s'y exposer. Il fit garder soigneusement la Somme entre Péronne et Corbie, protégea vigoureusement le chemin de fer du Nord et prit position sur la rive gauche de la Somme, occupant des hauteurs dont le point culminant était Villers-Bretonneux. Ce village, avec ceux de Cachy et Gentelles, fut occupé par la 3ᵉ brigade, commandée par le général du Bessol ; la 2ᵉ brigade, général Derroja, occupa les villages de Bôves et de Camon.

La 1ʳᵉ brigade, général Lecointe, fut placée dans Amiens même.

Dès le 23 novembre, nos reconnaissances signalèrent des forces nombreuses en avant de nos lignes, et quelques combats de tirailleurs eurent lieu, pendant les jours suivants, sur Mézières, Bôves et Gentelles. Le temps était mauvais, les chemins peu praticables. (1)

Le 26 novembre, qui était un samedi, les Allemands exécutèrent une reconnaissance offensive sur nos positions de Bôves et de Gentelles. Vers une heure de l'après-midi, les grand'gardes du 20ᵉ chasseurs, établies à la tuilerie de Gentelles, qui commande la route de Domart, furent attaquées par un corps d'infanterie et de cavalerie qu'elles refoulèrent.

L'ennemi, passant à travers champs, continua à s'avancer dans la direction de Bôves, position très importante qu'il espérait trouver faiblement défendue. Mais il y rencontra un bataillon du 24ᵉ qui fit bonne contenance et qui le repoussa vigoureusement. Après avoir éprouvé quelques pertes de ce côté, les Prussiens durent se replier rapidement. Quatre compagnies de chasseurs, qui les avaient suivis sur la route jusqu'au-delà du bois de Gentelles, ouvrirent une violente fusillade sur leur flanc droit. Vers trois heures, le combat avait presque cessé à Bôves. L'ennemi reprit la route de Domart avec l'intention de s'y cantonner.

Les Français aperçurent, en effet, de ce côté, un grand mouvement de matériel, de voitures d'artillerie,

---

(1) Rapport de la Commission d'enquête.

d'ambulances, etc. Mais dans le but sans doute de couvrir leur marche et de permettre à leurs convois de passer sur la route occupée par nos avant-postes, les Prussiens dirigèrent une fausse attaque sur le bois de Gentelles, cherchant à attirer dans cette direction toutes les troupes qui occupaient Villers-Bretonneux. Bientôt le combat devint très vif, et des renforts étant arrivés aux Allemands, les chasseurs se virent forcés d'abandonner le bois. La fusillade continua jusqu'à la nuit. Vers six heures et demie, trois compagnies du 67e de marche, vinrent soutenir les chasseurs, et, quoiqu'il fût nuit close, le bois de Gentelles resta définitivement au pouvoir des Français.

Combat de Gentelles et Bataille de Villers-Bretonneux

XII

Bataille de Villers-Bretonneux.

(27 Novembre 1870)

Le but évident que se proposaient les Prussiens, était de s'emparer d'Amiens, après avoir écrasé l'armée du Nord inférieure à la leur par le nombre, l'armement et la discipline militaire.

Le dimanche 27, au matin, l'armée prussienne formait autour des Français un vaste demi-cercle, menaçant la gauche de Villers-Bretonneux et ses ponts de retraite sur la Somme.

Nos troupes, pour faire face, occupaient nécessairement une ligne de bataille très étendue.

Le front des Français présentait vingt-cinq kilomètres de Pont-de-Metz à Villers-Bretonneux et à Corbie.

Vers huit heures et demie du matin, une reconnaissance du 2ᵉ chasseurs à pied fut envoyée en avant de Dury, dans la direction d'Heubécourt et de Saint-Saufflieu. Les Prussiens la laissèrent approcher très près, puis ils ouvrirent soudain un feu excessivement vif, tout en cherchant à la tourner (1).

---

(1) Opérations de l'armée française du Nord.

Le commandant des chasseurs, averti par la fusillade, accourut avec son bataillon et un autre de mobiles, puis ayant dégagé la reconnaissance, il alla s'établir dans le bois de Dury, situé sur la droite de la route de Dury à Heubécourt. A peine ces forces étaient-elles en position qu'elles aperçurent, dans un brouillard épais, une troupe ennemie qui débouchait du village d'Heubécourt, mais qui sembla vouloir se retirer après une courte fusillade. Bientôt, cependant, cette colonne lança des tirailleurs qui prirent de flanc le bois de Dury et forcèrent les chasseurs à se replier dans les tranchées.

Les Prussiens s'étaient dirigés parallèlement à la route de Dury, manœuvrant, comme s'ils avaient voulu, en tournant les chasseurs, s'emparer des ouvrages avancés d'Amiens.

Ils ne cherchaient qu'à conquérir de bonnes positions pour la bataille qui devait s'engager sur tous les points à la fois.

Le village de Cachy avait été occupé en partie par les Prussiens, malgré l'héroïque résistance du bataillon du 43e chargé de le défendre. Son commandant avait été tué et sept officiers mis hors de combat. Le général en chef fit reprendre l'offensive par la ligne des tirailleurs qui bordait le bois de Villers, par le bataillon de chasseurs et par le 9e bataillon de mobiles. Ces troupes prirent le pas de course et reconquirent vivement le village (1).

A dix heures apparurent les têtes des colonnes ennemies. Une demi-heure après, la fusillade s'engageait vivement à Dury, à Bôves et à Gentelles, et des masses considérables marchaient sur la gauche de l'armée française, vers Villers-Bretonneux.

Attaqués sur tous les points à la fois, les Français opposèrent une résistance énergique. Malheureusement les

---

(1) Campagne de l'armée du Nord par Faidherbe.

villages de Dury et de Saint-Fuscien, faiblement occupés, nous furent enlevés sans coup férir.

C'est alors qu'apparut dans tout son jour le vice d'une ligne de bataille qui ne se reliait, sur aucun point, aux travaux d'Amiens. La position si importante de Bôves se trouvant prise de flanc par Dury, ne put être conservée.

Les ruines du vieux château avaient été le théâtre d'une lutte assez vive. Puis les Prussiens ne trouvant plus personne entre Dury et Bôves, s'engagèrent résolument à travers les marais de Cottenchy, guidés par des Allemands qui avaient longtemps habité le pays et le connaissaient parfaitement.

L'effort principal des Allemands était dirigé sur Villers-Bretonneux où devait se décider nécessairement le sort de la journée.

De onze heures du matin à deux heures de l'après-midi on se battit sur place sans perdre un pouce de terrain. Vers deux heures et demie, deux fortes colonnes prussiennes débouchaient de Marché-le-Cave, précédées par de nombreux tirailleurs. Ceux-ci étaient appuyés par plusieurs batteries dont les feux concentrés écrasèrent les défenseurs de l'épaulement, qui durent se retirer.

Aussitôt les Allemands s'empressèrent d'occuper un pont qu'ils considéraient comme la clef de la position. De cet endroit ils nous firent éprouver en quelques minutes des pertes cruelles.

La ligne française, étonnée d'entendre le canon gronder tout à coup sur son flanc gauche, en fut très émue et recula. Un moment, une complète déroute parut imminente à Villers-Bretonneux. Au milieu de notre désarroi, une colonne ennemie, espérant se glisser dans la gare sans être vue, s'était jetée au milieu de la voie ferrée et menaçait de nous couper ainsi la retraite. Heureusement, une compagnie de francs-tireurs, placée par le colonel du Bessol en réserve derrière le parapet du pont de Villers, foudroya cette colonne à 250 mètres. L'ennemi se retira dans un désordre inexprimable, laissant la voie jonchée de cadavres. Les fuyards allemands, se répandant dans la plaine, jetèrent le trouble et l'hésitation dans leurs lignes.

En cet instant, et après des efforts inouïs pour ramener quelques débris de bataillon, le colonel du Bessol, avec une centaine de braves au plus, s'élança en avant, le désespoir dans le cœur. Son officier d'ordonnance était à ses côtés, et tous deux, plaçant leurs képis au bout du sabre, en guise de drapeau, poussèrent leurs chevaux jusqu'à cent cinquante mètres de l'épaulement. A cette vue, quelques mobiles, des chasseurs, des soldats d'infanterie de marine se reformèrent en toute hâte ; puis, se déployant au pas de course, ils marchèrent résolument vers l'épaulement (1).

Tandis que les troupes régulières reprenaient l'avantage à la baïonnette, les Prussiens étaient refoulés au loin. Ce fut en vain, en cette occurrence, que ces derniers demandèrent à leur « *bonne artillerie* » son concours ordinairement si efficace. Les Français ne présentaient qu'une ligne fort mince. Fort heureusement le temps étant pluvieux, et les terrains détrempés par les averses qui s'étaient succédé, l'artillerie allemande ne pouvait se mouvoir dans les terres labourées qu'avec une excessive difficulté. D'un autre côté, comme les projectiles percutants, par suite du peu de résistance qu'offrait le sol, n'éclataient que rarement, le canon, d'habitude si redouté des jeunes soldats, ne joua qu'un rôle secondaire et fit peu de victimes parmi nous.

L'action, du côté de Villers, ne fut donc, en quelque sorte, qu'une lutte d'infanterie contre infanterie, et c'est pour cela qu'elle fut si meurtrière, et que nos conscrits purent tenir tête, avec avantage, jusqu'à l'entier épuisement de leurs cartouches, aux vieilles troupes prussiennes du 1er corps.

---

(1) Tablettes Cambresiennes.

Cependant, à Villers-Bretonneux, le combat n'avait pas cessé après la reprise de l'épaulement par les Français. Vers trois heures, en effet, deux masses noires précédées, à grande distance, de tirailleurs à rangs serrés, sortaient de nouveau de Marché-le-Cave et s'élançaient hardiment vers l'ouvrage. Aussitôt notre artillerie, précipitant son tir, dirigea contre l'ennemi un feu des plus meurtriers. Mais, malgré des pertes cruelles, les Allemands, avec cette ténacité qui les distingue, continuèrent à s'avancer en colonnes serrées. En vain une batterie de 12 exécute-t-elle, à mille mètres, un feu à volonté qui renverse des rangs entiers, rien ne peut décourager les Prussiens et bientôt leurs tirailleurs touchent presque les nôtres. Les défenseurs de l'épaulement, démoralisés par la vue des masses profondes qui marchent sans que rien puisse les arrêter, fatigués d'ailleurs par une lutte acharnée, se retirent précipitamment. À cette vue les Allemands s'élancent dans l'ouvrage, en poussant trois hourras. La résistance des Français semble enfin brisée, ils se débandent.

Mais cette fois encore, le colonel du Bessol parvint à arrêter les fuyards et à former une nouvelle colonne d'attaque avec les débris de tous les bataillons d'infanterie. Cette petite colonne osa tenter un effort désespéré, et elle réussit à faire reculer l'ennemi stupéfait d'un si brusque retour offensif. Malheureusement, le colonel du Bessol dont le cheval venait d'être tué, tomba lui-même frappé d'une balle, et presque au même instant le commandant Jeovaninelli était aussi blessé grièvement. Alors les Français s'arrêtèrent.

A trois heures, au moment où l'on emportait du champ de bataille le colonel du Bessol, le général Farre arrivait à Villers-Bretonneux et prenait le commandement. Le combat avait perdu l'acharnement des premières heures. La lutte continua encore pendant une heure et demie environ.

Cependant les cartouches devenaient de plus en plus rares ; à chaque instant on voyait accourir des soldats essoufflés, criant : « des cartouches ! des cartouches ! » Hélas ! il n'y en avait plus. Bientôt les bataillons furent obligés de reculer ; leur feu s'était presque éteint, car ils réservaient pour une dernière attaque leurs dernières cartouches (1).

Vers quatre heures et demie, le général Farre se décida à faire replier nos batteries sur Corbie.

Presque en même temps la brigade Derroja était refoulée dans Longueau et le général Lecointe abandonnait le bois de Gentelles.

Comment la victoire de la veille et même de la matinée du 27 s'était-elle transformée en défaite ? — Les Prussiens suivirent leur tactique habituelle : ils ménagèrent leurs forces, ou bien reçurent des renforts considérables dans l'après-midi et alors reprirent fortement l'offensive sur toute la ligne.

On a accusé les mobiles d'avoir faibli plusieurs fois pendant le combat.. Ces bruits ont été vivement contredits. En admettant leur sincérité, ce ne serait pas un motif suffisant pour laisser sans excuse et sans pardon la défaillance de tout jeunes soldats qui n'avaient confiance ni dans les forces de l'armée dont ils faisaient partie, ni dans leurs chefs, ni dans leurs armes. Ne mettait-on pas entre les mains des mobiles une arme d'une qualité inférieure qui donnait à l'ennemi cinq cents mètres d'avance et ne procurait même pas la rapidité du tir, à cause des accidents si nombreux et si fâcheux qui arrivaient pendant l'action ? Enfin, la plupart des officiers et sous-officiers n'étaient-ils pas aussi conscrits que leurs hommes ? Avaient-ils sur eux une influence assez grande — je ne parle pas du courage, beaucoup n'en manquaient pas — par leur sang-froid et

---

(1) Pièces justificatives, note VIII, dépêche du 26, datée de Douai, 4 heures 55 et d'Amiens, 9 heures 10.

leur habileté pour se faire obéir comme ils devaient l'être ?...... Il y a là beaucoup moins la faute des hommes que la faute de la nécessité et le concours inouï de circonstances funestes (1).

Voici comment le général Faidherbe raconte dans ses *Mémoires*, la fin de la bataille de Villers-Bretonneux :

« Pendant que le général Farre s'occupait d'assurer la défense de Corbie, pour que les Prussiens ne pussent couper par là la ligne de retraite de l'armée, le général Lecointe, le colonel Derroja, le lieutenant-colonel de Villenoisy et le commandant de l'artillerie Charon, réunis à Amiens, délibérèrent et furent d'avis qu'en raison de l'impossibilité de remplacer les munitions et du danger pressant que faisait courir une attaque de l'ennemi en forces considérables par Notre-Dame de Grâce et même par la Somme en aval, il conviendrait de préparer la retraite.

« Sans rien préjuger au sujet de la décision définitive qui pourrait être prise, on arrêta que les troupes seraient réunies sur les boulevards d'Amiens après quelques heures de repos. Là, elles recevraient deux jours de vivres et ce que l'on possédait de cartouches et elles se trouveraient également prêtes pour la retraite ou pour la défense de la place.

« Le colonel du Bessol approuva ces dispositions ; le général Paulze d'Ivoy, seul, parla de résister dans les retranchements ébauchés autour de la ville, mais il demandait pour cela une quantité de pièces d'artillerie qui faisaient défaut ou que l'on ne pouvait utiliser, puisque les munitions étaient à peu près épuisées.

« Ces divers avis furent communiqués par le télégraphe au général en chef qui, après mûre réflexion, donna à trois heures l'ordre d'une retraite générale vers le Nord.

---

(1) Voir aux *Notes et Documents* le Rapport du colonel du Bessol sur la bataille de Villers-Bretonneux.

« Le mouvement commença vers cinq heures et demie à Amiens comme à Corbie, en quatre colonnes : la première, sous les ordres du général Lecointe, se dirigea vers Doullens ; la deuxième, conduite par le général Paulze d'Ivoy, suivit la route de Pas. Le général Farre se dirigea directement vers le Nord avec la troisième, tandis que la quatrième suivait la route longeant le chemin de fer par Albert et Achiet.

« Les troupes de ligne conservèrent l'ordre le plus complet, mais une partie des gardes mobiles, et, il faut l'avouer, quelques-uns de leurs officiers, se débandèrent pour retourner isolément chez eux. A Amiens, une circonstance fâcheuse troubla l'ordre à la queue des deux premières colonnes. Des gardes nationaux déchargèrent leurs armes afin de les briser ; ces coups de feux occasionnèrent du désordre parmi les troupes qui recevaient une distribution de cartouches. On crut à une attaque et l'escadron de gendarmerie qui devait faire l'arrière-garde, partit au galop et coupa la colonne. Cet incident regrettable fut cause de la perte d'une ligne de caissons vides et d'une certaine quantité de cartouches qui furent noyées, mesure nécessaire, car une partie des troupes ennemies étaient armées de fusils Chassepot. Néanmoins le colonel Crouzat, de l'armée auxiliaire, commandant l'artillerie de la garde nationale, réussit à emmener vers Abbeville et Montreuil la majeure partie des pièces appartenant à la ville ou au département. La ville d'Amiens fut donc évacuée presque sans pertes. On laissait une garnison dans la citadelle. »

Voilà ce qu'a écrit M. le général Faidherbe. Ce qu'il dit des gardes nationaux d'Amiens, mérite quelque explication. Au premier abord on pourrait être tenté de les accuser de félonie, de lâcheté, parce qu'à la fin de la bataille ils ont brisé leurs armes après les avoir déchargées en l'air ; mais il faut se souvenir que la bataille était perdue ; que, sur l'ordre du général en chef, l'armée française évacuait

Amiens sans chercher à défendre les derniers retranchements, et que, conséquemment, il y avait tout sujet de craindre que les Allemands, suivant leur coutume, ne contraignissent les gardes sédentaires à leur apporter leurs armes, sous peine d'être fusillés. Ces Amiénois, qui avaient occupé, pendant la bataille, les derniers retranchements, à l'entrée de leur ville, aimèrent mieux briser leurs fusils que les livrer à leurs ennemis.

La résistance de nos troupes, dans la journée du 27, avait été assez énergique pour laisser aux Prussiens des doutes sur l'étendue de leur succès. On peut même dire qu'ils furent assez surpris de leur victoire. C'est ce qu'avouèrent eux-mêmes les Prussiens.

« ... Le 28, de très grand matin — dit le maréchal de Moltke dans son *Histoire de la Guerre de 1870*, que nous citerons encore plus d'une fois — les patrouilles du 1er corps d'armée trouvèrent le terrain jusqu'à la Somme absolument abandonné et tous les ponts détruits. A midi, le général de Gœben fit son entrée dans Amiens, dont la citadelle capitula deux jours plus tard. La garnison était de quatre cents hommes et l'armement comportait trente bouches à feu.

« L'affaire du 27 novembre offre cette particularité que le champ de bataille avait une étendue hors de toute proportion avec le nombre des troupes engagées. Le général Farre occupait avec ses troupes, fortes de 25 000 hommes, en chiffres ronds, un front de près de vingt-quatre kilomètres de long, de Pont-de-Metz au sud d'Amiens jusqu'à l'est de Villers-Bretonneux et ayant la Somme sur ses derrières, à très peu de distance. Les Allemands faisant leurs attaques sur un front qui n'était guère moins étendu, il en résulta que leur ligne se trouva coupée au centre. Il y avait là un danger dont l'inaction de l'ennemi préserva la première

armée dans le courant de la matinée et auquel on para
plus tard en allant occuper Saint-Nicolas.

« Les Allemands avaient la supériorité numérique, car,
quoique le seul régiment Prince-Royal pût prendre part à
l'engagement, de tous ceux de la 1re division marchant en
arrière des autres, leur effectif ne se montait pas à moins
de 30.000 hommes. De toutes les brigades, ce fut la 3e qui
eut à soutenir la lutte la plus acharnée, aussi perdit-elle
trente-quatre officiers et six cent trente hommes des mille
trois cents qui furent tués ou blessés dans cette journée.
Le chiffre des pertes fut le même pour les Français, mais
ils comptaient en plus mille disparus.

« Une partie de la garde nationale avait brisé ses armes
et s'était enfuie dans les villages Le gros du corps français
battit en retraite sur Arras.

« Immédiatement après la bataille, la première armée
s'accrut de la 4e brigade, devenue disponible à La Fère. »

Comme on vient de le voir, M. le comte de Moltke accuse
aussi la garde nationale d'Amiens d'avoir brisé ses armes
et de s'être enfuie dans les villages voisins. On sait maintenant pourquoi a eu lieu ce bris de fusils ; si les gardes
nationaux ont cru prudent de ne pas rester dans leur ville,
c'est qu'ayant pris une part active à la bataille de Villers-
Bretonneux, ils devaient craindre, non sans raison, d'être
faits prisonniers de guerre.

M. de Moltke avoue qu'à la bataille de Villers-Bretonneux, nommée par lui *bataille d'Amiens*, les Allemands
avaient la *supériorité numérique ;* toutefois il n'accuse
que 30.000 hommes parce que, sans doute, il oublie de
parler des renforts arrivés à ses combattants dans l'après-
midi du 27 novembre.

XIII

Capitulation de la Citadelle d'Amiens.

Par suite de la retraite de l'armée du Nord, l'ennemi occupa Amiens le 28 novembre, et, le même jour, investit la citadelle.

Trois cents hommes de garde nationale mobile, avec une batterie d'artillerie composée entièrement d'habitants de la ville — ce qui portait la défense à quatre cent cinquante hommes environ — avaient été laissés comme garnison à Amiens. Dès le premier jour, cinquante mobiles de la Somme désertèrent (1).

M. le capitaine Vogel, commandant la place, fit lever le pont-levis et placer des sentinelles sur les remparts.

La matinée du 28 se passa en installations. Vers dix heures, des membres du Conseil municipal vinrent trouver le commandant de la citadelle pour connaître ses intentions. Sur la demande qui lui fut faite, le commandant Vogel s'engagea à ne point tirer sur l'ennemi si celui-ci ne l'attaquait pas ; à se borner à la défensive, ses provisions de toute nature lui permettant de soutenir un long siège.

Une telle détermination mérite le blâme le plus sévère — a écrit le président Baraguay-d'Hilliers dans son rapport

---

(1) Comité d'enquête présidé par Baraguay-d'Hilliers.

sur la dite capitulation — car l'ennemi en profita pour occuper Amiens le 28 novembre et investir la citadelle dans la même journée.

A midi deux détachements de plusieurs centaines d'hommes s'avancèrent vers la forteresse et deux trompettes s'étant approchés demandèrent l'entrée en pourparlers. Le commandant Vogel prévenu fit baisser le pont-levis et alla trouver les officiers prussiens. Sommé de se rendre, il répondit que même avec les conditions avantageuses promises, la citadelle ne se rendrait pas ; mais qu'il ne prendrait pas l'initiative des hostilités (1).

Sur cette réponse, les Prussiens se retirèrent, laissant plusieurs postes d'observation du côté de la ville ; et la journée ne fut signalée par rien autre d'extraordinaire que des allées et venues autour du fort.

A la fin de la journée, un nouveau parlementaire se présenta apportant une lettre dans laquelle le général Von Gœben, tout en rendant hommage au courage et aux sentiments patriotiques du commandant, lui représentait qu'abandonné de l'armée française, il n'y avait point lieu d'essayer une résistance impossible et qu'une capitulation dans ces circonstances ne saurait porter atteinte à son honneur. Cette lettre aussi habile que flatteuse ne changea rien aux résolutions du commandant qui donna la même réponse que précédemment.

La matinée du lendemain 29 novembre se passa dans l'attente d'une attaque qu'on supposait imminente ; les Prussiens avaient employé la nuit à percer des meurtrières dans les toits et les murs des maisons qui avoisinaient les remparts.

Vers onze heures, un parlementaire vint pour faire la troisième sommation, et, sur un nouveau refus, il annonça devoir commencer le feu dans un quart d'heure.

---

(1) Mémoires de Faidherbe.

A peine dix minutes s'étaient-elles écoulées qu'une fusillade des plus nourries, partant des maisons entre l'église du faubourg Saint-Pierre et le jardin des plantes, fut dirigée sur toute la partie de la citadelle qui regarde la ville.

On y répondit par un feu de mousqueterie et d'artillerie qui a dû faire, dit le général Faidherbe, de nombreuses victimes dans les rangs ennemis.

L'action engagée, le capitaine Vogel fit une ronde sur les remparts pour organiser et diriger la défense.

En homme d'une bravoure éprouvée, il montrait un calme et une hardiesse qui étaient faits pour rendre confiance aux moins courageux, car, sans crainte du péril, il s'exposait aux balles qui, en certains endroits, pleuvaient comme la grêle.

Enfin, vers midi et demi, il allait avoir terminé sa ronde dangereuse, lorsqu'arrivé à un bastion en face de la ville, et le plus menacé de tous, il interpella le maréchal-des-logis-chef Savary, lui ordonnant de cesser de tirer sur la ville, puisque l'artillerie ennemie ne répondait pas.

Celui-ci expliqua que, du bureau d'octroi situé vis-à-vis de son embrasure, le bastion était tellement surveillé, qu'il était impossible de se montrer sans être visé, et que pour ce motif, il lui paraissait indispensable de démolir ce poste. Le commandant répondit que c'était différent et s'avança pour examiner la position de ce bâtiment ; mais il avait à peine eu le temps de se présenter à l'embrasure qu'il fut aperçu, et au même instant une balle vint le frapper dans le côté droit et le traversa de part en part (1).

Le capitaine Vogel, blessé à mort, fut remplacé dans le commandement de la citadelle par M. Woirhaye, commandant de l'artillerie de la mobile.

Cet officier, agissant avec la même faiblesse que son

---

(1) Le général Faidherbe.

prédécesseur (1), empêcha de tirer sur la ville, dans la crainte de faire des victimes et de déplaire à la population. Ce même sentiment étant d'ailleurs général dans la garnison, le conseil de défense se résolut à capituler.

Dans la nuit du 29 au 30 novembre, le commandant fit planter un drapeau blanc sur les deux bastions faisant face à la ville, et, ces dispositions prises, attendit l'arrivée du jour.

A sept heures, deux officiers prussiens se présentèrent; les bases de la capitulation posées, ils demandèrent au commandant de faire hisser le drapeau blanc sur le bâtiment le plus élevé de la citadelle, de façon à ce qu'il fût aperçu par les batteries d'artillerie ennemie, installées de tous côtés, la nuit, pour le bombardement qui devait commencer à huit heures du matin. Puis, l'un d'eux, les yeux bandés, entra dans la citadelle et fut conduit dans le logement du commandant pour y conférer. Au bout d'une demi-heure il en sortit, les yeux toujours bandés, pour aller prendre l'avis de ses chefs; car, entre autres choses, on avait demandé à ce que la batterie mobile, qui était composée de tous jeunes gens d'Amiens, restât prisonnière sur parole. Cette condition fut rejetée, et cet avantage ne fut même pas accordé aux officiers.

Les clauses définitives de la reddition furent alors rédigées par le commandant Woirhaye et l'officier prussien, puis ratifiées par le général commandant ennemi. En voici la teneur :

Article premier. — La citadelle d'Amiens, avec tout le matériel de guerre et les approvisionnements, sera rendue au général von Gœben.

Art. 2. — Tous les officiers, sous-officiers et soldats,

---

(1) Nous ne faisons que citer ici les paroles mêmes de l'enquête, portant la date du 15 avril 1872.

composant la garnison de la citadelle, seront prisonniers de guerre.

Art. 3. — Les gardiens, les employés de la manutention, seront libres et resteront en possession de ce qui leur appartient en toute propriété, à l'exception de leurs armes.

Art. 4. — Le médecin de l'ambulance et les infirmiers seront libres en vertu des décisions de la convention de Genève.

Art. 5. — Le général von Gœben, considérant la situation pénible dans laquelle s'est trouvée la garnison de la citadelle, composée en grande partie de gardes nationaux du pays et obligée de diriger son feu sur les habitations ;

Considérant qu'après trois sommations faites, la garnison a essuyé pendant toute une journée le feu de l'ennemi et n'a arboré le drapeau parlementaire que dans un but d'humanité pour les habitants d'Amiens et qu'à la vue de 62 pièces d'artillerie, mises en batterie pour continuer la lutte ;

Accorde aux officiers, pour leur donner un témoignage honorable, de garder leurs armes, chevaux et tout ce qui leur appartient personnellement.

Le général commandant le 8ᵉ corps d'armée allemande.

Signé : Von Gœben.

Cette reddition si prompte de la citadelle d'Amiens a suscité, à l'époque de la guerre, bien des critiques. De son côté le Conseil d'enquête a fait remonter la responsabilité de cette capitulation au général Farre qui aurait dû veiller à ce qu'il restât dans la citadelle une garnison suffisante pour en assurer la garde.

Ainsi tomba entre les mains des Prussiens le riche département de la Somme, moins les régions couvertes par Abbeville et Péronne.

XIV

Le général Faidherbe réorganise l'armée du Nord

Par un décret du 18 novembre 1870, le général Faidherbe, commandant la division de Constantine, avait été appelé à remplacer le général Bourbaki dans le commandement du 22me corps formant alors toute l'armée du Nord. Toutefois, ce ne fut que dans les premiers jours de décembre suivant qu'il arriva à Lille. Les circonstances étaient critiques : les Prussiens, en prenant Amiens, avaient interrompu nos communications avec Rouen qu'ils étaient près d'occuper, et déjà ils menaçaient le Havre (1). Il fallait sauver notre second port de commerce, fort convoité par l'ennemi. Mais comment, avec le faible contingent de l'armée du Nord, entreprendre une diversion utile contre les masses du général Manteuffel ? Le général Faidherbe ne possédait sous la main que les trois brigades qui avaient combattu sous Amiens, et qui, après leur retraite du 27 novembre, se reconstituaient dans les places frontières. Le point était déjà très important de se trouver appuyé sur une base d'opérations inattaquable. Le quadrilatère formé par les villes fortes de Cambrai, Arras, Lille, Condé, ayant comme avant-garde Maubeuge

---

(1) L. Jezterski.

et Landrecies, et à son centre d'autres places de guerre : Valenciennes, Bouchain et Douai — quadrilatère aujourd'hui détruit par « l'épidémie » du démantèlement — formait un camp vaste et commode, qui se trouvait à l'abri des poursuites et des incursions de l'adversaire. Il y avait donc là un avantage, qui, dans une certaine mesure, pouvait compenser l'infériorité de nos troupes en nombre et en instruction. Le général Faidherbe le comprit très bien et sut très habilement en tirer parti, ainsi que le démontre toute la suite de la campagne.

Le général Faidherbe arriva à propos pour rassembler les débris de l'armée qu'il devait commander et qui se trouvait éparpillée à Lille, Douai, Arras, Cambrai, Béthune et Saint-Omer. Il se mit immédiatement à l'œuvre, dans le double but d'organiser plus sérieusement ses corps de troupe et de pouvoir reprendre, le plus tôt possible, la campagne. A cet effet, il rassembla autour de lui les hommes, matériel, munitions et approvisionnements, toutes les ressources enfin que pouvait lui fournir la très riche et très populeuse terre de Flandre. En même temps, et du même coup, il épia toutes les occasions de se lancer hors de son enceinte, en rase campagne, de surprendre l'ennemi, de lui livrer des combats relativement heureux, quitte, quand il aurait attiré sur lui des forces trop considérables, à rentrer à temps sous la protection de ses citadelles (1). Organiser et combattre : telle fut la double tâche que, dès son arrivée, il poursuivit simultanément.

La proclamation que le général Faidherbe adressa aux troupes, à son arrivée à Lille (5 décembre 1870), vaut la peine d'être rapportée.

« Soldats, — disait-il en citant les paroles du ministre

---

(1) Semblable campagne ne pourrait plus être faite aujourd'hui en cas de nouvelle invasion. L'ennemi, s'il était vainqueur, — ce qu'à Dieu ne plaise — mettrait facilement à contribution les anciennes villes *fortes* du Nord et du Pas-de-Calais, aujourd'hui toutes grandes *ouvertes*.

LE GÉNÉRAL FAIDHERBE RÉORGANISE L'ARMÉE DU NORD. 189

Gambetta — pour sauver la France il faut trois choses : la discipline, l'austérité des mœurs et le mépris de la mort.

« La discipline, je l'exigerai impitoyablement.

« Si tous ne peuvent atteindre à l'austérité des mœurs, j'exigerai du moins la dignité et spécialement la tempérance. Ceux qui sont aujourd'hui armés pour la défense du pays sont investis d'une mission trop sainte pour se permettre les moindres licences en public.

« Quant au mépris de la mort, je vous le demande au nom même de votre salut. Si vous ne voulez pas vous exposer à mourir glorieusement sur le champ de bataille, vous mourrez de misère, vous et vos familles, sous le joug impitoyable de l'étranger. Je n'ai pas besoin d'ajouter que les cours martiales feraient justice des lâches, car il ne s'en trouvera pas parmi vous. »

Par suite de la nouvelle réorganisation, le 22ᵐᵉ corps d'armée que commandait Faidherbe en remplacement du général Bourbaki, fut porté à trois divisions savoir :

Première division, général LECOINTE.

Première brigade, colonel Derroja ; — Deuxième brigade, lieutenant-colonel Pittié.

Deuxième division, général PAULZE D'IVOY.

Première brigade, colonel du Bessol ; — Deuxième brigade, lieutenant-colonel de Gislain.

Troisième division, amiral MOULAC.

Première brigade, capitaine de vaisseau Payen ; — Deuxième brigade, capitaine de frégate de Lagrange.

Les états-majors furent formés à l'aide d'officiers pris dans les rangs de l'armée et de la garde mobile ; les services administratifs reçurent également les compléments nécessaires.

L'artillerie, comme nous l'apprend le général Faidherbe, fut considérablement augmentée : aux sept batteries qui avaient combattu à Amiens s'en ajoutèrent quatre autres, en sorte que chaque division fut pourvue de trois batteries et qu'il y avait en outre deux batteries de réserve ; de plus un parc de réserve fut organisé.

L'armée du Nord, y compris tous les services, s'élevait à environ 30,000 hommes ; elle était ainsi composée :

Quarante-deux bataillons d'infanterie (ligne, chasseurs, marine, mobiles et mobilisés)	26.000
Onze batteries et quatre escadrons de cavalerie, environ	2.000
Total des combattants	28.000
Services divers	2.000
Ensemble	30.000

XV

Reprise de Ham.

Tandis que le comte de Manteuffel, aussitôt après l'occupation d'Amiens, pénétrait en Normandie avec l'intention de s'emparer du Havre, le général Faidherbe comprenant qu'une puissante diversion était nécessaire pour sauver la côte ouest, entrait en campagne.

Il dirigea vers Saint-Quentin la 1re division de son corps d'armée Le général Lecointe, qui la commandait, arriva devant Ham le 9 janvier, à six heures du soir. Un détachement du 91e régiment, commandé par le capitaine Martin, força dans la nuit, la garnison à capituler.

Voici la teneur de cette capitulation :

ARTICLE PREMIER. — Les soldats prussiens de la 3e division des chemins de fer et du régiment numéro 81, qui occupent actuellement la forteresse de Ham, rendent cette forteresse en se constituant prisonniers de guerre.

ART. II. — Tous les officiers, les employés de la 3e division du chemin de fer ayant rang d'officier et le sergent-major en premier de cette division obtiennent de conserver leur sabre, avec la permission de le conserver pendant leur captivité. En outre, ces messieurs conserveront leurs bagages.

Les employés des chemins de fer conserveront aussi

trois voitures avec six chevaux, et les employés inférieurs conserveront leur manteau et leur sac.

Art. III — Les soldats déposeront leurs armes dans une chambre de la forteresse et quitteront la citadelle à six heures du matin. Celle-ci sera aussitôt occupée par les Français.

Art. IV. — Pour fixer le traité il y aura armistice jusqu'à six heures du matin.

Art. V. — Le général en chef Faidherbe prendra soin que les officiers, les employés et les soldats soient échangés à la première occasion contre des prisonniers français.

Art. VI. — Par des parlementaires seront échangées ces conditions, résolues entre M. le général Faidherbe ou son délégué, l'ingénieur en chef et M. le commandant de la 3e division des chemins de fer.

Fait en double expédition à Ham le 10 décembre 1870.

Pour le général et par son ordre :

E. Martin, capitaine ; Bayer et Cotben, lieutenants.

A l'heure fixée par les conventions, les troupes françaises firent leur entrée dans la forteresse, clairon sonnant, et précédés du commandant Cottin, chef du 1er bataillon du 91e de ligne, du capitaine Martin et du lieutenant Maillot.

Les Prussiens étaient rangés sur deux files, et sans armes, au milieu de la grande cour du château.

La reprise de Ham fit tomber en notre pouvoir la petite garnison composée de 210 combattants dont 12 officiers.

Le convoi de prisonniers, escorté par une compagnie du 91e de ligne, fut dirigé sur Saint-Quentin, et le lendemain 11 décembre sur Lille.

Cet indice du réveil offensif de l'armée du Nord fut parfaitement compris par les ennemis. Ils sentirent la nécessité d'une concentration rapide, qui leur fut ordonnée de Versailles, dans les termes suivants :

« On ne se propose pas, quant à présent, d'occuper
« d'une manière permanente tout le nord-est de la France :
« il importe, au contraire, bien plutôt de disperser les
« rassemblements ennemis en rase campagne, et particu-
« lièrement de s'opposer aux tentatives qui pourraient
« être faites en vue de débloquer Paris ou de gêner nos
« communications. S. M. le roi décide donc que le gros des
« forces de la 1re armée sera dirigé sur Beauvais.

« La 1re armée se trouvera ainsi à même de soutenir en
« temps utile Rouen ou Amiens et de prendre efficacement
« l'offensive contre les corps ennemis qui viendraient à
« sortir du cordon des forteresses de la frontière belge. »

XVI

Plan, nouvelles dispositions et préparatifs du général Faidherbe.

Le général Faidherbe n'avait et ne pouvait avoir qu'un seul objectif : s'efforcer d'obtenir l'évacuation d'Amiens, s'emparer de la ligne de la Somme et marcher, comme nous l'avons déjà dit, sur Beauvais, d'où il menacerait l'armée d'investissement allemande. (1)

Il établit ses troupes sur la rive droite de la Somme, adoptant pour ligne de bataille la vallée de l'Hallue, petit affluent qui se jette dans la Somme au-dessous de Corbie ; son extrême gauche était appuyée au village de Daours, son centre à Pont-Noyelles ; sa droite s'étendait jusqu'à Contay. (2)

En même temps, on fit compléter et renforcer les divers corps. De plus, on appela à l'armée une division de mobilisés (3). Le général Faidherbe se trouva ainsi à la tête de quatre divisions bien complètes, comptant chacune deux brigades. Pour les trois premières divisions, chaque brigade comprenait quatre bataillons de troupes de ligne

---

(1) Rapport fait au nom de la Commission d'enquête sur les actes du Gouvernement de la Défense Nationale, par M. de Pioger, député.
(2) Tablettes Cambresiennes.
(3) Mémoires de Faidherbe.

et trois bataillons de garde mobile. La 4e division seule ne contenait que des gardes nationales mobilisées. Le nombre des canons fut porté à soixante-dix-huit, dont douze pièces de montagne.

Un projet d'organisation de l'armée en deux corps fut alors soumis au gouvernement qui l'approuva, et la formation du 23e corps d'armée fut décrétée. Les colonels Derroja et du Bessol furent nommés généraux de brigade pour commander des divisions. Les généraux Paulze d'Ivoy et Lecointe furent nommés généraux de division pour commander les 23e et 22e corps d'armée et le général Farre fut promu au même grade pour remplir les fonctions de major-général de l'armée du Nord, dont le général Faidherbe était nommé commandant en chef. Le lieutenant-colonel de Villenoisy fut promu au grade de colonel et adjoint au major-général.

Le 22e corps, général Lecointe, comprenant deux divisions et six batteries, fut établi de Daours à Contay, le long de l'Hallue.

Quant au 23e corps, général Paulze d'Ivoy, la 1re division, amiral Moulac, renfermant les fusiliers marins, occupait Corbie et les environs avec trois batteries et les deux batteries de réserve. La 2e division — mobilisés du général Robin, dont les deux brigades étaient commandées par les colonels Bruslez et Amos — occupait, en seconde ligne, les villages au sud-ouest d'Albert, gardant la voie ferrée et détachant un régiment à Bray pour garder le cours de la Somme entre Péronne et Corbie.

Les positions de combat furent soigneusement indiquées à l'avance à chaque corps.

La 1re division (Moulac) du 23e corps devait occuper, à l'extrême-gauche, vers la Somme, les hauteurs dominant Daours et Bussy ; puis venait la 2e division du 22e corps faisant face à Pont-Noyelles, Querrieux et Fréchencourt, et enfin la droite de la position jusqu'à Contay était défendue par la 1re division de ce même corps, appuyée par la division Robin des mobilisés, qui était en face de Béhencourt.

D'après les instructions du général en chef, les villages au fond de la vallée ne devaient être défendus que peu de temps par les tirailleurs. Les efforts devaient se porter sur la défense des positions en arrière, sauf à reprendre les villages quand l'ennemi aurait été repoussé des hauteurs qu'on supposait devoir être sérieusement attaquées par lui.

Ainsi, solidement installé, on attendit l'ennemi. Il commença par nous tâter dans le combat préliminaire de Querrieux, puis le matin du 23 décembre, il engagea l'action.

XVII

Bataille de Pont-Noyelles.

Nous reproduisons en partie le récit du commandant en chef :

« Bientôt l'action devint générale sur une ligne courbe de plus de douze kilomètres d'étendue, depuis Daours jusqu'à Contay. Les hauteurs couronnées d'artillerie, dont la ligne était presque continue sur la rive droite du côté de l'ennemi, nous opposaient quatre-vingts pièces environ. Sur la rive gauche, nos batteries étaient plus clairsemées, mais nos lignes de tirailleurs établies sur les pentes présentaient à l'ennemi un cordon de feu non interrompu qui ne lui permit pas de s'avancer.

L'action atteignit une vivacité extrême vers la gauche du côté de Daours. Les marins de l'amiral Moulac soutinrent bravement le feu. Quatre batteries, dont deux de 12, qui occupèrent le plateau, eurent beaucoup à souffrir. Plusieurs pièces furent mises hors de service et elles durent se retirer successivement pour se remettre en état d'agir. De fortes colonnes ennemies pénétrèrent dans le village de Daours et serrèrent de près nos tirailleurs.

Au même moment, vers trois heures, la lutte n'était pas moins vive vers le centre. L'ennemi, en se massant dans le village de Querrieux, tenta de déboucher par Pont-Noyelles.

Il réussit un instant à gravir les pentes et fut sur le point de s'emparer de deux de nos pièces. Mais il fut arrêté à temps, repoussé jusqu'à la rivière par une compagnie de mobiles de Somme et Marne, capitaine d'Hauterive, et par les réserves de la 2ᵉ division et canonné dans le village de Pont-Noyelles, qui fut incendié. Sur la droite, notre artillerie trouva des positions plus favorables et lutta avec plus de succès contre l'artillerie ennemie sans avoir autant à en souffrir. Les tentatives de l'ennemi pour déboucher de Fréchencourt furent infructueuses. Les mobiles et un bataillon de mobilisés s'emparèrent même de Béhencourt, mais ne surent pas s'y maintenir. Enfin, à l'extrême-droite, la division Derroja réussit à empêcher l'ennemi de s'étendre, tant par un bon emploi de son artillerie que par les bonnes positions qu'elle sut occuper. Elle maintint deux bataillons sur la rive droite de la rivière, menaçant la gauche de l'ennemi.

A quatre heures, on résolut de tenter une attaque générale des villages, pendant qu'à l'extrême-droite la première division dessinerait un mouvement tournant avec les troupes postées sur la rive droite de la rivière.

Ce mouvement n'eut qu'un succès relatif parce que la nuit arriva trop vite et ne permit pas de le pousser assez loin. L'attaque du village de Bavelincourt réussit pleinement et la première division du 22ᵐᵉ corps s'y maintint. Pont-Noyelles et Daours furent envahis avec la dernière vigueur et le général en chef était convaincu que nous étions restés maîtres, ayant quitté lui-même à la nuit le village de Daours en y laissant l'amiral Moulac avec quelques bataillons. Mais au milieu de la confusion que fit naître l'arrivée d'une nuit obscure, des Prussiens restés en grand nombre dans les maisons, appuyés par de forts détachements qui tournèrent en silence les villages, parvinrent à les reprendre pour ainsi dire sans lutte et nous enlevèrent environ 200 hommes dans chacun d'eux. Malgré

Bataille de Pont-Noyelles

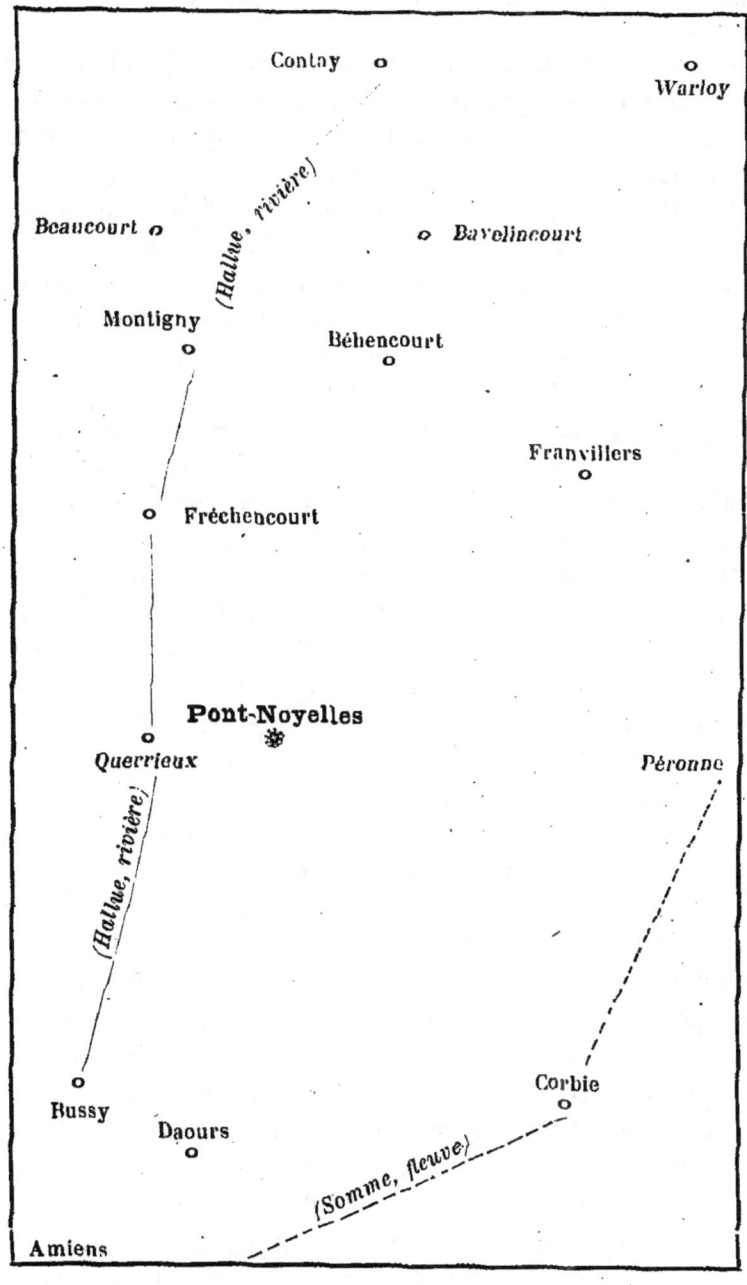

ces incidents qui ne furent connus que pendant la nuit, nos troupes occupaient les positions de combat que nous avions choisies et se considéraient par cela même comme victorieuses. On leur fit comprendre qu'à la guerre on constatait sa victoire en couchant sur le champ de bataille et qu'il ne pouvait être question d'aller reprendre des cantonnements à plusieurs lieues en arrière. On bivouaqua donc sur place par une nuit obscure et par un froid de 7 à 8 degrés au-dessous de zéro, sans bois pour faire du feu et avec du pain gelé pour tout aliment.

Cette cruelle épreuve fut supportée avec une patience et une abnégation qu'on ne saurait assez admirer et qui font autant d'honneur à nos jeunes soldats que leur courage devant le feu de l'ennemi. Le lendemain, au jour naissant, toutes les troupes étaient en ligne, les munitions avaient été complétées avec nos réserves et nous étions prêts à une nouvelle lutte. Mais l'ennemi ne voulut pas l'entamer, quoique le prince Albert de Saxe fût arrivé avec des renforts. Tout se borna à quelques feux de tirailleurs maintenant à distance les deux lignes opposées et à quelques coups de canon envoyés à notre extrême-droite par la division des mobilisés, sur les villages et dans les bois où l'on pouvait apercevoir les troupes ennemies.

Nous avions tenu tête aux Prussiens à la bataille de Pont-Noyelles, nous avions sauvé le Havre, mais nous ne pouvions songer à faire plus pour le moment. Nos jeunes troupes étaient toujours un peu désorganisées après plusieurs jours de marche et de combat. L'ennemi appuyé sur Amiens et sa citadelle pouvait se faire envoyer de Normandie, de Paris surtout, autant de renforts qu'il croirait nécessaire pour nous écraser ; le général en chef crut convenable d'aller chercher des cantonnements plus sûrs sur la rive droite de la Scarpe, entre Arras et Douai, pour donner aux hommes quelques jours de repos bien gagnés, et profiter de toutes les facilités que donnait cette situation pour les ravitaillements de toute nature dont l'armée avait grand besoin... »

La plupart des mobiles et des mobilisés, sous la main habile du général en chef, avaient solidement tenu. Cependant, de l'aveu même du général, il se produisait presque toujours, après les affaires importantes, un ébranlement partiel. La proportion des disparus montait à un chiffre assez élevé, un millier environ ; quant à la majorité, elle avait dépensé pendant la journée, en quelque sorte, toute la portion d'efforts disponible ; la résistance ne pouvait se prolonger plus loin.

Aussi, le général, en homme qui a étudié le tempérament de ses troupes, ne les exposait point au péril excessif d'un second engagement : il se repliait à temps, pour sauver le succès obtenu. Il faut ajouter que celles-ci avaient un fond très solide, sinon très considérable : c'étaient environ une douzaine de mille hommes d'élite, appartenant aux fusiliers marins, aux chasseurs à pied et à l'infanterie de ligne. Ils constituaient un cadre plus ferme et mieux résistant, dans lequel le reste de l'armée était enserré.

Suivant le général Faidherbe, les pertes éprouvées par les Français à la bataille de Pont-Noyelles se sont élevées à 141 tués dont 5 officiers ; 905 blessés dont 45 officiers ; quelques centaines de prisonniers et un millier de disparus.

L'artillerie avait perdu en outre 138 chevaux tués.

Quant aux pertes de l'ennemi, elles n'auraient été, d'après le comte de Moltke, que de 900 hommes ; mais le général Faidherbe dit que les chiffres les plus modérés portent à plusieurs milliers le nombre d'hommes mis hors de combat par le feu toujours plongeant de nos tirailleurs et par l'action de l'artillerie sur le village et les bois qu'il occupait. La ville d'Amiens s'est trouvée encombrée de blessés allemands.

XVIII

Les Allemands dans le Cambrésis.

Ce fut le samedi, 24 décembre, après une nuit passée sur le champ de bataille, que le général Faidherbe regagna ses cantonnements vers Arras. Quelques jours de repos laissés à nos troupes permirent de faire aux soldats des théories et des exercices, car la plupart d'entre eux ignoraient les premiers éléments du métier.

Comme les hommes souffraient cruellement du froid, on se décida, enfin, à leur donner des gilets de laine et des bas. Mais on n'en put distribuer qu'à un tiers des bataillons. Les chaussettes fournies étaient de si mauvaise qualité, qu'en peu de temps elles furent hors de service.

Pour faire prendre patience aux deux tiers de nos hommes auxquels on n'avait pu fournir des bas, le médecin en chef sollicita de l'autorité l'ordre du jour suivant, qui est mis ci-après en regard de quelques fragments d'ordres prussiens, afin que le lecteur puisse apprécier la situation matérielle des deux armées.

ORDRE FRANÇAIS

« ... Je recommande comme précaution essentielle, de faire graisser l'intérieur de la chaussure des hommes, tant comme préservatif contre le froid, que pour rendre la chaussure plus douce, en attendant la distribution des chaussettes de laine.

« La distribution de la graisse sera faite en même temps que celle des cartouches. »

ORDRES PRUSSIENS

« Rouen, 8 octobre 1870.

« Sa Majesté le roi a ordonné que les troupes portassent leur provision de bas à deux paires par homme. En exécution de cet ordre, le ministère de la guerre a fait une commande pour que les 1er, 7e et 8e corps pussent en recevoir 20.000 paires, la division Lenden 6.000, la 3e division de cavalerie 2.500. Les corps qui en auraient encore besoin peuvent s'en procurer *par réquisition.*

« Von Manteuffel. »

« Belloy, 8 janvier, 11 heures du soir.

« .. Chaque bataillon d'infanterie recevra cent fourrures (pour les sentinelles) ; chaque régiment de cavalerie cinquante fourrures... »

Ainsi, pendant que l'ennemi se couvrait de fourrures, nos malheureux soldats grelottaient sous de mauvais vêtements et marchaient, pieds nus, sans oser faire la moindre réquisition.

« *Les troupes de Faidherbe mal équipées* — c'est le maréchal de Moltke qui parle — *avaient extrêmement souffert de la froide nuit d'hiver du 23 au 24 décembre. Aussi les ramena-t-il vers les places fortes où elles trouvèrent un abri. Quand les deux divisions prussiennes et la cavalerie se mirent, le 25, à les suivre au-delà d'Albert, puis dans le voisinage immédiat d'Arras et jusque sous Cambrai, elles ne rencontrèrent plus nulle part des unités constituées et ne ramassèrent que quelques centaines de traînards.* »

Ce que raconte M. le comte de Moltke n'est pas en tous points exact : les Prussiens ne se sont pas avancés en nombre du côté de Cambrai, dans la journée de Noël ; c'est seulement le mardi 27 décembre qu'ils font leur première apparition dans le village de Masnières.

Il est dix heures du matin. Une vingtaine de hussards de la garde royale de Berlin arrivent par la route de Bonavis et s'avancent jusque sur la place au-delà du deuxième pont. Un jeune homme, encore imberbe, les commande (1) : il paraît instruit, s'exprime très bien en français et montre plus d'audace que ses autres compagnons d'armes. Il se fait apporter une échelle, des tenailles, un marteau, brise lui-même les fils télégraphiques, pénètre dans le bureau voisin et casse les appareils ; puis il demande le maire, et, en son absence, ordonne à son adjoint de préparer des vivres pour deux cents hommes qui doivent arriver le lendemain, le rendant responsable de tout ce qui pourrait survenir, et menaçant en même temps le village d'une destruction totale si l'on y tirait un coup de fusil sur un soldat allemand.

Le lendemain, en effet, deux cents lanciers arrivaient à Masnières, y buvaient, y mangeaient et donnaient leurs ordres pour le jour suivant, puis repartaient, à l'approche de la nuit, à Fins où ils étaient cantonnés depuis plusieurs jours.

Cependant une colonne composée de fantassins, de mobiles et de gardes nationaux (4ᵐᵉ Cⁱᵉ du 2ᵐᵉ bataillon, capitaine Beck) avait obtenu, après d'instantes demandes, la permission de sortir de la ville ; mais le général avait ordonné de partir en masse ; et au lieu d'employer la ruse, de chercher à surprendre et à envelopper l'ennemi, après s'être servi du secours de plusieurs éclaireurs, il fit marcher la colonne, tambours et clairons en tête, jusqu'à Noyelles-sur-l'Escaut. Là se fit une halte. Comme la petite troupe demandait à marcher sur Masnières, il lui fut répondu par le commandant que des instructions formelles lui interdisaient d'aller plus avant. La colonne était sortie

---

(1) Max Abel, dont il a été parlé, précédemment, dans la première partie.

de Cambrai vers deux heures; elle y rentra à la tombée de la nuit sans avoir rencontré un ennemi.

Le troisième jour, les Prussiens revinrent à Masnières, à l'heure accoutumée, c'est-à-dire vers dix heures du matin et se firent remettre tous les journaux et toutes les cartes de l'arrondissement.

Le quatrième jour était un vendredi : les Prussiens demandent le maire et le garde champêtre. Le maire, ou plutôt son adjoint, — car le maire est encore absent, — est retenu prisonnier de onze heures du matin à cinq heures du soir, sans avoir le droit de boire, de manger, ni même de fumer. Pendant ce temps le garde agite sa cloche dans toutes les rues du village, et commande, de par les Prussiens, d'apporter sur la place toutes les armes à feu, sous peine de mort (1). Force est d'obéir, car on ne se sent pas appuyé. On livre donc toutes les armes de guerre et de chasse : un triage s'opère ; puis les cavaliers allemands brisent sur l'enclume d'un maréchal trois fusils de gardes nationaux, font éprouver le même sort aux pistolets et aux fusils rongés par la rouille, mais emportent en bandoulière les armes qui leur paraissent avoir quelque valeur.

Ce jour là, 30 décembre, une reconnaissance prussienne qui s'était avancée jusqu'auprès du faubourg de Paris fut attaquée et mise en fuite par une patrouille de mobiles (2).

(1) Après la sortie faite par la 1re Compagnie du 2me bataillon de la garde sédentaire, il en avait été commandé une autre qui devait être exécutée par les gardes nationaux de la 4me Compagnie du 1er bataillon, sous le commandement de M. Charles Bonnel. Les chefs prussiens en furent avisés immédiatement. Le suisse de l'église de Masnières qui avait entendu des soldats prussiens causer entre eux de la sortie du lendemain, accourut, sans perdre de temps, avertir les gardes nationaux qu'ils étaient attendus par des forces supérieures. En conséquence, Séatelli qui n'était guère, d'ailleurs, partisan des sorties, parce qu'on n'était pas armé suffisamment, fit donner contre-ordre et la sortie n'eut pas lieu.

(2) Voir aux *Notes*, à la fin du volume, le démenti donné sous le titre de : *Mensonges et Vantardises*.

Les Allemands revinrent encore les jours suivants à leur station favorite : tantôt ils se faisaient remettre à cheval 100 bouteilles de vin, 100 livres de pain et 100 livres de viande; d'autres fois ils descendaient de leurs chevaux, les uns après les autres, et prenaient dans les cabarets des consommations de café et de cognac qu'ils payaient sinon en monnaie de singe, du moins en bons signés de Guillaume.

Le samedi, 31 décembre, des lanciers arrivèrent à Masnières en plus grande quantité que d'ordinaire, et se promenèrent toute la journée, par petits détachements, et sur tous les chemins aboutissant au village. Ils se répandirent ainsi dans Rumilly, Marcoing, Ribécourt, Noyelles, etc.

Le même jour, une autre colonne de cent cinquante cavaliers se dirigea sur Iwuy, menant en croupe des fantassins, armés de pioches. Ils traversèrent, sans être inquiétés, les villages d'Esnes, Cattenières, Rieux, Naves, et arrivèrent au pont du chemin de fer d'Iwuy, qu'ils se préparèrent à faire sauter, dans le but d'intercepter toute communication des villes du Nord avec Cambrai. Le maire de Carnières, qui avait deviné leur projet, avait envoyé un exprès au général Séatelli; mais Séatelli, pour des raisons à lui connues, laissa les Prussiens faire leurs opérations en toute liberté.

Après avoir placé leurs vedettes du côté de Cambrai — vedettes bien inutiles — les Allemands en postèrent également sur une éminence qui domine Bouchain; puis un seul cavalier pénétra dans Iwuy au pas ordinaire, s'enquit où était la mairie, demanda à la régie, du tabac qu'il ne paya point, et certain que rien d'hostile n'était près de se manifester de ce côté, il revint au pas informer les siens qu'ils pouvaient hardiment continuer leur besogne.

Les Prussiens se mirent donc à trouer à sa base le pont

de l'Erclaine, et deux cavaliers, dans le but sans doute de contrôler le rapport du premier, pénétrèrent à leur tour dans Iwuy, en suivant le même itinéraire. Mais ils ne purent savoir qu'un éclaireur d'Iwuy, nommé Moty, était monté à cheval aussitôt l'arrivée des Prussiens, et était parti, à bride abattue, avertir la petite garnison de Bouchain.

A Bouchain, une sortie fut résolue.

A peine les deux cents mobiles et gardes nationaux débouchèrent-ils des portes que les vedettes prussiennes revenaient à Iwuy prévenir les leurs.

La mine n'était pas entièrement achevée. Les ennemis y mirent cependant le feu. Une forte détonation s'ensuivit, et le pont resta debout, quoique fortement lézardé de sa base au sommet.

Les travailleurs allemands avaient déjà abandonné leurs pics et leurs pioches; ils se remirent en croupe derrière les cavaliers et tous s'enfuirent par où ils étaient venus.

Les habitants d'Iwuy avaient voulu voir de près ce qu'avait produit la détonation : l'un d'eux s'était approché du pont; un autre en avait fait autant; puis il en était venu une fourmilière.

En ce moment arrivait des hauteurs la petite colonne de Bouchain, et, sur un faux avis donné que les Prussiens étaient près du pont de l'Erclaine, la troupe, armée de fusils à percussion et de mauvais fusils à tabatière, fit feu à une distance de cinq à six cents mètres. Les balles allèrent se perdre, pour la plupart, dans les bâtiments de la gare : aucune, fort heureusement, n'arriva au but.

Revenons à Masnières. Le 31 décembre, les lanciers y commandèrent un souper pour leurs camarades qui allaient arriver et exigèrent qu'on leur remît cinquante lanternes en bon état et bien préparées.

Vers onze heures du soir, il entrait, en effet, dans Masnières, environ 600 hommes du 2e bataillon du

28e prussien sous le commandement du major Von der Mosel. Le général Von Gœben qui paraissait avoir ses espions jusque dans Cambrai, avait appris que les gardes nationaux demandaient avec instance de marcher contre les patrouilles allemandes avec le concours des éclaireurs à cheval, et c'est sans doute pour leur ôter désormais l'envie de toute tentative de surprise qu'il ordonna la destruction des ponts de l'Escaut au sud de Cambrai.

Les six cents hommes du 28e, aidés par un tiers de compagnie de sapeurs, avaient pour mission de faire sauter les ponts de l'Escaut et du canal à Noyelles.

D'autres troupes, un bataillon du 68e, un demi-escadron, un tiers de batterie et un détachement de sapeurs, furent chargés d'une mission analogue à Marcoing et à Masnières.

Le major Von der Mosel, se conformant à un ordre particulier, détacha un peloton pour couvrir l'artillerie.

La nuit, trois détonations successives (dix heures et demie du soir, minuit et six heures du matin) se firent entendre jusque dans Cambrai : c'étaient les trois ponts qu'on faisait sauter. Le pont de Masnières fut peu endommagé, mais les deux autres s'écroulèrent dans le canal de l'Escaut.

C'est pendant cette nuit du 31 décembre au 1er janvier que les Prussiens, voulant fêter la nouvelle année, se livrèrent aux orgies les plus dégoûtantes dans les châteaux de Noyelles et de Ribécourt.

A Noyelles, chez M. Crépin, les officiers allemands se firent servir par les maîtres du château, descendirent avec eux dans la cave et en remontèrent le champagne et les vins les plus fins ; après quoi ils burent toute la nuit, chantèrent, et, s'accompagnant du piano, dansèrent, avec leurs grosses bottes, sur les beaux parquets cirés.

A Ribécourt, chez M. Leriche, ils renouvelèrent à peu près la même orgie, et l'un des chefs qui était entré à cheval dans le salon, se porta ensuite à des voies de fait sur M. Leriche et le poursuivit même pour le tuer. M. Leriche parvint à s'esquiver; il gagna Masnières, puis Cambrai et resta chez M. Louis Colmont, rue Saint-Martin. C'est là que vinrent le rejoindre sa mère, sa femme et ses enfants. Une servante courageuse osa rester pour sauver le mobilier de ses maîtres. M. Leriche mourut en juin 1871 des suites de la peur et des mauvais traitements que lui avaient fait endurer les Prussiens. Il était à peine âgé de trente ans.

Presque à la même date, le lendemain de la bataille de Bapaume dont je vais bientôt parler, les Prussiens avaient placé en vedette, sur la route de Cambrai, plusieurs centaines de cavaliers, dont la mission était de surveiller cette ville et de s'assurer si aucun secours n'arrivait de ce côté. La nuit, quelques cavaliers circulaient et le gros de la troupe se retirait dans les fermes. Le 4 janvier, à huit heures, M. Delcau, propriétaire à Demicourt, hameau dépendant de Boursies, entendit frapper violemment à sa porte.... « Qui va là ? » demanda-t-il. — « Ouvrez, *Teufel*, c'est la ruine de la France! » répondit un officier allemand.

La grand'porte s'ouvrit à deux battants, et une centaine de cavaliers se mirent à défiler dans la cour. Bientôt une espèce de sergent inspectait les granges, les écuries et les étables, en faisait sortir les moutons et les chevaux de labour, marquait avec de la craie un chiffre sur chaque porte, puis donnait aux cavaliers le signal de l'entrée au gîte, après avoir pris soin toutefois de placer deux sentinelles : l'une sur la rue et l'autre dans la cour.

Les cavaliers distribuèrent alors l'avoine aux chevaux, leur donnèrent pour litière des gerbes de blé non battues; après quoi ils dépecèrent deux moutons qu'ils dévorèrent à moitié cuits, burent le café et s'endormirent enfin près de leurs chevaux.

De leur côté, les chefs avaient demandé, ou plutôt, exigé le confortable et s'étaient ensuite reposés tout habillés et pleins de boue sur les lits des maîtres, bottes éperonnées aux pieds, et pistolets d'arçon liés aux poings. Quant à M. Deleau et à sa dame qui, du reste, n'avaient nullement l'envie de fermer l'œil, ils durent se résigner à passer la nuit blanche sur leur chaise. Le lendemain, les Allemands emportaient de Demicourt, Boursies et Mœuvres : de l'avoine, du pain, du café, du sucre, de l'eau-de-vie, du linge, des chaussures, et disaient aux marchandes qui réclamaient le prix de leurs objets : « *Nous vous baierons en rebassant, Médêmes.* »

XIX

Siège et bombardement de Péronne.

(Du 28 décembre 1870 au 9 janvier 1871)

Péronne avait une importance considérable ; les généraux prussiens ne l'ignoraient pas. « Depuis le commencement de la campagne de Picardie, cette petite place, dit le colonel de Wartensleben, nous avait, comme on sait, fort gêné pour nos communications, tandis qu'elle favorisait de toutes manières les entreprises de l'ennemi.

« Elle avait servi d'appui aux corps de partisans et de point de départ pour leurs coups de main ; récemment encore, elle avait couvert la concentration de l'armée française et lui avait permis de nous surprendre jusqu'à un certain point. Située sur la rive droite de la Somme, elle n'était pas, à proprement parler, une tête de pont pour ses opérations vers le Sud, mais à moins d'être surveillée et tenue en échec par des forces suffisantes, elle lui permettait de déboucher à l'improviste.

« Au contraire, entre nos mains, Péronne nous rendait maîtres absolus sur toute la ligne de la Somme, de La Fère à Amiens. »

Cette appréciation du général prussien était juste. Péronne prise, le général Faidherbe allait se trouver comme enfermé et bloqué, dans les départements de la Somme, du Pas-de-Calais et du Nord ; au sud par la

Somme, Amiens, Péronne, Ham, La Fère ; à l'est par Mézières et Sedan ; au nord, par la Belgique ; à l'ouest, par la mer. La position de Péronne avait de plus, pour les Prussiens, l'avantage immense de leur procurer la sécurité des voies ferrées de Paris à Amiens, d'abord ; puis de Compiègne et de Reims à Ham.

Ces lignes mettaient les Allemands à même de se servir de l'admirable réseau de nos chemins de fer, pour concentrer, en une seule journée, des forces considérables, sur le point menacé, quel qu'il fût (1).

Les Allemands comprenaient donc trop bien l'importance de la prise de Péronne pour ne point s'efforcer de s'en emparer au plus vite.

Aussi, dès que notre armée eut accentué sa retraite vers le Nord, le 27 décembre, la petite ville de Péronne fut investie par un corps prussien aux ordres du général Senden, qui fut remplacé peu après par le général Barnekow.

Le général Von Gœben porta son avant-garde à Bapaume, observant la place d'Arras.

Le 28, à midi, la place fut sommée de se rendre, et, à trois heures, le feu fut ouvert sur cette malheureuse cité.

Assise sur la rive droite de la Somme, au milieu de marais réputés inaccessibles, occupant une langue de terre étroite qui affecte une forme elliptique, Péronne est entourée de vieilles fortifications élevées par Vauban ; mais une dangereuse ceinture de hauteurs dominant et commandant de tous côtés cette ville, rend la défense impossible. Ces hauteurs se rapprochent jusqu'à cinq cents mètres des remparts ; les plus éloignées ne le sont que de deux mille mètres.

L'armement de sûreté de la place devait être de 88 pièces de canon ; elle n'en avait que 49.

---

(1) La campagne du Nord.

Sa garnison se composait de 3.500 hommes, tous mobiles ou mobilisés, sauf une compagnie du 43º de ligne de 139 hommes, et une compagnie de fusiliers marins de 128 hommes.

Le feu de l'ennemi n'était pas dirigé contre les fortifications ni contre les batteries encore incomplètes qui les garnissaient ; c'était un bombardement sans merci.

Les églises, les hôpitaux, les édifices un peu en relief servaient de cible aux Prussiens.

La population affolée se réfugia dans des casemates insuffisantes ; l'incendie éclata sur tous les points, et, pour comble de malheur, l'eau gela dans les pompes, qui devinrent inutiles.

Du 28 décembre jusqu'au 1er janvier 1871 ce bombardement continua. Les Prussiens, ne pouvant alors risquer un siège en règle, voulaient par l'intimidation amener une reddition prompte de la place. Le premier objectif fut l'église, et après l'église l'hospice que désignait le pavillon de Genève. Le feu ne cessa que le 31 décembre, pendant qu'on établissait des canons de plus gros calibre.

La journée du 1er janvier fut plus calme, la malheureuse ville de Péronne espéra ; ses habitants ne savaient trop cependant qu'augurer de cette apparente inaction, quand, le 2 janvier, ils furent cruellement éclairés sur les intentions de l'ennemi. Les Prussiens avaient amené de la Fère un certain nombre de pièces de siège ; et, à dix heures et demie du matin, le feu recommençait avec une énergie et une puissance qu'il n'avait pas eues jusque-là. Pendant cette canonnade, dont ils étaient victimes, les habitants de Péronne purent distinguer vers le Nord des détonations lointaines qui leur apportaient l'espoir du secours et de la délivrance.

C'était, en effet, un combat livré par l'avant-garde du général Faidherbe : l'armée du Nord marchait vers la ligne de la Somme.

XX

Combat de Béhagnies.

(2 Janvier 1871).

Les corps prussiens destinés à protéger le siège de Péronne occupaient le 2 janvier 1871 des positions dont le centre était la petite ville de Bapaume, s'étendant, vers l'Ouest, jusqu'au village de Bucquoy.

Ce village avait été évacué sans résistance ; le général Faidherbe, qui dirigeait lui-même les opérations du 22e corps, se porta de là sur le village d'Achiet-le-Grand, qui fut emporté après une lutte fort vive.

« Pendant ce temps, dit le général Faidherbe dans ses *Mémoires*, la 1re division du 22e corps, commandée par le capitaine de vaisseau Payen qui avait succédé à l'amiral Moulac avec le titre de général de l'armée auxiliaire, avait traversé sans obstacle les villages de Boyelles et d'Ervillers sur la grande route d'Arras à Bapaume qu'elle devait suivre, et, en sortant d'Ervillers elle avait été informée que l'ennemi occupait le village de Béhagnies, position très forte. Les paysans assuraient qu'il était en petit nombre. L'avant-garde formée par le 19e bataillon de chasseurs et une section d'artillerie commença l'attaque. Elle fut repoussée par un feu violent de mousqueterie et d'artillerie. Toutes les troupes de la division déjà disposées pour soutenir l'attaque prirent alors part au combat, livré à des forces plus considérables qu'on ne l'avait cru et qui dura toute l'après-midi avec une grande violence.

« Nos troupes parvinrent à pénétrer dans les premières maisons du village, mais les tentatives pour le tourner par la gauche n'ayant pu aboutir en présence de la cavalerie nombreuse dont l'ennemi disposait et qui ne trouva pas devant elle d'infanterie aguerrie, elles ne purent s'y maintenir, et, soutenues par le feu des réserves et de l'artillerie, elles revinrent à Ervillers où elles s'établirent pour la nuit sans être inquiétées. Le concours de la 2e division (mobilisés) du général Robin aurait changé la face du combat, si, conformément aux ordres qu'elle avait reçus, elle s'était portée plus tôt en ligne. Elle pénétra sans avoir trop à souffrir dans le village de Mory, où sa présence ne fut pas sans effet utile sur la contenance de l'ennemi... » (1).

Ce n'est pas, malheureusement, la dernière faute qui sera commise par Robin, général ivrogne, sans valeur et sans expérience : le lendemain, à la bataille de Bapaume, il tiendra encore ses mobilisés loin de la mêlée, comme il venait de le faire au combat de Béhagnies et sera cause, par son inaction, que l'ennemi pourra se retirer sans être mis en complète déroute.

Après l'occupation d'Achiet-le-Grand et de Bihucourt par le 22e corps, la position de Béhagnies et de Sapignies n'étant plus tenable pour elle, l'armée prussienne abandonna ces villages pendant la nuit et se porta en arrière sur la ligne formée par les villages de Grevillers, Biefvillers, Favreuil et Beugnâtre, couvrant ainsi les abords de Bapaume.

---

(1) M. le général Faidherbe épargne ici le général Robin qui méritait si peu d'indulgence. Les mobilisés, placés sous les ordres de cet aventurier incapable, n'avaient aucune confiance en lui. « Un bataillon de ce corps, notamment, disait le *Courrier du Pas-de-Calais,* d'Arras, le lendemain du combat de Béhagnies, au lieu de se porter au secours de la division Payen, s'est mis en retraite sans ordres et se présentait hier au soir (2 janvier) aux portes de la ville. »

XXI

Bataille de Bapaume

RACONTÉE PAR LE MARÉCHAL DE MOLTKE.

(3 et 4 janvier 1871)

Nous laissons à M. de Moltke l'honneur de raconter lui-même, le premier, la bataille de Bapaume gagnée par l'armée du Nord. On verra que si le général prussien n'avoue pas tout à fait la défaite de ses soldats du premier corps d'armée, il n'ose pas non plus crier victoire. Viendra ensuite un récit beaucoup plus exact, parce qu'il sera fait d'après le dire de quelques témoins oculaires de cette bataille sous Bapaume, — et du général qui commandait la marche en avant.

3 Janvier. — « Le général Faidherbe avait conduit ses forces tout contre les positions prussiennes couvrant l'investissement de Péronne. Ses quatre divisions étaient fortes de 57 bataillons, en face desquels les Allemands n'en avaient que 17. Il résolut de s'avancer le 3, en quatre colonnes, sur Grévillers et Biefvillers, par la grande route et plus à l'est en passant près de Favreuil.

« Mais le général de Gœben n'avait nullement envie d'abandonner sa position de Bapaume. Tout en continuant à occuper Favreuil, le général de Kummer réunit de grand matin la 30ᵉ brigade en avant de la ville, et, en arrière de celle-ci, la 29ᵉ, dont 3 bataillons restèrent postés dans les villages situés à droite et à gauche. On forma une réserve, plus en arrière, à Transloy, où l'on envoya le 8ᵉ bataillon de chasseurs, avec deux batteries, et le général de Barnekow reçut l'ordre de tenir prêts à Sailly-Saillisel trois bataillons et le deuxième groupe d'artillerie à pied, sans renoncer pour cela à l'investissement de Péronne. Enfin le détachement du prince Albert (fils), fort de 3 bataillons, 8 escadrons et 3 batteries, reçut l'ordre de se rapprocher du théâtre de la lutte en se portant sur Bertincourt. Ainsi réparties les troupes allemandes attendirent l'attaque des Français ; le temps était couvert et froid.

« De bonne heure déjà, le général comte Von der Grœben avait envoyé en avant la 7e brigade de cavalerie dans le flanc droit de l'ennemi, mais elle ne réussit pas à pénétrer dans les localités qu'occupait l'infanterie française.

« A l'aile droite, deux bataillons du 65e opposèrent, de concert avec deux batteries à cheval envoyées de Transloy, un feu si énergique à la division Robin, qu'elle rétrograda sur Mory.

« Les troupes qui occupaient Favreuil avaient également été renforcées par deux bataillons et deux batteries pour tenir tête à la division Payen s'avançant sur la grande route. Ils se déployèrent à l'est de la localité. La première pièce française débouchant de Sapignies fut immédiatement démontée ; mais bientôt plusieurs batteries se mirent en position à droite et à gauche, et les Français pénétrèrent dans Favreuil et Saint-Aubin.

« A midi, le 40e régiment d'infanterie s'avança de Bertincourt contre ces deux localités ; après une lutte acharnée, il les occupa, mais il dut de nouveau abandonner Favreuil et il alla, de concert avec le 2e uhlans de la garde et une batterie à cheval, occuper, à côté de Frémicourt, une position qui couvrait l'aile droite de la division.

« Sur la gauche, la division Bessol avait refoulé, hors de Biefvillers, les faibles détachements allemands qui l'occupaient. Le 1er bataillon du 33e régiment d'infanterie se porta en avant pour réoccuper le village ; une lutte violente s'engagea, au cours de laquelle il perdit tous ses officiers à l'exception de trois ; puis il dut se retirer sur Avesnes.

La division Derroja avait également pris part à cet engagement. Les Français mirent en position une nombreuse artillerie et étendirent leur ligne de tirailleurs dans la direction du sud jusque dans le voisinage immédiat de la route d'Albert.

« Aussi le général de Kummer résolut-il, à midi, de se borner à défendre Bapaume seul. L'artillerie se dévoua pour permettre à l'infanterie de s'y retirer. La première batterie de grosse artillerie qui, la dernière, remit l'avant-train, perdit deux officiers, dix-sept hommes et trois chevaux et ne put ramener ses pièces qu'avec l'aide de l'infanterie.

« A Bapaume, la 29ᵉ brigade s'organisa de façon à pouvoir défendre opiniâtrement le vieux mur d'enceinte ; la 30ᵉ se concentra en arrière de la ville ; les Français avaient suivi jusque dans le faubourg, mais sans se montrer bien pressants. Puis la lutte subit un temps d'arrêt assez long.

« Le général Faidherbe espérait se rendre maître de la ville en faisant un mouvement enveloppant étendu, sans avoir besoin de recourir au bombardement par lequel il eût fallu préluder à l'assaut. Une brigade de la division Derroja chercha à gagner du terrain en passant par Tilloy ; mais là une résistance sérieuse lui fut opposée par le bataillon de chasseurs et deux batteries envoyées de Péronne. En même temps, 24 pièces, appartenant aux batteries qu'on avait amenées en arrière de Bapaume, ouvrirent le feu sur les colonnes françaises qui avançaient et qui, à trois heures et demie, durent rétrograder de l'autre côté de la route d'Albert. Mais bientôt elles revinrent à la charge et cette fois-ci, elles purent pénétrer dans Tilloy. Toutes les batteries les plus rapprochées dirigèrent alors leur feu sur ce village. Le général de Mirus, qui avait été laissé à Miraumont, quand la 3ᵉ division de cavalerie s'était portée en avant, ne voyant pas d'ennemi devant lui et entendant le canon de Bapaume, s'avança de l'Ouest pour tenter une nouvelle attaque, tandis que le général de Strubberg se portait en avant depuis la ville même. Mais les Français n'attendirent pas d'être attaqués ; ils furent également délogés du faubourg et d'Avesnes.

« Les divisions françaises passèrent la nuit à Grévillers, Bihucourt, Favreuil et Beugnâtre, entourant de la sorte Bapaume de trois côtés.

« La journée avait coûté aux Allemands 52 officiers et 698 hommes ; aux Français 53 officiers et 2,066 hommes.

« Mais le VIII° corps n'était parvenu à tenir tête aux attaques des Français, bien supérieurs en nombre, qu'en mettant en ligne absolument toutes ses forces disponibles. On n'avait pas pu procéder au remplacement des munitions, et le général de Gœben résolut d'aller se battre derrière la Somme. On avait déjà commencé le mouvement de retraite quand les patrouilles annoncèrent que l'ennemi aussi évacuait les localités les plus rapprochées.

« Les troupes françaises, peu aguerries encore, avaient été extraordinairement éprouvées par les engagements soutenus la veille et par le froid qui était survenu pendant la nuit. Le général Faidherbe pouvait supposer que les forces allemandes postées devant Péronne avaient été amenées à Bapaume et que les Allemands, renforcés de la sorte, prendraient l'offensive. Le but qu'il s'était proposé en premier lieu, était dès lors atteint, Péronne était débloqué et le général pensa bien faire de ne pas compromettre ce résultat en engageant une nouvelle lutte. Il ramena ses corps en arrière, dans la direction d'Arras. Des fractions de la cavalerie allemande le suivirent. Le 8ᵉ cuirassiers réussit à forcer un carré français. La 15ᵉ division rétrograda derrière la Somme en passant en aval de Péronne et tout près de cette place et la cavalerie saxonne vint joindre l'aile droite à Saint-Quentin.

« Le Maréchal H. DE MOLTKE
« Chef du grand Etat-Major. »

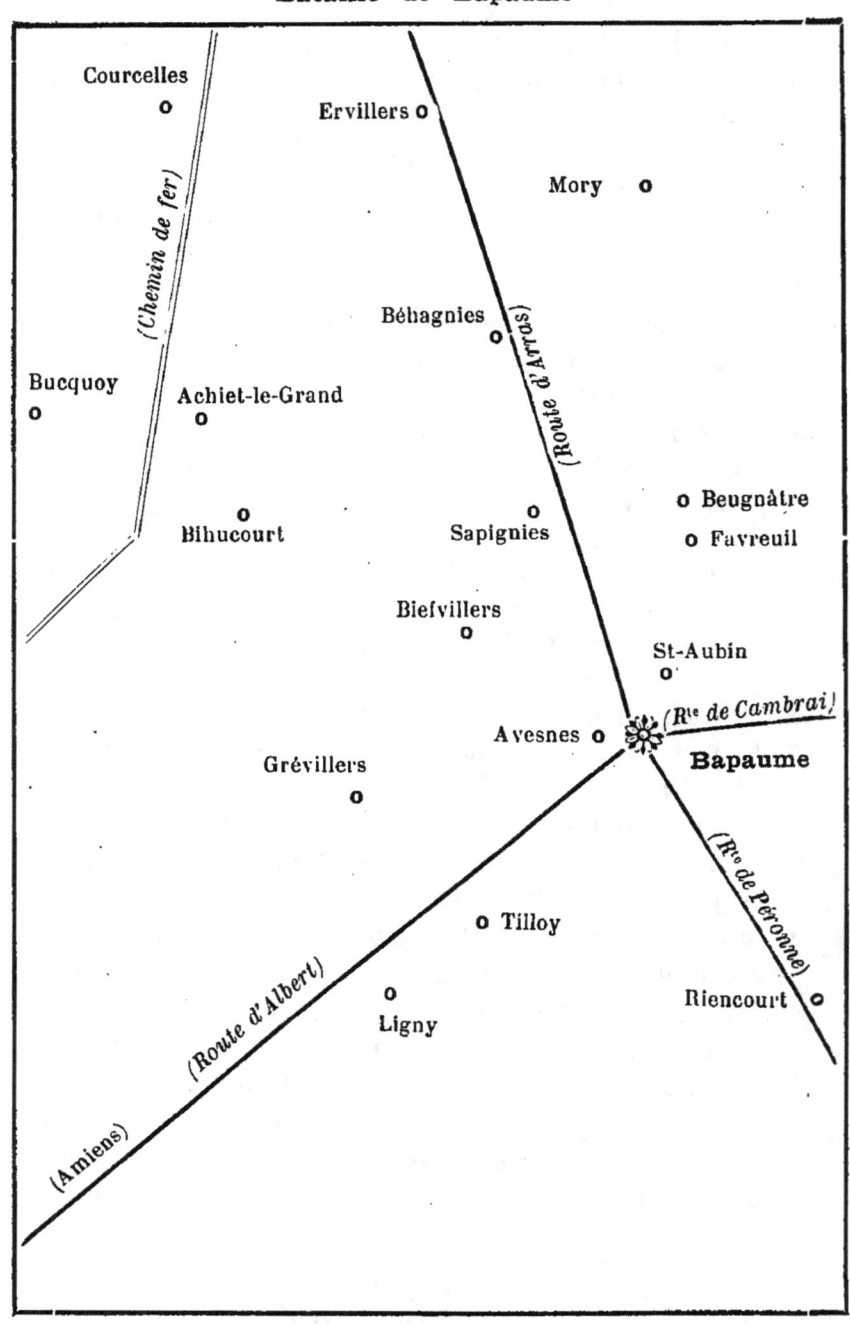

XXII

La Bataille de Bapaume

RACONTÉE PAR LE GÉNÉRAL FAIDHERBE

(3 et 4 janvier 1871)

« Le 3 janvier, dès le matin, nous commençâmes l'attaque vers le centre de la position où le général Faidherbe s'était porté. La 2ᵉ division du 22ᶜ corps, général du Bessol, attaqua le village de Biefvillers, pendant que la 1ʳᵉ division, général Derroja, se dirigeait vers Grévillers. De son côté, la 1ʳᵉ division du 23ᵉ corps, commandant Payen, entrait sans coup férir à Béhagnies et Sapignies, se rabattait ensuite sur Favreuil fortement occupé, et qu'elle canonnait vivement de deux côtés. Quant à la 2ᵉ division (général Robin) elle ne prit qu'une faible part au combat, ne procurant d'autre avantage que de couvrir notre extrême gauche par sa présence.

« Les divers villages furent défendus par l'ennemi avec une grande opiniâtreté. Le combat fut surtout acharné à Biefvillers qui ne fut enlevé qu'après plusieurs retours offensifs et après avoir été tourné vers la gauche par les troupes du général du Bessol, pendant que le général Derroja appuyait l'attaque sur la droite en enlevant vivement Grévillers.

« Nous trouvâmes le village de Biefvillers et la route qui conduit à Avesnes couverts de morts et de blessés prussiens; les maisons d'Avesnes en étaient remplies et un assez grand nombre de prisonniers restèrent entre nos mains.

L'artillerie, portée entre les deux villages, eut à soutenir une lutte terrible contre l'artillerie que l'ennemi avait accumulée près de Bapaume, sur la route d'Albert. Enfin, les batteries des capitaines Collignon, Bocquillon et Giron, parvinrent, non sans dommages, à éteindre le feu de l'ennemi et toute la ligne s'avança sur Bapaume. Le petit village d'Avesnes avait été enlevé au pas de course par la 1re division. Une tête de colonne de la 2e division, emportée par son ardeur, se jeta en même temps sur le faubourg d'Arras, mais s'arrêta à l'entrée de la ville.

« Une vaste esplanade irrégulière, avec des fossés à moitié comblés, remplaçait les anciens remparts de la place, présentant des obstacles sérieux à la marche de l'assaillant, qui restait exposé aux feux des murs et des maisons crénelées par l'ennemi.

« Il eût fallu, pour le déloger, détruire avec de l'artillerie les abris où il s'était établi, extrémité bien dure quand il s'agit d'une ville française et à laquelle le général en chef ne put se résigner, ne tenant pas essentiellement à la possession de Bapaume.

« Pendant ce temps le général Lecointe apprit que le village de Tilloy, qui débordait notre droite, était occupé par l'ennemi et qu'une colonne prussienne avec de l'artillerie s'avançait de ce côté sur la route d'Albert. Il fallait s'opposer à cette tentative de nous tourner par notre droite; la brigade du colonel Pittié fut immédiatement portée sur le village de Tilloy qu'elle enleva malgré la plus vive résistance et où elle se maintint. Sur la gauche le général Paulze d'Ivoy n'eut pas moins de succès contre le village de Favreuil.

« La division Robin, restée en grande partie en arrière,

fut remplacée par deux bataillons de la 2ᵉ brigade de la division Payen, auxquels se joignit seulement un bataillon de voltigeurs de mobilisés pour l'attaque de gauche tandis que la brigade du colonel de la Grange attaquait de front. Ces troupes forcèrent ensemble les barricades de l'ennemi et s'emparèrent de toutes ses positions. Cette attaque fut favorisée par une batterie de la 2ᵉ division du 22ᵉ corps, établie sur la route d'Arras à Bapaume, et l'ennemi se mit en pleine retraite de ce côté.

« On était donc victorieux sur toute la ligne à la nuit tombante. Le combat ne se prolongea plus que faiblement sur l'extrême droite où l'ennemi s'efforçait de se maintenir dans le village de Ligny. On passa la nuit dans les villages conquis sur l'ennemi ; le général Faidherbe aurait pu y établir les troupes pour quelques jours, mais ces villages étaient encombrés de morts et de blessés. Des retours offensifs étaient possibles à si petite distance d'Amiens où l'ennemi avait encore des forces ; on apprenait d'ailleurs que l'attaque de Péronne avait été suspendue, que l'artillerie assiégeante avait été retirée de devant la place et que le 31 décembre et le 1ᵉʳ janvier pas un coup de canon n'avait été tiré sur la ville ; mais on ne sut pas que le 2 quelques pièces placées sur la rive gauche avaient recommencé le feu ; alors, prenant en considération la fatigue des troupes et le froid extrêmement rigoureux qu'elles avaient à supporter, le général en chef résolut de reprendre ses cantonnements à quelques kilomètres en arrière, en remettant à quelques jours la marche sur Péronne si elle redevenait nécessaire. En conséquence, le 4 au matin, nous nous mîmes en marche pour ces cantonnements.

« Notre succès sous Bapaume a occasionné à l'ennemi des pertes très considérables. Les renseignements qui nous sont parvenus portent à plusieurs milliers le nombre de ses morts et blessés ; une partie des troupes qui avaient pris part à la bataille s'était même débandée et dirigée en désordre sur Amiens. Dans un ordre du jour du général von Gœben, reproduit par les journaux allemands et anglais, ce général donne l'ordre aux chefs de corps de lui signaler les officiers qui avaient fui à la bataille de Bapaume, pour qu'ils soient immédiatement révoqués.

« Les Prussiens, quoi qu'ils en aient dit, avaient des forces très comparables aux nôtres ; ils avaient fait venir les troupes qui assiégeaient Péronne, et, jusqu'à la fin de la bataille, ils recevaient des renforts. Ils avaient certainement plus de 20.000 hommes, et, de notre côté, un nombre à peine égal prit une part effective à la bataille.

« Pendant la nuit du 3 et le lendemain matin ils évacuèrent Bapaume, persuadés que nous allions les y attaquer et ne se sentant pas de force à s'y défendre. En même temps ils envoyèrent deux escadrons de cuirassiers blancs en reconnaissance ; ces deux escadrons, ayant eu l'idée d'attaquer l'arrière-garde d'une brigade de la division du Bessol, cette arrière-garde composée de chasseurs à pied les attendit à cinquante pas, détruisit presque complètement un des deux escadrons et l'autre prit la fuite. Le 4 au soir, assurés que nous nous étions éloignés de deux lieues environ, les Prussiens rentrèrent dans Bapaume.

« Quant aux pertes de l'armée du Nord à la bataille de Bapaume, elles furent de :

183 tués, dont 9 officiers,

1136 blessés, dont 41 officiers,

800 disparus, dont 3 officiers.

« Les pertes ont été particulièrement graves pour la 1re division du 23e corps, le 2 janvier à l'attaque du village de Béhagnies ; les disparus étaient tout simplement des déserteurs à l'intérieur, car l'ennemi ne nous fit pas de prisonniers le 3...... »

XXIII

Conséquences de la bataille de Bapaume

Mais ici se présente une question délicate : pourquoi le général Faidherbe n'a-t-il point profité de son succès devant Bapaume ? Pourquoi n'a-t-il point dégagé la ville de Péronne, dont les malheureux habitants avaient entendu le bruit de la bataille avec cette anxiété terrible de gens perdus qui se rattachent tout à coup à un dernier espoir ?

Je ne peux faire autre chose que présenter les explications données par le général Faidherbe lui-même.

Il invoque d'abord comme excuse la composition de son armée, dans laquelle il n'y avait qu'un tiers de bonnes troupes pouvant servir de tête de colonne : de là, selon lui, l'impossibilité de prolonger une lutte sérieuse plus d'un jour.

« Ensuite la reddition de Mézières avait eu lieu trois jours auparavant et rendait libre une division prussienne qui menaçait notre gauche.

» Enfin Paris venait d'abandonner le plateau d'Avron.

» L'armée de la Loire était refoulée jusqu'au Mans.

» L'armée du général Bourkaki avait quitté le théâtre des opérations pour aller se perdre dans l'Est.

» L'armée de Normandie, retirée au Havre, ne donnait point signe de vie...

» Dans ces conjonctures, dit le général Faidherbe, ceux qui disent que j'aurais dû passer sur le ventre de l'armée de Manteuffel, débloquer Péronne, traverser la Somme, et marcher sur Paris avec l'armée du Nord, ne sont pas des gens sérieux. »

Tant que la bataille de Bapaume resta douteuse, les Prussiens se tinrent prêts à lever le siège de Péronne. Le général de Barnekow avait reçu du général en chef Von Gœben l'ordre de réunir ses canons, ses bagages, ses blessés, et de diriger ce convoi sur la rive gauche de la Somme. Les pièces de siège avaient été établies dans des positions qui auraient pu facilement devenir défensives.

Ces précautions prises par les Prussiens contribuèrent à induire en erreur le général Faidherbe, et lui firent croire que le siège était levé, que le bombardement de Péronne était fini. Des renseignements qu'il ne fit pas vérifier d'une manière suffisante, et qui étaient inexacts, le disposèrent trop facilement à ne pas recommencer une lutte dans laquelle le but à atteindre ne lui semblait pas aussi impérieux, aussi urgent.

Dans la nuit du 4 janvier, le général Faidherbe se décida à se replier vers le Nord, et le général de Barnekow télégraphia à son général en chef ce qui suit :

« A en juger par le tir la lutte paraît s'éloigner. »

L'espoir de la délivrance, qui avait trompé un instant les souffrances de la population péronnaise, disparaissait. Le canon de Faidherbe ne se faisait plus entendre que dans le lointain. Cependant la confiance des assiégés était si vive, si grande, que, dans la journée du 4, une colonne d'infanterie s'engageant presqu'à découvert par la route de Bapaume et venant à dépasser le mont de Saint-Quentin, chacun se précipita vers les remparts pour saluer cette avant-garde de l'armée libératrice.

Mais un rayon de soleil, perçant à travers les nuages, fit reconnaître l'uniforme et le drapeau des Prussiens ! **Quel désappointement !**

XXIV

La conduite des Prussiens pendant l'investissement de Péronne.

Péronne, comme on sait, était investi complètement dès le 27 décembre. L'état-major prussien, après être demeuré quelques jours à Aizecourt-le-Haut, puis au château de Boucly, était allé, après la bataille de Bapaume, s'établir à Cartigny, près de Péronne. Le nombre des Allemands qui avaient envahi cette commune ne s'élevait pas à moins de deux mille cinq cents soldats de toutes armes, que la localité dut loger et nourrir. Hors le café dont la troupe ennemie était abondamment pourvue, les habitants de Cartigny durent lui fournir, en quantités suffisantes, toutes les autres denrées : le sucre, le pain, la viande, le vin, les légumes, — jusqu'à ce que l'épuisement complet des vivres eût forcé les Prussiens à demander aux communes voisines les aliments dont ils avaient besoin.

Jour et nuit, on entendait par les rues le va-et-vient des estafettes qui portaient au quartier-général les dernières nouvelles des avant-postes, ou transmettaient, dans les localités environnantes, les instructions du général en chef Von Gœben, dont l'autorité s'étendait sur un espace compris entre le Nord, l'Aisne et la limite extrême du canton de Combles, point de jonction des troupes de siège avec le gros de l'armée allemande, destinée à envahir le Pas-de-Calais.

Un télégraphe de campagne, établi à Cartigny, près de la maison habitée par le chef prussien Von Barnekow, mettait l'état-major ennemi en communication constante avec la rive gauche de la Somme, d'où les ordres rayonnaient sur toute la circonférence envahie par les troupes d'investissement. Le général Strantz, commandant une brigade de cavalerie légère, descendit, dans le même temps, au Câtelet.

Ces deux généraux — Von Barnekow et Stranz — se montraient peu exigeants pour leurs personnes ; mais ils étaient sévères, rigoureux, inexorables, en ce qui concernait le service. Il leur fallait Péronne à tout prix. C'est là qu'ils voulaient s'arrêter. Péronne, clef des positions ennemies sur la Somme, devait servir de base à leurs opérations offensives et défensives : la prendre et la conserver, coûte que coûte, étaient la consigne de Versailles. On sut y obéir trop fidèlement... Aussi, des réquisitions de toutes sortes furent-elles faites dans les environs et même à de grandes distances : on les destinait à l'approvisionnement de la ville, pour le cas où, lorsqu'elle serait enfin venue à composition, les Français, à leur tour, tenteraient ensuite de la reprendre par un siège régulier.

Tous les officiers allemands, cantonnés à Cartigny, étaient munis de cartes du pays, qu'ils consultaient à chaque instant : les moindres mouvements de nos troupes étaient minutieusement étudiés, commentés, débattus.

Le général Von Barnekow disait qu'il comprenait qu'on fût vaincu, mais qu'il ne pouvait admettre et ne pardonnait pas qu'on fût surpris.

Ces paroles de l'un des meilleurs lieutenants de Von Gœben dévoilent le secret de la tactique si simple, et pourtant si vantée, de l'État-Major ennemi : se garder avec soin, éclairer la campagne dans un rayon étendu et masser sur un point donné, à l'heure dite et par les voies les plus rapides, un ou plusieurs corps d'armée.

On a accusé les Prussiens d'avoir commis pendant l'invasion de véritables et nombreux assassinats. En voici un rapporté par M. G. Ramon dans ses « récits et documents » concernant les communes de l'arrondissement de Péronne pendant la guerre allemande.

Le fait s'est passé près de Péronne, au commencement du bombardement.

« Lorsqu'on traverse Cléry, par le chemin qui conduit à Feuillières en cotoyant les étangs de la Somme, on peut voir une belle et spacieuse maison de ferme, dont les vastes granges, fortement maçonnées, s'étendent le long de la route. Cela respire, non pas seulement une honnête aisance, mais cette belle et bonne richesse villageoise, le plus sûr indice d'une culture florissante et prospère.

« C'était là qu'habitait M. Éméric Legrand, un vieillard vert encore, en dépit de ses soixante-six automnes. Esprit actif, caractère probe, énergique, cœur éminemment patriote, toutes ces qualités réunies lui avaient conquis, dans son village natal, l'estime et le respect universels.

« Le 29 décembre, deux officiers du 7ᵉ uhlans dont un capitaine, le docteur du régiment et un chef du service télégraphique allemand, entrent dans la cour de la maison Legrand, inspectent les coins et recoins du logis, le trouvent apparemment à leur convenance et s'y installent sans façon. A leur suite défile dans la cuisine toute la valetaille en uniforme qui se débarrasse de ses armes et de son bât de campagne.

« C'était dans l'après-midi. Les officiers réclament impérieusement « leur » dîner. On le prépare.

« Mais rien ne marche à leur gré ; le chef, surtout, paraît mécontent et prend quelquefois un air furieux. Pourquoi ?

« Selon les uns, M. Legrand qui avait fait le vide des

approvisionnements chez lui à l'approche des Prussiens et avait fait murer une partie de sa cave, n'avait pu leur fournir qu'un maigre repas arrosé par un vin ordinaire.

« Si l'on en croit d'autres, M. Legrand, tout en faisant à ces ennemis du pays un accueil glacial, ne leur aurait cependant pas refusé l'indispensable. On ajoute même qu'une fois les convives attablés, il aurait fait, sur leurs injonctions réitérées, plusieurs voyages à la cave, en remontant lui-même, à chaque fois, trois ou quatre bouteilles de vin qu'absorbaient rapidement ces singuliers modèles de tempérance.

« Quoi qu'il en soit, un drame terrible devait, comme on va le voir, marquer la fin de ce repas.

« La nuit était venue : les fumées du vin avaient appesanti les paupières des Allemands, qui faisaient mine de vouloir molester une domestique occupée à les servir. De là, interpellation du maître de la maison et riposte insolente de ses hôtes. Pour en finir, M. Legrand, resté constamment à l'écart, donne ordre à sa servante de se retirer dans une maison du village.

« Cet ordre exaspère les Teutons. Le chef, la tête alourdie par l'ivresse, se lève de table, fait brutalement empoigner M. Legrand par deux de ses hommes, et le mène garrotté, en remontant la rue de la Place et la grand'route, jusque chez M. Flon, aubergiste, où se trouvent le poste et un détachement d'une soixantaine d'hommes du 4ᵉ de ligne, couchés pêle-mêle dans la salle du billard.

« C'est dans la première chambre de la maison que M. Legrand va trouver la mort.

« Le capitaine, après en avoir fait ouvrir la porte, lance à M. Legrand un violent coup de poing entre les épaules, qui le fait tomber à quelques mètres en avant, à l'angle du comptoir. Le vieillard se relève avec peine et se borne à dire ces simples paroles : *Est-ce assez malhonnête de m'apostropher d'une pareille manière ?*

« Son bourreau le rejette alors dans un coin, derrière la porte d'entrée, lui enfonce dans la bouche son propre foulard, et décharge sur lui, à bout portant, et sans explication aucune, trois coups de revolver : deux balles frappent au visage le malheureux et l'étendent roide mort ; la troisième balle, tirée alors que la victime s'est affaissée, la tête inclinée sur la poitrine, se perd dans le mur.

« Trois officiers d'artillerie, qui occupent la chambre à coucher voisine, en entrouvrent la porte aussitôt l'explosion ; puis, comme il ne s'agit sans doute que d'un attentat sur la personne d'un Français, ils se remettent paisiblement au lit (1).

« Le lâche assassinat est consommé ! Est-ce tout ? — Non, voici maintenant le raffinement de la cruauté.

« Le capitaine écrase sous le talon ferré de sa lourde botte allemande le visage du mort, déjà défiguré par les balles, et commande d'une voix rauque, stridente, impérative, à M. Flon de lui apporter de suite « un cordeau ».

« Sur la réponse négative de l'aubergiste, l'officier, le poing levé, se jette sur lui, le frappe violemment en plein visage, d'où le sang jaillit avec abondance. Force est à M. Flon de s'exécuter, sous peine d'avoir le même sort que M. Legrand.

« L'assassin passe alors la longe entre les dents de sa victime, et la fait attacher à l'un des anneaux du dehors, pour y faire geler le cadavre pendant deux heures entières.

« Cela se passait vers une heure du matin, dans la nuit du 29 au 30 décembre 1870.

---

(1) Le chien de M. Legrand, qui l'avait suivi partout, et eut, lui aussi, sa bonne part de mauvais traitements, est resté pendant trois longs jours couché à la place même où son maître venait d'être frappé à mort : les Prussiens ne purent l'en arracher qu'en employant la violence.

« On dépendit ensuite M. Legrand, pour l'attacher à la porte d'un jardin situé en face de la maison de M. Flon et dépendant de l'héritage de la veuve Chatelain. La corde qui maintenait la tête haute fut passée au linteau de cette porte transformée en potence ; deux autres cordes, liées aux montants, retinrent les bras tendus en croix, les genoux touchant presque terre, dans l'attitude d'un suppliant.

« La main droite étreignait convulsivement un sabre.

« Ce sabre était-il là pour faire croire que le défunt avait voulu résister à la force et montrer que « quiconque se servirait de l'épée périrait par l'épée ? »

« O suprême dérision ! — L'infamie était-elle arrivée à son comble ? — Pas encore.

« M. Legrand resta ainsi exposé jusqu'au 30 décembre, à onze heures du matin. Plusieurs colonnes prussiennes, allant reprendre leurs cantonnements après avoir passé la nuit aux avant-postes, défilèrent, pendant quatre heures devant ce cadavre presque nu, affreusement mutilé ; devant ces respectables cheveux blancs, roidis, hérissés par la bise ; devant cette figure de vieillard, bleuie par les coups et la gelée. Et pas un chef, en passant, ne détourna les yeux, avec émotion, de ce sanglant spectacle.

« Défense avait été faite aux habitants d'approcher pour soustraire le supplicié aux injures du temps comme aux sarcasmes de l'ennemi. Le factionnaire était là, fusil chargé, prêt à défendre la proie qu'on aurait voulu lui arracher.

« On traîna ensuite le malheureux, la corde au cou, à travers les rues, jusqu'à sa porte, et là « leur justice satisfaite », ils le jetèrent sur le fumier, la face enterrée sous les immondices ; puis ils le transportèrent dans le fournil entre deux mannes d'ordures où ils le gardèrent jusqu'au **lendemain**. »

Si nous avons rapporté cet assassinat avec tous ses horribles détails, c'est afin de montrer avec quelle insolence, quel raffinement de cruauté les Teutons envahisseurs traitaient les Français qui essayaient de résister à leurs procédés barbares et tyranniques. Ce n'est pas seulement Cléry qui les a en exécration : les communes et les villes qui ont eu la douleur de les avoir pour hôtes sont unanimes à les maudire pour leur brutalité.

Le soir même de cette barbare exécution, 3,000 soldats appartenant notamment au 44ᵉ de ligne allemand, descendaient à Bouchavesnes, pour s'y loger.

Vingt mille ennemis, de toutes armes, cernaient Péronne en occupant tous les villages à droite et à gauche de la Somme.

Toutes ces communes furent imposées extraordinairement :

Aizecourt-là-Haut dut payer pour réquisitions diverses, contribution de guerre, logements militaires, etc., etc. . . . . 73.000 fr.
Allaines et Mont-Saint-Quentin . . . 71.028
Barleux. 100.238 46
Biaches 66.000
Bouchavesnes (sans compter les incendies) 5.192
Bouvincourt 18.125
Brie. 11.965
Bussu 40.000
Cartigny 124.948
Cléry 116.468 50
Doingt-Flamicourt. 165.577
Etrées 12.448
Eterpigny 25.436 16
Feuillères 10.000
Flaucourt 32.188 90
Halles-Sainte-Radegonde 11.721 72
Mesnil-Bruntel. 40.000

Moislains 26.033 90
Mons-en-Chaussée 59.661
Villers-Carbonnel 18 643

Dans tous ces chiffres ne sont pas comprises les dépenses occasionnées par les logements militaires et les réquisitions de transports.

Une des communes occupées par l'ennemi pendant le siège de Péronne et des plus éprouvées, fut Doingt-Flamicourt.

Au moment du siège, Doingt fut occupé, savoir : du 27 décembre au 7 janvier, par le 81e, le 19e, campé vers Bussu, une batterie légère et une ambulance, et du 7 au 10 janvier 1871, par le 40e de ligne et une section d'artillerie. Lors de la bataille de Bapaume, le village ne renfermait plus que deux compagnies du 81e avec un faible détachement d'artillerie. Mais des précautions extraordinaires avaient été prises pour repousser, le cas échéant, une sortie des assiégés : les maisons situées aux abords du village, à l'ouest, furent crénelées, et de solides barricades construites sur la route de Doingt à Péronne et le chemin de Flamicourt. Défense expresse avait été faite au curé de se rendre à son église, dont le presbytère n'était pourtant séparé que par une petite ruelle : un factionnaire montait constamment la garde auprès des cloches, de peur qu'on ne se servît du clocher pour communiquer avec la ville.

Ces préparatifs terminés, la commune, occupée seulement par quelques centaines d'hommes, était désormais à l'abri d'un coup de main de la part des assiégés. Ce n'était, du reste, pour l'ennemi, qu'une évacuation momentanée :

« Nous allons être obligés de vous quitter, disait au maire un officier allemand ; mais bientôt nous reviendrons en forces. »

Ils revenaient, en effet, le surlendemain de la bataille de Bapaume.

A Doingt, comme d'ailleurs dans toutes les communes de la circonscription de Péronne, des propriétaires et des fermiers s'étaient éloignés du théâtre de la guerre, en emportant ce qu'ils avaient de plus précieux, et laissant souvent le reste, c'est-à-dire quelques objets mobiliers et leurs immeubles à la garde d'un domestique de confiance. Le chef de bataillon allemand Arndt, qui, après la capitulation de la place commandait à Doingt, s'en aperçut, et prit, pour les disparus, les deux arrêtés suivants :

« Le maire de Doingt est invité à obliger les cultivateurs, *tous sans exception aucune,* de mettre dans un délai de vingt-quatre heures, leurs chevaux, avec harnais et voitures, à la disposition des troupes.

« Faute par eux d'obtempérer à la sommation, pour quelque motif que ce soit, ils seront condamnés à payer une indemnité de deux cent cinquante francs pour chaque jour de retard.

« En conséquence, ceux des habitants qui ont éloigné leurs chevaux ou harnais, devront les rechercher dans le délai précité.

« M. le maire requerra les meuniers de faire fonctionner leurs moulins pour la fabrication de la farine nécessaire aux boulangers de sa commune.

« D'un autre côté, comme les réquisitions en nature ont pesé exclusivement jusqu'ici sur les cultivateurs, possesseurs de récoltes et de bestiaux, M. le maire aura à faire signer des bons qui seront payés, jusqu'à nouvel ordre, par les habitants aisés de la commune.

« Si, à raison de cette mesure, ils venaient à quitter le pays, ils seraient recherchés, et des mesures rigoureuses seraient prises à leur égard. »

Le Commandant du 2e bataillon, régiment n° 29,
ARNDT.

Doingt, 15 janvier 1871.

Le Commandant du 2ᵉ Bataillon, Régiment nº 29

« Considérant que pour se soustraire aux charges qui pèsent sur la commune de Doingt pendant l'occupation des troupes allemandes, des habitants l'ont quittée, laissant leurs maisons sans provisions aucunes,

« Arrête :

« Les propriétaires de ces maisons seront recherchés et seront mis en demeure de payer, au moyen de bons signés, une contribution *minimum* de 500 francs chacun.

« En cas de refus de leur part, il sera immédiatement pris des mesures rigoureuses à l'endroit des immeubles qu'ils ont laissés dans la commune. »

Le Commandant du 2ᵉ bataillon, régiment nº 29,
ARNDT.

Le 15 janvier 1871.

Quelques-uns des propriétaires que ce dernier arrêté pouvait atteindre revinrent ; les autres préférèrent se tenir à l'écart et envoyer les 500 francs exigés ; ce qui ne les empêcha pas par la suite de contribuer, pour leur part, à toutes les dépenses occasionnées par la présence des Prussiens à Doingt, dépenses qui se sont élevées, comme il a été dit plus haut, à la somme de 165,577 francs.

L'arrondissement de Péronne fut de tous, le plus éprouvé dans l'horrible guerre de 1870-1871, tant par les réquisitions écrasantes que par les atrocités des soldats allemands. Le montant total des dommages, pertes et réquisitions, a dépassé *onze millions* dont 4,208,869 francs pour la ville seule de Péronne.

XXV

Reprise du bombardement de Péronne et capitulation.

Les Prussiens avaient établi leurs batteries sur quatre points différents. On estime à 2,000, en moyenne, le nombre des obus qui s'abattaient, chaque jour, sur Péronne. La circulation était devenue impossible; le séjour dans les maisons, excessivement dangereux; les projectiles creux étaient chargés avec des biscaïens, d'autres avec des matières incendiaires, c'était par toute la ville une véritable pluie de fer et de feu.

Deux cent vingt-sept maisons furent détruites de fond en comble, ou menacèrent ruine; quatre-vingt-deux furent brûlées. Les projectiles, de forte dimension, enfoncèrent les casemates les moins solides, et ces casemates dans lesquelles s'entassait une population trop nombreuse, devinrent inhabitables et un foyer d'infection.

Les conditions d'insalubrité y étaient déplorables; la variole sévissait dans la ville, et parmi les mobiles elle redoublait, elle s'étendait; des cas de fièvres pernicieuses, d'aliénation mentale, vinrent bientôt s'y joindre.

Le bombardement ne cessa point pendant les journées des 6, 7, 8 et 9 janvier : la ville fut à moitié détruite. Les fortifications étaient à peu près intactes ; la garnison n'avait pas souffert de pertes importantes, et si les prussiens avaient tenté une attaque de vive force, nous croyons qu'elle eût été vigoureusement repoussée. Mais les souffrances de la population étaient à leur comble ; et l'espoir du salut, la pensée de la délivrance n'existait plus ; il ne restait que le sentiment stoïque du devoir à accomplir, du sacrifice inutile et obscur à consommer.

Avant de dire dans quelles conditions la ville se rendit, nous citerons la page des Mémoires du maréchal comte de Moltke, où il est parlé du siège et de la prise de Péronne. Voici donc ce qu'il écrivait sous la rubrique : *9 janvier :*

« Cette petite place avait été investie pendant quinze jours par onze bataillons, seize escadrons et dix batteries. Des prés inondés, d'un côté, et de l'autre de vieilles murailles flanquées de tours qui dataient du moyen-âge, la mettaient à l'abri d'un coup de main ; au demeurant, des hauteurs la commandaient de toute part, à petite distance.

« Malgré cela, le feu ouvert par 58 pièces de campagne n'avait pas produit grand effet, d'autant plus qu'elles durent bientôt cesser le tir, les munitions étant épuisées. Puis on canonna la ville avec des pièces françaises provenant d'autres places de guerre, encore sans résultat aucun. La place tirait sans discontinuer, et la garnison, forte seulement de 3,500 hommes, tenta même des sorties.

« Le jour de la bataille de Bapaume, une partie du corps d'investissement dut marcher au secours du XIIIe corps, et comme l'issue de la journée semblait douteuse, il fallut prendre des dispositions afin de mettre en lieu sûr le matériel de siège. Les troupes qui étaient restées devant Péronne se tenaient prêtes à partir et une partie des pièces de gros calibre fut retirée des emplacements. Mais la garnison attendit sans rien entreprendre.

« Deux jours plus tard, arrivait un parc de siège de 55 pièces de gros calibre, constitué à La Fère. Un deuxième, comprenant 28 pièces françaises venant de Mézières, était encore en route. Toutes les dispositions en vue du siège en règle étaient prises quand enfin le 8, arriva un convoi considérable de munitions; le commandant de la place fut invité à cesser une résistance devenue absolument inutile... »

Le 9 janvier, en effet, un parlementaire prussien se présentait aux avant-postes. Il était porteur d'une lettre du général de Barnekow, annonçant « l'arrivée de nouvelles forces et proposant à la place des conditions honorables si elle voulait capituler; la menaçant d'un bombardement, avec des pièces de gros calibre, si elle persistait dans sa résistance. »

Le conseil de défense se réunit et la majorité décida que la place se rendrait. Le commandant Garnier se soumit à cette décision et capitula après quatorze jours de siège et de bombardement.

CAPITULATION.

Voici quels furent les termes de la capitulation de Péronne :

Entre les soussignés : 1° le colonel de Hertzberg.....; et 2° M. le chef de bataillon Garnier, commandant de la place de Péronne,

A été convenu ce qui suit :

ARTICLE PREMIER. — La garnison de Péronne, placée sous les ordres du chef de bataillon Garnier, commandant la place de Péronne, est prisonnière de guerre. La garde nationale sédentaire n'est pas comprise dans cet article.

ART. 2. — La place et la ville de Péronne, avec tout le matériel de guerre, la moitié de tous les approvisionnements de toutes espèces, et tout ce qui est la propriété de l'Etat, seront rendus au corps prussien que commande M. le général de division baron de Barnekow, dans l'état où tout cela se trouve au moment de la signature de cette convention.

A onze heures du matin, demain, 10 janvier, des officiers

d'artillerie et du génie, avec quelques sous-officiers, seront admis dans la place pour occuper les magasins à poudre et munitions.

Art. 3. — Les armes, ainsi que tout le matériel, consistant en canons, chevaux, caisses de guerre, équipages de l'armée, munitions, etc., seront laissées à Péronne à des commissions militaires instituées par M. le Commandant pour être remises à des commissions prussiennes.

A une heure, les troupes seront conduites, rangées d'après leur corps et en ordre militaire, sur la route de Paris, la gauche appuyée aux fortifications et la droite vers Eterpigny où elles déposeront leurs armes.

Les officiers rentreront alors librement dans la place, sous la condition de s'engager sur l'honneur à ne pas quitter la place sans l'ordre du commandant prussien.

Les troupes seront alors conduites par leurs sous officiers.

Les soldats conserveront leurs sacs, leurs effets et les objets de campement, tentes, couvertures et marmites.

Art. 4. — Tous les officiers supérieurs et les officiers subalternes, ainsi que les employés militaires ayant rang d'officiers, qui engageront leur parole d'honneur, par écrit, de ne pas porter les armes et de n'agir d'aucune manière contre ses intérêts jusqu'à la fin de la guerre actuelle, ne seront pas faits prisonniers de guerre. Les officiers et les employés qui accepteront cette condition conserveront leurs armes et les objets qui leur appartiennent personnellement. Ils pourront quitter Péronne, quand ils le voudront, en prévenant l'autorité prussienne.

Les officiers faits prisonniers de guerre emporteront avec eux leurs épées ou sabres, ainsi que tout ce qui leur appartient personnellement, et garderont leurs ordonnances. Ils partiront au jour qui sera fixé plus tard par le commandant prussien. Les médecins militaires, sans exceptions, resteront en arrière pour prendre soin des blessés et malades, et seront traités suivant la convention de Genève; il en sera de même du personnel des hôpitaux.

Art. 5 — Aucune personne appartenant à la ville soit comme simple particulier, soit comme autorité ne sera ni inquiétée ni poursuivie par les autorités prussiennes pour faits relatifs à la guerre, quels qu'ils soient. — En raison de la résistance énergique de Péronne, eu égard à sa faible position et aux dégâts produits par le bombardement, la ville sera exempte de toute réquisition en argent et en nature. Les habitants ne seront pas tenus de nourrir chez eux les simples soldats allemands jusqu'à l'épuisement de la moitié des approvisionnements qui se trouvent dans les magasins de l'Etat. Cette condition ne s'applique pas au jour de l'entrée.

Art. 6. — Les armes de la garde nationale sédentaire seront déposées à l'Hôtel-de-Ville et appartiendront à l'autorité prussienne. Quant aux armes de luxe, elles seront déposées au même lieu et resteront la propriété des déposants.

Art. 7. — Tout article qui pourra présenter des doutes sera toujours interprété en faveur de l'armée française.

Art. 8. — Le 10 janvier, à midi, la porte Saint-Nicolas et la porte de Bretagne seront ouvertes pour l'entrée des troupes prussiennes ; en même temps, les fortifications nommées : Couronne de Bretagne et Couronne de Paris, seront libres de troupes françaises.

Cartigny, 9 janvier 1871, onze heures du soir.

Signé : Von Hertzberg, colonel.

Le général Faidherbe parut surpris et irrité de cette capitulation, qui donnait à l'ennemi de grandes facilités de concentration et qui lui ôtait à lui-même un point d'appui important. Toute la ligne de la basse Somme était, en effet, désormais aux mains des prussiens, et on ne pouvait plus songer à une démonstration qui permît de choisir le point d'attaque.

XXVI

Le commandant Garnier jugé par Faidherbe et blâmé par plusieurs officiers de la garnison de Péronne. (1)

Le général Faidherbe avait menacé publiquement le commandant Garnier d'un conseil de guerre... « Le règlement sur les troupes en campagne est formel », disait-il, et, en effet l'article 218 porte ce qui suit :

« Les lois militaires condamnent à la peine capitale
« tout commandant qui livre sa place sans avoir forcé
« l'assiégeant à passer par les travaux lents et successifs
« des sièges, et avant d'avoir repoussé au moins un assaut
« *au corps de la place sur des brèches praticables.* »

A cela on répond : mais ce règlement suppose que l'assiégeant attaque les fortifications d'une place et y fait des brèches ; or, les Prussiens ont d'autres moyens d'attaques plus expéditifs.

« Ceci est un paradoxe » répond le général Faidherbe. « Les Prussiens seraient bien obligés d'en venir là pour faire la garnison prisonnière et s'emparer du matériel de guerre et des approvisionnements — ce qui est leur but,

---

(1) Voir dans les notes, à la fin du volume, la *protestation de l'ex-lieutenant-colonel* GONNET, *commandant à Péronne la 3ᵉ légion de la Somme.*

en définitif, — si on ne capitulait pas lorsqu'ils ont plus ou moins détruit la ville par le bombardement. En agissant ainsi on justifie leur méthode, bien qu'elle soit évidemment, en principe, contraire à la générosité et nous dirons même à la loyauté, comme s'écartant d'usages qui, s'ils ne sont pas consacrés par des conventions écrites, sont implicitement admis et généralement respectés par les peuples civilisés. Le système leur a si bien réussi en France qu'ils seraient autorisés à dire que l'humanité même y a trouvé son compte. Prenant Péronne pour exemple, ils pourraient dire : nous en sommes devenus maîtres par le bombardement au prix d'une vingtaine d'habitants tués et de quelques centaines de tués et de blessés de notre côté (en supposant qu'ils aient eu cela), tandis que si nous avions assiégé et pris la ville d'après les usages antérieurs de la guerre, cela nous eût coûté trois à quatre mille hommes et mille à quinze cents aux assiégés, et, de plus, avec des sièges ainsi faits, la guerre eût traîné en longueur et durerait peut-être encore!.

« On comprend que ce raisonnement spécieux ne serait plus possible si une ville, se résignant à une ruine complète, forçait l'ennemi à faire suivre le bombardement, d'un vrai siège. L'assiégeant ne trouverait plus d'avantages à la destruction de la population civile et serait obligé de renoncer à son odieux système sous la pression de l'exécration universelle.

« Quoi qu'il en soit, conclut le général Faidherbe, si les commandants de place doivent se rendre par humanité, il faut que le règlement soit immédiatement changé — le devoir nettement défini — et si le règlement est changé, et si les places ne sont plus tenues à se défendre, il faut se garder à l'avenir d'y mettre des garnisons, de l'artillerie, des munitions de guerre et de bouche, car ce sont autant de cadeaux rassemblés d'avance, que l'on fait bénévolement à l'ennemi.. »

Le conseil du général Faidherbe a été suivi. Les places de guerre qui n'ont pu recevoir de forts détachés, situés à de grandes distances, ont été démantelées. Leurs citadelles mêmes, comme celle de Cambrai, par exemple, réputée si formidable, ont été détruites entièrement, car en cas d'invasion nouvelle, l'ennemi n'aurait pas manqué de s'établir dans ce qui resterait de fortifications, convaincu que, par humanité, nos soldats ne voudraient pas bombarder des villes françaises. Amiens n'est-il pas là pour attester le fait ?

Trois jours après la capitulation de Péronne, — le 12 janvier 1871, — plusieurs officiers de la garnison de Péronne protestaient contre la capitulation faite sous la pression de la majorité du conseil de défense, et faisaient valoir les raisons suivantes :

Les menaces de l'ennemi ne paraissaient nullement justifiées.

Les murs étaient intacts, les munitions de guerre et de bouche étaient en abondance.

Six jours auparavant, l'armée du Nord, de l'aveu de l'ennemi, avait tenté un grand effort pour dégager Péronne.

Rien n'avait été essayé avec une garnison nombreuse, pour élargir le cercle d'investissement et détruire les ouvrages de l'ennemi.

L'état sanitaire — du moins pour les troupes — n'avait rien d'alarmant; enfin cette capitulation douloureuse a été une surprise, et, ajoutaient les officiers, « il est de notre devoir de le constater ».

Cette protestation était signée par :

POITEVIN, lieutenant de vaisseau.

MARION, enseigne de vaisseau.

GOHOUX, adjudant faisant fonction de sous-lieutenant de navire.

Frechet, capitaine au 31° de ligne, détaché à la mobile.
Dehaussy, capitaine d'artillerie de la mobile.
Gossein, lieutenant de la mobile.
Leroy, lieutenant commandant le détachement du 43e de ligne.
Roulliez, sous-lieutenant au 43e de ligne.
Béoz, sous-lieutenant au 43e de ligne.
De Marne, capitaine à la mobile.
Ruault, capitaine de la mobile.
Vermand, sous-lieutenant à l'artillerie de la mobile.
Escoffier, lieutenant de la garde nationale mobilisée.

XXVII

Le commandant Garnier blâmé par le conseil d'enquête.

Le commandant Garnier ne fut pas condamné en conseil de guerre ; mais le conseil d'enquête, convoqué en vertu de l'article 264 du décret du 13 octobre 1865, a, dans sa séance du 7 mai 1872, exprimé comme suit son avis motivé sur la dite capitulation.

« Au moment où l'ennemi se présenta devant la place de Péronne, ses fortifications étaient en bon état. Son armement consistait en quarante-neuf bouches à feu, chiffre inférieur, de moitié environ, à celui de l'armement normal.

Les approvisionnements en munitions, poudres et projectiles étaient de même très insuffisants. Quant aux vivres, il en restait pour quinze jours au moment de la capitulation.

La garnison, forte de 3.000 hommes environ, se composait de bataillons de garde nationale mobile et de mobilisés ; de cent trente-neuf hommes du 43ᵉ de ligne et de cent trente-et-un fusiliers marins. Cette dernière troupe, dans laquelle se trouvaient bon nombre d'hommes habitués au service des pièces, rendit de grands services par sa discipline, sa fermeté, son instruction militaire et servit d'appui et d'exemple à la garde nationale.

Le 30 novembre, l'ennemi s'approcha une première fois de la place, lui fit plusieurs sommations de se rendre, qui furent repoussées, s'éloigna et reparut le 25 décembre pour l'investir.

Le bombardement, commencé le 28 décembre, suspendu à plusieurs reprises par suite des mouvements de l'armée du Nord, fut poursuivi jusqu'au 9 janvier.

Le feu de l'artillerie ennemie, auquel la place répondit d'abord avec succès, prit plus tard une grande intensité. Il fut surtout dirigé sur la ville et détruisit une partie des maisons ; les fortifications restèrent intactes.

Dès que l'incendie éclata, la garde nationale et les pompiers, effrayés des dangers que leur faisaient courir les projectiles ennemis, cessèrent tout service, et, pour comble de malheur, la rivière qui entoure la place gela par un froid très intense.

Le commandant Garnier, trop facilement impressionné par les plaintes des autorités civiles et des habitants, redoutant un assaut rendu possible par la congélation de la Somme, comptant peu sur le courage de ses troupes qui cependant ne donnaient aucun signe de faiblesse, accueillit, le 9 janvier, et soumit au conseil de défense la proposition de l'ennemi tendant à une capitulation.

Le commandant de place, malgré les protestations du commandant du génie, malgré les recommandations récentes du général en chef de l'armée du Nord, ne tenant point compte de l'importance de Péronne dans la suite des opérations militaires, de la proximité de l'armée française, des pertes peu considérables de la garnison qui ne comptait que seize tués et cinquante-deux blessés, et oubliant sa lettre du 28 décembre, au général ennemi, dans laquelle il le prévenait qu'il défendrait la place jusqu'à la dernière extrémité, se rendit à la majorité du conseil de défense et conclut une capitulation avec l'ennemi.

En conséquence de ces faits, le conseil d'enquête blâme le commandant Garnier d'avoir rendu la place dont le commandement lui était confié, sans s'être conformé aux prescriptions de l'article 233 du décret du 18 octobre 1863, et d'avoir accepté dans la capitulation, la clause en vertu de laquelle les officiers qui engageraient leur parole de ne pas servir contre l'Allemagne pendant la guerre, étaient autorisés à rentrer dans leurs foyers, séparant ainsi leur sort de celui de la troupe, conformément à l'article 256 du décret précité. »

Le président du conseil d'enquête qui infligea ce blâme au commandant Garnier, ex-commandant de la place de Péronne, se nommait Baraguay-d'Hilliers, maréchal de France.

XXVIII

Péronne après le bombardement.

Un Cambresien, qui est allé voir Péronne en mars 1871, très peu de jours après la signature de la paix, nous a dépeint ainsi l'aspect de cette malheureuse ville :

Toutes les descriptions que vous avez pu lire, écrivait-il, sont au-dessous de la réalité. Figurez-vous une ville possédant quatre cents maisons et dont une forte moitié aurait été détruite par une série de violents incendies. C'est l'appréciation la plus exacte que je puisse trouver ; encore est-elle trop faible.

Mais, je vais procéder par ordre.

Il était onze heures du matin quand je distinguai au loin les murailles de Péronne. Les environs sont quelque peu saccagés. Les arbres sont abattus le long des routes ; ceux d'une magnifique promenade, appelée les *Quinconces*, sont tombés, depuis l'occupation, sous la hache des vandales prussiens.

Tout est mis en coupe réglée, même les poteaux télégraphiques, l'armée allemande employant ses propres fils et son propre matériel bien simple et peu frayeux, il est vrai : une corde de chanvre, traversée par un fil de laiton, accrochée à la première aspérité venue, et voilà le télégraphe de campagne installé.

Quelques maisons des faubourgs sont en ruines; les obus les ont traversées. Çà et là des soldats prussiens flânent en fumant.

J'approche de la ville, les murailles sont intactes. Une partie des canons sont encore dans leurs embrasures; seulement ce sont des sentinelles allemandes qui montent la garde sur les remparts.

Les portes de Péronne sont ouvertes; on circule librement. Le poste d'entrée est occupé par la landwehr; le costume est à peu près le même que celui de l'infanterie, sauf le casque. La landwehr est coiffée d'un shako avec une grande croix blanche, surmontée d'un petit pompon blanc et noir.

Les maisons de la rue qui avoisinent la porte de Cambrai, ou de Saint-Quentin, ne paraissent guère avoir souffert, sauf la toiture; il est vrai que si les dégâts sont peu visibles extérieurement, il n'en est pas de même à l'intérieur qui est complètement abîmé.

Ah! voici des maisons qui ont entièrement disparu, il n'en reste que des décombres et quelques bouts de bois qui prouvent que l'incendie a achevé l'œuvre de destruction commencée par les projectiles.

Je suis enfin sur la place, j'aperçois l'église qui, jadis, était cachée par un îlot de treize maisons comprenant un vaste magasin de nouveautés ayant douze mètres de façade sur vingt-deux de profondeur : tout est détruit; il y a un énorme tas de décombres auprès de l'édifice religieux, et c'est tout.

C'est, me dit-on, une perte sèche de 350,000 francs pour le propriétaire du magasin de nouveautés, car l'incendie occasionné par des bombes à pétrole, a mis le feu aux marchandises renfermées dans les caves.

Au moins l'église est-elle intacte?...

Hélas! non, l'Eglise n'est pas intacte.

Il n'y a plus de toiture; une partie de la voûte est

écroulée ; le clocher est à jour en divers endroits, il porte la trace d'une centaine de projectiles. La charpente des cloches a pris feu ; *les cloches sont fondues :* je les ai vues, leurs débris gisent dans le bas de la tour sur un tas de gravois, provenant des voûtes écroulées.

Je pénètre dans l'édifice : les vieux vitraux qui faisaient l'admiration des étrangers sont brisés, à peine si l'on en retrouve quelques traces Les orgues sont détruites : elles ont été traversées par plusieurs obus ; quelques-uns se sont même incrustés dans les murailles, sans éclater ; ils y sont encore.

Le cœur me saigne, surtout quand je pense qu'une nation, qui se dit civilisée, a pris pour point de mire un édifice religieux, l'a dévasté et incendié.

Ce n'est pas tout : un habitant vient de me dire que l'hospice avait été attaqué le premier jour du bombardement en même temps que l'église. Ce sont sans doute quelques bombes égarées, me disais-je... J'y cours.

Voici mes notes recueillies sur place :

Au début du siège, il y avait, dans les diverses salles, trois cents malades soignés par des religieuses. Ces saintes, dévouées et courageuses femmes ne les abandonnèrent pas un seul instant, et, bravant les bombes et les boulets, elles traversèrent maintes fois les rues avec leurs blessés et leurs malades, pour les mettre tous en lieu de sûreté.

Il ne reste plus de cet hôpital qu'une partie du rez-de-chaussée ; le grenier et l'étage ont disparu. Les lits de fer sont encore là ; plusieurs portent les traces du feu. Les sœurs de charité sont revenues et cherchent parmi les débris ce qui pourra encore être utilisé.

Cinquante mètres plus loin se trouve la caserne : elle est intacte ; deux boulets ont à peine effleuré les murailles.

La garnison prussienne y est installée, c'est sans doute dans ce but projeté qu'elle a été épargnée ; la toiture étant blindée peut aussi y être pour quelque chose.

Un côté de la rue des Chanoines est complètement rasé; une seule maison est restée debout, mais dans le plus piteux état.

Je gagne la rue Saint-Fursy, la seule rue importante de Péronne; elle traverse presque toute la ville. La moitié des maisons a disparu : elles se sont écroulées ou devront être démolies sans retard pour éviter des accidents.

Toutes les toitures sont défoncées ou fortement avariées; il n'est pas resté une seule vitre. C'est une ville à reconstruire ».

Une affiche allemande, en date du 18 février 1871, est collée sur les murs de la ville et rappelle aux troupes ennemies la conduite à observer. J'en fais ici la traduction :

« *Dans les faubourgs ainsi qu'à Péronne, il est défendu de faire des réquisitions de quelque nature que ce soit : elles sont formellement interdites dans les conditions de la capitulation.* »

Tel était l'état lamentable de Péronne en mars 1871. A cette date, les Péronnais n'avaient pas encore appris *officiellement* que les préliminaires de paix avaient été signés le 26 février, ni que la paix l'avait été le 1er mars. Cette ville demeura encore quelque temps occupée par une forte garnison prussienne, composée de la landwehr, du génie, de l'artillerie et de quelques hussards.

Au mois de juin 1871, la ville de Péronne qui était profondément endettée, voyant qu'il lui était impossible de venir en aide à un très grand nombre d'habitants dont la ruine était complète, prit le parti d'avoir recours aux villes voisines, épargnées par la guerre. Cet appel, adressé à MM. les Maires et Membres des Conseils municipaux des villes du Pas-de-Calais et du Nord, ainsi qu'à tous les industriels de ces deux départements, était conçu en ces termes :

« La petite ville de Péronne, située sur la Somme, à 37 kilomètres de Cambrai et 40 d'Arras, sert de fort avancé, vers le sud, aux grandes places de la région du Nord. Si la résistance de cette forteresse ne peut être considérée comme le seul obstacle à la marche de l'ennemi, il faut au moins reconnaître qu'elle a pu épargner à ces dernières les ravages d'un siège, ou plutôt d'un bombardement.

La ville, investie le 27 décembre, a été bombardée, jour et nuit, depuis le 28 décembre jusqu'au 9 janvier. Sa défense énergique a non seulement empêché les Allemands de se répandre dans le Nord, mais elle a encore facilité les mouvements de l'armée du général Faidherbe.

Ce rôle de vedette, a coûté à Péronne quatre millions, chiffre énorme pour une population de quatre mille habitants. Au jour de la capitulation, les ruines étaient telles, que l'ennemi, étonné des ravages de son feu, n'a pu contenir un cri de commisération.

Parmi les victimes du désastre, on compte des propriétaires et des négociants aisés ; mais, à côté de ceux-ci, que d'ouvriers, d'artisans et de petits marchands, pour la plupart ruinés, peut-être déshonorés, faute de pouvoir remplir leurs engagements commerciaux !

Ces désastres appellent une réparation.

A vous, grands manufacturiers et habitants des villes du Nord et du Pas-de-Calais, qui avez moins souffert de l'invasion, — à vous de venir au secours de nos misères, au moins pour une faible partie de ce qu'a pu sauver la résistance de notre petite ville. »

Cet appel était signé par les Membres de la Commission municipale pendant le siège. Voici leurs noms :

FOURNIER, président.

GONNET Oscar, vice-président.

G. GONNET, lieutenant-colonel commandant la 3e légion (Somme)

L. CADOT, commandant la garde nationale.

MARTEL, juge suppléant.

Cordier, avocat.
André, docteur.
Devillers, propriétaire.
Lefévère, industriel.
Daudré, négociant.
Déhaussy Léon, capitaine commandant l'artillerie des mobiles de la Somme.
Caraby Achille, lieutenant de la 2e Cie de la garde nationale.

La répartition des secours accordés devait être faite par les signataires ci-dessus, sous le contrôle d'un Membre du Conseil municipal de chacune des villes qui auraient bien voulu aider à réparer les désastres de Péronne.

J'ignore si beaucoup de villes et de riches propriétaires ont répondu à l'appel qui leur a été fait par les notables de Péronne. Je n'ai trouvé nulle part, jusqu'ici, le montant des sommes qui auraient été recueillies. La ville de Cambrai, voisine de Péronne, avait été également invitée à prendre part à la souscription ouverte en faveur des victimes de la guerre ; à la fête du 15 août 1871, deux concerts furent organisés au profit de cette œuvre : l'un qui eut lieu le 16 août à la salle de spectacle, produisit environ mille francs ; l'autre, donné au kiosque de l'Esplanade, par la musique de la garde nationale, rapporta 605 francs.

XXIX

Après la capitulation de Péronne.

En s'emparant de Péronne le général Von Gœben avait surtout en vue de couvrir l'armée d'investissement de Paris et de la défendre, plus facilement, contre toute attaque venant du Nord. La Somme, dont les principaux points de passage étaient alors au pouvoir des Allemands, formait pour eux une ligne de défense naturelle, derrière laquelle ils pouvaient attendre les attaques d'un ennemi, fût-il même supérieur en nombre. L'accalmie qui s'était produite dans la Seine-Inférieure, permettait, comme le dit M. de Moltke dans ses « Mémoires », de faire revenir à Amiens deux autres régiments et deux batteries. Le grand quartier général, de son côté, — et c'est encore M. de Moltke qui le dit — tenait prête une brigade de l'armée de la Meuse qui, en cas de besoin, pouvait être portée dans le Nord par le chemin de fer.

Quant au point où l'armée française du Nord frapperait un coup, les Allemands n'en savaient rien. Aussi le général von Gœben déploya-t-il ses forces en arrière de la Somme, sur une ligne ayant une étendue de 75 kilomètres, tout en continuant à occuper les points importants sur la rive droite de la Somme, afin de pouvoir, si besoin était, prendre l'offensive. Vers le milieu du mois de janvier, les fractions du 1er corps d'armée placées sous le commandement du général comte von der Grœben, occupèrent Amiens, Corbie et la ligne de l'Hallue, de façon à prendre une position sur le flanc de l'armée française. Trois divisions d'infanterie et une brigade de cavalerie de réserve se tenaient à proximité. Une division de cavalerie était postée en vedette aux environs de Saint-Quentin.

Voilà pour l'armée allemande; revenons maintenant aux opérations de l'armée française du Nord. C'est le général Faidherbe qui va nous apprendre bientôt pourquoi, après avoir essayé une pointe sur Amiens, il se dirigea tout à coup sur Saint-Quentin.

Le lendemain de la capitulation de Péronne, 10 janvier, le général Faidherbe tint conseil à Boileux-aux-Monts, et donna aux généraux de division des ordres pour marcher sur Bapaume dès le lendemain. Il affirmait que Péronne était dégagée.

On ne tardait pas à recevoir à Cambrai comme dans toutes les villes de la région, les dépêches suivantes qui apportaient faussement un peu d'espérance :

Achiet, le 11 janvier 1871.

Le Général en chef à Préfet, Lille.

Ce matin, des reconnaissances de la division Derroja ont enlevé par surprise les grands'gardes prussiennes de Béhagnies et de Sapignies. On a tué ou blessé une trentaine d'hommes. Il est resté entre nos mains 59 prisonniers uhlans et fantassins, et 12 chevaux. De notre côté, pas une égratignure.

FAIDHERBE.

Boisleux, le 11 janvier 1871, 6 h. 35 soir.

Le Major général à Préfet, Lille.

Le général Derroja vient d'entrer à Bapaume sans pertes ; quelques uhlans tués ou pris.

FARRE.

Boisleux, le 11 janvier 1871, 7 h. 35 soir.

Avant-garde de la division Derroja a chassé les derniers prussiens de Bapaume et nos troupes s'y sont établies.

FARRE.

C'est seulement le 12 janvier que l'armée du Nord entend parler de la prise de Péronne. Le général Faidherbe nous l'apprenait en ces termes :

Général Faidherbe au Commissaire défense, Lille.

Arras, 12 janvier.

A mon arrivée à Bapaume, j'apprends avec stupéfaction que Péronne est entre les mains des Prussiens. Cependant j'avais été informé de la manière la plus certaine, que le 3 janvier, par suite de la bataille de Bapaume, le siège avait été levé et l'artillerie assiégeante retirée de devant la place ; depuis, j'avais manœuvré en présence de l'armée prussienne, sur la foi de renseignements journaliers qui m'annonçaient que le bombardement n'avait pas recommencé.

Que s'est-il donc passé ?

Si vous l'apprenez, faites-le-moi savoir.

Il est certain que pendant le bombardement l'artillerie de Péronne avait abimé l'artillerie assiégeante et que les défenses de cette place étaient restées intactes.

L. FAIDHERBE.

Achiet, le 13 janvier

J'ai décidé que le commandant de place de Péronne serait traduit devant un conseil de guerre pour rendre compte de la reddition de cette place, lorsque ses défenses étaient intactes et qu'une armée de secours était à cinq ou six lieues, manœuvrant pour la dégager.

FAIDHERBE.

Le 14 janvier, l'armée française du Nord exécuta une marche sur Albert où elle entra presque sans coup férir. Le lendemain 15, des reconnaissances furent poussées jusqu'à Bray, Hailly et Bouzincourt.

On acquit la certitude que l'ennemi, dans l'espoir d'arrêter la marche de Faidherbe, avait coupé ou fait sauter les derniers ponts de la Somme, barricadé les villages de la rive gauche et exécuté des travaux de défense le long de l'Hallue, principalement à Noyelles, où il avait établi, derrière des épaulements, une partie de l'artillerie d'Amiens.

Nous ne pouvions avoir l'idée, dit le général Faidherbe, de forcer le passage de la Somme sous Amiens, en présence d'une armée au moins aussi nombreuse que la nôtre, retranchée comme elle l'était, et qui avait la faculté de recevoir très rapidement des renforts. D'un autre côté nous ne pouvions rester dans l'inaction.

XXX

Colonne mobile de Cambrai

Le 73ᵉ régiment d'infanterie de marche n'a été formé que le 9 janvier 1871. Il se composait de trois bataillons commandés par le lieutenant-colonel Castaigne. (1)

Ce régiment forma le noyau d'une colonne expéditionnaire, dite *Colonne mobile de Cambrai*, placée sous les ordres du lieutenant-colonel Isnard.

Voici quelle était la composition de cette petite troupe, devenue l'avant-garde de l'armée de Faidherbe :

73ᵐᵉ de marche, lieutenant-colonel Castaigne ; 1ᵉʳ bataillon du 24ᵉ de ligne, commandant Morais ; 1ᵉʳ bataillon des mobiles des Ardennes, commandant Verzeau ; 2 bataillon, commandant Padovani. Ces deux bataillons de mobiles étaient réunis en un régiment sous les ordres du lieutenant-colonel Giovaninelli ;

Une compagnie de zouaves éclaireurs du Nord ;

Huit pièces de 4 de montagne ; deux pièces de 4 de campagne ;

Cette artillerie était commandée par le sous-lieutenant Wischoff.

Le capitaine Accary remplissait à la colonne mobile les fonctions de sous-intendant.

---

(1) Les armées du Nord et de Normandie par Grenest.

La colonne mobile de Cambrai avait son quartier général à Masnières et occupait en outre Rumilly, Crèvecœur et Marcoing.

Le Dimanche 15 janvier elle marcha sur Saint-Quentin dans l'ordre suivant :

Les zouaves éclaireurs ; — le 1er bataillon du 24e ; — le 1er bataillon de mobiles ; — l'artillerie ; — le 73e de marche ; — les bagages ; — le 2e bataillon de mobiles.

Chaque bataillon se faisait protéger sur la droite, par une compagnie de « flanqueurs ».

A Bonavis, l'avant-garde se trouva en présence d'une colonne allemande de 500 hommes et de 2 pièces d'artillerie. L'ennemi se retira sur le Catelet qu'il évacua après quelques coups de fusil.

La colonne, après avoir traversé Bellicourt, aperçut les Allemands qui avaient pris position entre ce village et Nauroy.

Les 2e et 3e bataillons du 73e furent déployés en avant du village de Bellicourt, ayant à leur droite les zouaves éclaireurs. Le bataillon du 24e et les deux bataillons de mobiles se dirigèrent sur Nauroy, pour former la gauche de la ligne de bataille, pendant que l'artillerie se mettait en batterie en avant de Bellicourt, sur la route de Saint-Quentin.

Le 1er bataillon du 73e, en réserve dans le village, servait de soutien à l'artillerie.

L'ennemi, après le démontage d'une de ses pièces, se retira précipitamment sur Saint-Quentin.

« Le 16 janvier, à trois heures du matin, dit l'historique du 73e de marche, la colonne mobile de Cambrai se remettait en route dans le même ordre que la veille. Les avant-postes prussiens furent promptement refoulés, et le colonel Isnard arrivait devant Saint-Quentin, à sept heures du matin.

« Le bataillon du 24e et les zouaves éclaireurs du Nord

pénétrèrent dans la ville par le faubourg Saint-Jean. Les bataillons de mobiles les suivirent en seconde ligne. Le 73ᵉ de marche qui s'était formé en bataille sur la droite de la route, à 200 mètres des faubourgs, commença un mouvement tournant, dans le but d'envelopper l'ennemi, en s'emparant du faubourg de Paris. Le mouvement fut arrêté, la précipitation mise par les Allemands dans leur retraite le rendant inutile.

« Les deux pièces de 4 vinrent prendre position en avant du régiment et envoyèrent quelques obus sur les derniers cavaliers ennemis qui quittaient la ville.

« Les Prussiens s'étaient retirés par la route de Ham, laissant entre nos mains quarante prisonniers, des approvisionnements de fourrages, huit chariots d'effets d'officiers, de vivres et de cigares, vingt-cinq chevaux de cavalerie et une forge de campagne.

« A midi le 73ᵉ de marche plaçait ses grand'gardes sur la route de Paris, sur celle de Péronne et à la gare du chemin de fer. (1)

---

(1) Historique du 73ᵉ de marche.

XXXI

Ordre de bataille, marche en avant et combat de Vermand

On était arrivé au 16 janvier 1871. Le général Faidherbe, laissant les Prussiens à Amiens, à Péronne, à Ham, — et agissant d'après un « ordre de bataille », envoyé à la dernière heure par le Comité de la Défense Nationale séant à Tours, — avait pris la résolution de se diriger par Saint-Quentin sur Reims et Laon, afin de couper les communications de l'ennemi et d'attirer à lui, par une démonstration vigoureuse, quelques-uns des corps de l'armée assiégeante, — contribuant ainsi, d'une manière indirecte, mais certainement efficace, à l'effort suprême que devait tenter le général Trochu à Paris.

Ce fut le général Lecointe, dont le quartier général était à Vermand, qui entama le mouvement par la marche sur Saint-Quentin.

Un ordre cacheté, qui ordonnait probablement cette opération, fut porté la nuit, de la Sous-Préfecture de Cambrai, par Black, un éclaireur à cheval du Nord, escorté d'un dragon.

La marche en avant n'était guère favorisée par le temps : les chemins étaient couverts de verglas. Un long convoi de trois cents voitures réquisitionnées dans les villages, et conduites par des paysans, chargées de vivres et de tous les objets de première nécessité, marchait en tête des colonnes françaises. Les chevaux n'étaient point ferrés à glace ; ils s'abattaient à chaque pas, et l'on était obligé d'atteler les hommes aux voitures. Le dégel succéda au verglas et la marche n'en fut que plus difficile encore. Les 16, 17 et 18 janvier, les soldats n'eurent pas le temps de faire la soupe. L'armée prussienne, toujours très exactement renseignée, profita de ces retards pour marcher à la rencontre de nos troupes, et, comme elle était beaucoup mieux outillée, elle marcha plus vite, laissant ses bagages en arrière, à portée de ses colonnes.

Le 17 janvier, quelques bataillons de la division von Barnekow allèrent s'établir dans un bois auprès du village de Templeux, et comme nos troupes venant d'Albert suivaient la route de Roisel en se dirigeant sur Vermand, à l'ouest de Saint Quentin, elles furent accueillies au passage à coups de fusils. L'ennemi fut promptement délogé du bois.

Le 18, nos soldats furent attaqués plus sérieusement, pendant qu'ils continuaient leur marche dans la direction de Saint-Quentin.

Dès huit heures du matin, la queue de la division du Bessol fut harcelée par la cavalerie de la division von der Grœben. A midi elle était attaquée par l'avant-garde de la division von Kummer. Ces deux généraux, au dire du comte de Moltke, avaient pour mission d'observer les Français, de les suivre au cas où ils se retireraient dans la direction du Nord, et de les attaquer avec toutes leurs forces s'ils se portaient en avant vers le sud.

Le général du Bessol qui était déjà arrivé avec sa deuxième brigade à Roupy, rétrograda avec un bataillon et quatre pièces de canon pour dégager sa première brigade. Mais il trouva la chose déjà faite par la division Payen du 23e corps, qui, au bruit du canon était revenue de Vermand.

La division du Bessol reprit alors sa route vers les cantonnements indiqués au sud de Saint-Quentin (1).

« Les généraux français, dit le comte de Moltke (2), ne semblent avoir, ce jour-là, poursuivi qu'un seul but : atteindre Saint-Quentin. Ils ne profitèrent pas de l'occasion qui s'offrait à eux d'assaillir à la fois, avec leurs deux corps, la 15e division allemande qui se trouvait isolée. Le 23e passa la nuit à Saint-Quentin et à l'ouest de la ville ; le 22e au sud, après avoir franchi la Somme dans le voisinage de Contescourt. »

Le comte de Moltke dit que le général français avait, en comptant les brigades Isnard et Pauly, qui venaient de le rejoindre, à opposer 40,000 hommes à un ennemi plus faible ; que, de fait, les Allemands, en comptant absolument tout leur monde, étaient au nombre de 32,580 combattants, dont tout près de 6,000 cavaliers. Cela peut être vrai au combat de Vermand, pour la première partie du jour seulement, car le soir et le lendemain 19 janvier, des renforts considérables arrivaient à von Gœben qui voyait ainsi doubler l'effectif de son armée.

---

(1) Mémoires du général Faidherbe.
(2) Mémoires du maréchal comte de Moltke.

Bataille de Saint-Quentin

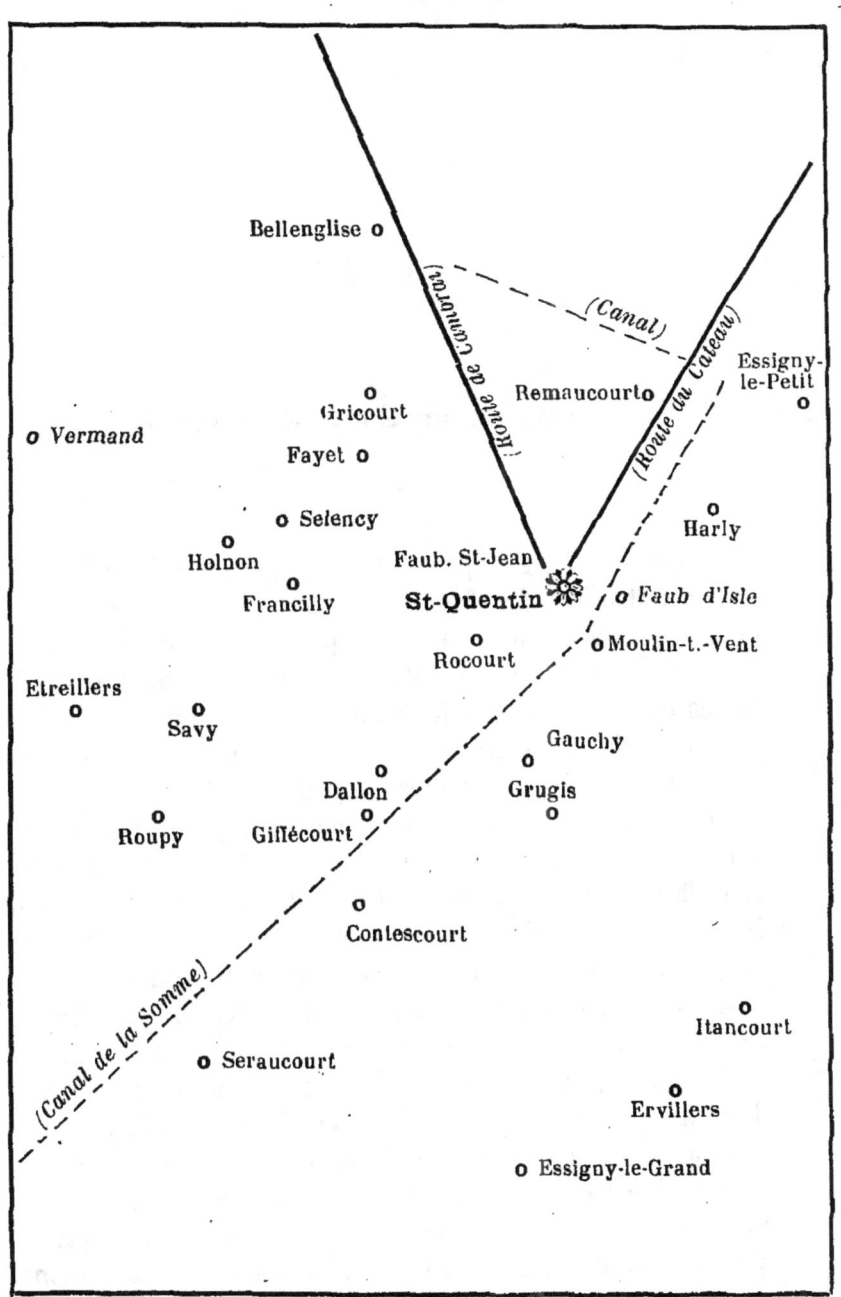

XXXII

Bataille de Saint-Quentin.

Ce qui venait de se passer le 18 prouva à Faidherbe que la concentration des forces prussiennes était, dès le soir, déjà trop complète pour qu'il pût s'avancer au-delà de Saint-Quentin. Il était sûr d'avoir affaire le lendemain à des forces encore plus considérables, mais, comme il le dit lui-même dans ses *Mémoires*, le moment de se dévouer était venu et il pouvait espérer d'avoir le temps, avant d'être écrasé par des forces supérieures, de se rabattre vers le Nord en les attirant à lui, et d'aller les attendre sous la protection des places fortes de Cambrai, Bouchain, Douai et même Valenciennes, où il leur tiendrait tête, quel que fût leur nombre, si elles osaient l'attaquer.

L'armée du Nord qui allait combattre devant Saint-Quentin, en même temps que la garnison de Paris devait tenter « un grand et suprême effort », acheva donc le 19, de grand matin, de prendre ses positions de bataille.

« Le 23ᵉ corps, renforcé de la brigade Isnard, s'établit en arc-de-cercle, tournant le dos à la ville, sa gauche au moulin de Rocourt, et sa droite au village de Fayet. Il s'étendait donc du canal à la route de Cambrai. Seulement, il était par inversion : sa première division (Payen) formant sa gauche et sa deuxième division (mobilisés Robin), formant sa droite. La brigade Isnard était entre les deux.

Le 22ᵉ corps s'établit de l'autre côté du canal, s'étendant de Gauchy à Grugis, jusqu'à la route de Paris, face au sud. Notre armée formait ainsi une demi-circonférence autour de Saint-Quentin, au sud et à l'ouest.

L'ennemi devait arriver sur le 23ᵉ corps à l'ouest par les routes de Péronne et de Ham, et sur le 22ᵉ corps au sud par les routes de Chauny (Paris) et de la Fère.

Nos lignes de retraite étaient la route de Cambrai par le Catelet, et celle du Cateau, par Bohain.

La brigade Pauly (mobilisés du Pas-de-Calais), qui se trouvait à Bellicourt, était à même de protéger ces lignes de retraite.

La bataille commença du côté du 22ᵉ corps. La deuxième brigade de la première division (Derroja) était à peine rendue à Gauchy, et la deuxième division (du Bessol), à Grugis, que de profondes colonnes d'infanterie prussienne, précédées de cavaliers, arrivèrent par la route de Paris, vers Contescourt. C'étaient les trois divisions von Barnekow, prince Albert de Prusse, et comte de Lippe ; une brigade de la cavalerie de la garde était commandée par le prince de Hesse.

L'action s'engagea immédiatement entre les tirailleurs des deux armées et la batterie Collignon s'établit sur une excellente position, près du moulin dit « A-tout-vent ». On se disputa la possession des hauteurs en avant de Gauchy et l'ennemi mit aussitôt en ligne de nombreuses batteries.

La 1ʳᵉ brigade (Aynès) de la 1ʳᵉ division, qui avait couché à Saint-Quentin, arriva alors au pas de course et vint se placer à la gauche des troupes engagées, étendant ainsi notre front de bataille jusqu'à la route de La Fère.

Le général du Bessol venait d'être grièvement blessé.

Pour combattre l'artillerie ennemie, les batteries de Montebello et Bocquillon, la batterie Gaignaud de 12 et plus tard la batterie Beauregard vinrent se placer au centre de la position auprès de la batterie Collignon. Ces cinq batteries arrêtèrent pendant toute la bataille les efforts de l'ennemi, en lui faisant subir des pertes énormes.

Pour s'opposer à l'attaque de colonnes considérables arrivant d'Ervillers et d'Itancourt, le colonel Aynès, avec une partie de sa brigade, s'avança sur la route de La Fère, où il tomba bientôt mortellement frappé. Il était environ trois heures : l'ennemi nous débordant en ce moment vers la Neuville-Saint-Amand, nos troupes se replièrent presque jusqu'au faubourg d'Isle.

Le commandant Tramond arrêta ce mouvement rétrograde en se mettant à la tête de ses bataillons du 68e de marche et chargeant l'ennemi à la baïonnette.

On regagna le terrain perdu jusqu'à hauteur des batteries qui n'avaient pas cessé leur feu.

Cependant la lutte continuait avec acharnement à la droite de la division. Les hauteurs avancées de Gauchy furent assaillies six fois par des troupes fraîches qui se renouvelaient sans cesse ; six fois, nos soldats animés par le courage et l'intrépidité du colonel Pittié, repoussèrent ces assauts. Dans ces attaques, nos soldats se rapprochèrent plusieurs fois jusqu'à vingt pas de l'ennemi jonchant le terrain de ses morts. La cavalerie prussienne ne fut pas plus heureuse devant l'élan et la solidité de notre infanterie. Une charge faite par un régiment de hussards, fut, en peu de temps, arrêtée et brisée par des feux d'ensemble bien dirigés par le colonel Cottin. Dans cette lutte, les mobiles du 91e et du 46e, malgré l'infériorité de leur armement, rivalisèrent de courage avec les troupes de ligne, animés par l'exemple de la plupart de leurs officiers et particulièrement de leurs chefs de corps, MM. Povel et de Laprade.

Mais comment résister indéfiniment à des troupes fraîches amenées incessamment, même de Paris, sur le champ de bataille, par le chemin de fer ? La 2ᵉ brigade, débordée par sa droite, se vit enfin obligée de céder le terrain. Elle battit en retraite en très bon ordre. Son mouvement entraîna celui de la gauche de notre ligne et les batteries, après avoir tiré jusqu'au dernier moment pour protéger la retraite, furent contraintes de se retirer à leur tour par le faubourg d'Isle, sous la protection des barricades établies dans ce faubourg et qui retardèrent la marche de l'ennemi. La nuit, du reste, était venue.

Au 23ᵉ corps, l'action ne s'était sérieusement engagée contre les divisions von Kummer et von der Grœben qu'entre neuf et dix heures. La division Robin (mobilisés) avait occupé les villages de Fayet, Francilly, Salency, détachant un bataillon dans le village d'Holnon et garnissant par ses tirailleurs les bois en avant de son front.

La brigade Isnard s'étendait de Francilly à la route de Savy, et la brigade de la Grange, de la division Payen, formait un échelon à la gauche de la précédente, jusqu'au canal.

La 1ʳᵉ brigade (Michelet) de la 1ʳᵉ division était en réserve derrière le centre de la ligne de bataille.

Dès le commencement de l'affaire, un escadron de nos dragons eut près de Savy, avec un régiment de cavalerie prussienne, un engagement dans lequel le lieutenant-colonel Baussin reçut un violent coup de sabre à la tête et où nous eûmes une quinzaine de blessés.

La batterie Halphen avait pris une excellente position à gauche de Francilly et y combattit d'une manière remarquable pendant toute la journée. Les batteries Dupuich et Dieudonné s'établirent en arrière de la droite de la division Robin pour défendre la route de Cambrai, par où il était à craindre que l'ennemi tentât de nous tourner et de nous couper la retraite ; c'était là en effet l'intention du général von Gœben.

Les batteries de réserve furent placées à la gauche du

23ᵉ corps sur les hauteurs dominant la route de Ham. C'est à Ham que le chemin de fer amenait une partie des troupes venant d'Amiens et de Rouen. Il pouvait aussi en transporter par la Fère jusqu'à quelques kilomètres du champ de bataille.

Pendant la première partie de la journée, la lutte ne consista qu'en un combat de tirailleurs et d'artillerie pour la possession des bois et des villages qui se trouvaient entre les deux armées. Mais, vers deux heures, des renforts ennemis venant de Péronne attaquèrent vigoureusement notre extrême droite et enlevèrent le village de Fayet à la division Robin, menaçant ainsi la route de Cambrai. La 1ʳᵉ brigade du commandant Payen, envoyée sur ce point, aborda vivement le village sous la protection d'une batterie et demie d'artillerie de réserve envoyée par le général en chef. En même temps, la brigade Pauly des mobilisés du Pas-de-Calais, venant de Bellicourt au bruit du canon, prenait la part la plus honorable à cette opération. On réussit à repousser les Prussiens du village ; le 48ᵉ mobiles s'y établit et l'occupa jusqu'à la nuit. Quant aux autres troupes, elles prirent position en arrière sur les hauteurs où se trouvaient les batteries Dupuich et Dieudonné et empêchèrent l'ennemi de faire des progrès vers la route de Cambrai.

Sur la gauche, les brigades Isnard et de la Grange, déployant une grande valeur, pénétrèrent à plusieurs reprises dans les bois de Savy. Mais, vers quatre heures, par l'arrivée de la division Mémerly du 1ᵉʳ corps prussien, elles se trouvèrent en présence de forces trop supérieures et se virent obligées de céder peu à peu le terrain.

Le général Paulze d'Ivoy reçut alors du général en chef, l'ordre d'envoyer des renforts à sa gauche, pour arrêter les progrès de l'ennemi sur la route de Ham ; malgré ces renforts, l'ennemi put bientôt s'avancer sur la route et le long du canal et ne fut plus arrêté, jusqu'à la chute du jour qui ne tarda pas à arriver, que par le feu qui partait des solides barricades construites au faubourg Saint-Martin. M. le chef de bataillon du génie, Richard, premier aide-de-camp du général en chef resté jusqu'à la nuit à cette barricade pour y arrêter l'ennemi le plus longtemps possible, y fut cerné et ne parvint à s'échapper qu'après avoir été pris plusieurs fois et s'être débarrassé de plusieurs Prussiens à coups de revolver. Ainsi, à la nuit, du côté de l'ouest comme du côté du sud, nos troupes, épuisées par une journée entière de combat succédant à trois journées de marche forcées et d'escarmouches, par un temps et des chemins épouvantables, se trouvaient rejetées sur Saint-Quentin par un ennemi dont le nombre augmentait à chaque instant par les renforts qu'il recevait de Rouen, d'Amiens, de Péronne, de Ham, de Laon, de La Fère et enfin de Beauvais et de Paris.

La retraite fut alors ordonnée au 22ᵉ corps par la route du Cateau et au 23ᵉ corps par celle de Cambrai.

Le général en chef et son état-major, après avoir suivi le 22ᵉ corps jusqu'à Essigny, prit avec la cavalerie la route intermédiaire qui passe à Montbrehain. Les têtes de colonnes prussiennes entrèrent à Saint Quentin par les routes de La Fère et de Ham, lançant quelques obus sur la ville et faisant prisonniers tous les soldats débandés, perdus, éclopés et quelques compagnies qui se trouvaient cernées.

Il resta entre leurs mains trois ou quatre petits canons de montagne qui se trouvaient en position au faubourg d'Isle et deux pièces de 4 abandonnées dans la ville. Cette artillerie appartenait à la petite colonne auxiliaire qui était entrée à Saint-Quentin l'avant-veille.

Mais les quinze batteries de campagne de l'armée du Nord furent ramenées intactes à Cambrai avec leurs caissons et notre convoi.

L'ennemi eut, d'après Faidherbe, dans les journées des 18 et 19, à Vermand et à Saint-Quentin, environ 5,000 hommes hors de combat et nous environ 3,000 seulement. Cela tient à ce que nos coups portaient sur des masses de troupes doubles des nôtres. Grâce aux traînards qu'il ramassa sur les routes les 20 et 21, l'ennemi dut avoir entre ses mains le surlendemain de la bataille plus de 6,000 prisonniers, la plupart mobiles et mobilisés ; mais la moitié se sauva et rejoignit les corps au bout de quelques jours. » (1)

D'après le maréchal de Moltke, « cette victoire remportée non sans peine », n'aurait coûté aux Allemands que 96 officiers et 2,304 hommes.

---

(1) Mémoires du général Faidherbe.

XXXIII

La retraite de Saint-Quentin.

Il me reste maintenant à parler de la retraite qui a suivi le dernier combat livré par l'armée du Nord dans le but de faciliter aux Parisiens un suprême et dernier effort de délivrance.

Grâce au mouvement de recul des défenseurs de la capitale, des renforts ennemis, très considérables, avaient été expédiés, comme on sait, de Ham, Laon, La Fère et Amiens, et des troupes fraîches venant s'ajouter à celles qui résistaient avec peine devant Saint-Quentin, forcèrent à la retraite les Français accablés par le nombre et la fatigue.

Ce fut le jeudi, 19 janvier, à cinq heures du soir, que le général Lecointe prit sur lui la responsabilité de faire passer toutes les troupes par le seul pont du faubourg d'Isle, au sud de Saint-Quentin.

Il était temps. Les Prussiens se montraient partout et en nombre ; mais grâce aux batteries de la division Derroja, aux bataillons du 69e, du 67e, du 65e et du 33e de marche, au 24e et au 2e chasseurs également de marche, à un bataillon de fusiliers marins, les 22e et 23e corps d'armée purent se retirer avec tous leurs canons par les routes de Busigny et de Cambrai.

Pour arrêter l'ennemi et donner aux Français le temps de s'éloigner, des barricades avaient été construites dans Saint-Quentin, près de la gare et sur la place, avec des chariots renversés, des portes de maisons et des ballots de laine.

L'ennemi fut ainsi tenu plusieurs heures en échec.

Pendant ce temps, l'armée du Nord, triste et morne, gagnait Cambrai. Brisés de fatigues, beaucoup de nos malheureux soldats tombaient ou se couchaient sur la terre détrempée. Leurs souliers de carton, cet horrible produit de la spéculation la plus éhontée, tombaient en lambeaux, livrant leurs pieds à une pénétrante humidité, comme ils les avaient livrés, les jours précédents, aux horreurs de la gelée. Plusieurs portaient des sabots ; quelques-uns, un sabot et un soulier éculé ; beaucoup étaient complétement dépourvus de chaussures.

La plupart de ces derniers tombèrent entre les mains de l'ennemi qui les ramena prisonniers à Saint-Quentin.

Le 22e corps s'était retiré par la route de Busigny ; le 23e, par celle plus directe de Cambrai. Le général Paulze d'Ivoy, chargé de protéger la retraite, était parvenu à se sauver de Saint-Quentin avec sa petite troupe de braves, grâce au dévouement d'un Saint-Quentinois qui les conduisit à travers les rues détournées et les jardins. C'est ainsi qu'ils purent regagner leur corps sur la route de Busigny.

Les deux corps d'armée opérèrent leur retraite précipitée sans être trop harcelés par l'ennemi.

Il n'y eut que les hommes épuisés par la fatigue et les traînards qui se firent prendre.

Les routes étaient restées libres au grand étonnement des Français eux-mêmes.

Et cependant le général von Gœben avait ordonné, dès le 18, que si l'armée française se retirait on fît pour l'atteindre, les efforts les plus grands.

« S'il arrivait, disait-il, que l'ennemi n'attendît pas notre attaque, il faudrait se mettre à sa poursuite avec la plus grande énergie, au prix des efforts les plus grands, car l'expérience nous apprend que, contre *des troupes si faiblement organisées*, ce n'est pas tant le combat lui-même qui donne les plus grands résultats que son action dissolvante, et c'est cette action qu'il nous faut exploiter. — Ham, le 18 janvier, dix heures du soir. *Signé :* Von Gœben ».

Un moment, la route de Saint-Quentin à Cambrai fut sur le point d'être interceptée par l'ennemi, mais arrivé à Bellenglise il se retira à la vue des masses qui étaient échelonnées le long de la route nationale, sur chaque rive du canal de Saint-Quentin. Ces masses se composaient de gardes nationaux mobilisés du général Pauly qui étaient partis l'avant-veille de Cambrai, armés de vieux fusils à pierre transformés en fusils à piston, et qui n'auraient certes pas résisté longtemps à une attaque un peu vigoureuse de l'ennemi, bien qu'elles fussent abritées derrière le canal. Un échec de ce côté eût entraîné la perte de la moitié de l'armée du Nord.

Ce fut seulement le vendredi dans la journée que les ennemis, d'ordinaire si audacieux et si actifs, entreprirent réellement la poursuite de notre armée. Ils s'approchèrent ce jour-là à trois kilomètres de Cambrai, du côté de Masnières.

L'entrée de Rumilly leur fut chaudement disputée. Postés derrière les haies, derrière les arbres et embusqués en arrière des fossés, des tirailleurs venus de Cambrai firent des éclaircies dans les colonnes prussiennes. Les ennemis, cependant, forts par le nombre, s'avancèrent avec leurs canons, se déployèrent également en tirailleurs, et poussèrent enfin devant eux les quelques centaines de braves qui n'avaient réussi qu'à retarder l'invasion du village le plus rapproché de nos faubourgs, sur la route de Paris.

Les habitants de Rumilly furent durement châtiés de la résistance qu'on avait opposée sur leur terroir. Plusieurs furent maltraités et presque tous dévalisés.

Telle a été cette funeste retraite qui a du moins été signalée par plusieurs actions courageuses.

L'armée du Nord n'était pas anéantie, mais elle avait supporté des pertes sensibles ; un grand nombre de ses officiers étaient restés sur le champ de bataille ; les soldats avaient eu à endurer des fatigues inouïes, plusieurs journées de marche et de combats par un temps et des chemins épouvantables, par une saison des plus rigoureuses, avec des alternatives désolantes de froid et de dégel également pénibles.

Je voudrais taire, pour l'honneur de notre pays, une autre cause de douleur pour cette armée ; mais à quoi bon ? il est utile, même, de la faire connaître.

L'armée du Nord a été la malheureuse victime des fournisseurs si justement flétris par la commission des marchés. Ces soldats qui devaient être le plus souvent sur pied, jour et nuit, se battre dans la neige ou la boue, bivouaquer par des froids de dix degrés et davantage, faire des étapes de douze heures dans des plaines détrempées, avaient des chaussures qui se décomposaient au bout d'une heure et des uniformes faits avec cette étoffe sans nom qui n'était pas celle d'un vêtement. Je ne saurais oublier l'impression que j'ai éprouvée en voyant arriver le 20 janvier à Cambrai les fuyards de Saint-Quentin, ces pauvres jeunes gens dont plusieurs marchaient pieds nus et n'avaient plus que des haillons couverts de boue. Ils étaient vaincus, mais il ne s'élevait contre eux aucun reproche : il s'élevait un cri de douleur et de commisération.

XXXIV

Les Allemands devant Cambrai.

Le vendredi 20 janvier, à deux heures de l'après-midi, les Allemands se montrèrent devant Cambrai Leur colonne se composait de quelques centaines d'hommes seulement, en infanterie et cavalerie, et de deux ou trois pièces d'artillerie qui lancèrent de Rumilly plusieurs projectiles sur la ville, sans toutefois pouvoir y causer aucun dégât.

Quelques-uns de ces projectiles tombèrent dans des jardins avoisinant les remparts, entre les portes de Paris et de Cantimpré.

Le lendemain, samedi, la colonne ennemie était rejointe par un corps d'armée de huit à dix mille hommes et par une forte artillerie de campagne.

A midi, cette colonne, qui paraissait venir de Saint-Quentin, s'arrêtait à Masnières et dans les villages environnants, coupait la route à quatre kilomètres de Cambrai, à l'endroit connu sous le nom de *Montagne blanche* et y établissait une batterie.

Dans l'après-midi et dans la soirée, la plupart des routes qui aboutissent à Cambrai, furent interceptées par de nouvelles troupes prussiennes.

Les trains cessèrent de circuler, la voie était rompue et le télégraphe brisé.

Pour la deuxième fois les ennemis essayèrent de faire sauter le pont d'Iwuy élevé sur l'*Erclin*, mais ils n'y réussirent pas encore.

Le lendemain dimanche, 22 janvier, vers neuf heures du matin, un parlementaire se présentait à la porte de Paris et était amené, les yeux bandés, à l'Hôtel-de-Ville, par deux gardes nationaux, dont le poste se trouvait près des casemates, dans la traversée des fortifications, entre le premier et le second pont.

Quand il fut arrivé en présence du général on lui débanda les yeux, et il remit alors à cet officier supérieur la sommation suivante :

« Monsieur le Commandant,

« L'officier qui vient vous transmettre cette lettre est chargé de ma part de se présenter devant vous en parlementaire.

« Je me permets de vous proposer de rendre la place au soussigné, pour épargner à la ville les suites fâcheuses d'un bombardement.

« L'officier est autorisé de traiter et de signer la capitulation.

« Von GŒBEN, lieutenant-général. »

Le général Séatelli après avoir pris, séance tenante, l'avis des autorités locales, fit cette réponse pleine d'une fierté laconique, à l'envoyé du roi Guillaume et lui en délivra copie :

« La ville a des vivres, des canons et des munitions. Elle se défendra jusqu'à la dernière extrémité.

« Le général commandant supérieur,
SÉATELLI. »

Après que le parlementaire eût été reconduit comme il avait été amené, Séatelli adressa aux habitants de Cambrai une proclamation dans laquelle il leur recommandait de faire leur devoir, leur promettant de remplir le sien jusqu'au bout. Voici en quels termes elle était conçue :

« Citoyens et soldats,

« L'heure du péril et des rudes épreuves a sonné. Le bombardement de la place va commencer dans quelques heures.

« Que chacun s'élève à la hauteur du devoir que lui impose la situation.

« Je compte sur vous, soldats, et vous surtout, habitants de la ville de Cambrai, qui saurez faire votre devoir jusqu'au bout.

« S'il y avait des traîtres et des lâches parmi nous, ne craignez rien, il en sera fait prompte et bonne justice, car une cour martiale est instituée.

« Courage, persévérance, patriotisme, tel est le mot d'ordre.

« Ne l'oublions pas.

« Vive la France !

« Le général commandant supérieur,
SÉATELLI. »

On s'attendait, d'après les menaces du lieutenant général Von Gœben, à un bombardement immédiat; mais nos pièces de rempart seules tonnèrent de temps en temps sans recevoir de réponse.

Les Cambrésiens n'eurent d'autre occupation ce jour-là qu'à déménager tout ce qu'ils avaient d'objets inflammables dans leurs greniers, et de descendre dans leurs souterrains ou leurs « boves », ce qu'ils avaient de plus précieux.

Le lendemain lundi, à leur grande surprise, les Cambrésiens apprirent, par leurs éclaireurs, que le gros des forces ennemies avait disparu et qu'il ne restait plus aux alentours de la ville que quelques détachements de cavalerie.

Qu'était-il survenu ?

Le clergé et le peuple religieux, qui avaient invoqué

l'assistance de la Patronne de Cambrai à l'approche du danger, ne doutèrent pas que leurs prières n'eussent été exaucées, et voilà pourquoi ils n'ont pas cessé, depuis la guerre, de témoigner leur reconnaissance à Celle qu'ils ont invoquée aux jours du péril ; voilà pourquoi chaque année, le 22 janvier, la grosse cloche de la Cathédrale est mise en branle, rappelant ainsi aux Cambrésiens comment leur ville fut délivrée le jour même où elle avait été menacée d'être réduite en cendres.

La ville de Cambrai, au 22 janvier, n'avait véritablement pas de soldats pour la défendre, car on ne pouvait appeler ainsi deux ou trois compagnies de mobiles mal commandés, mal armés, mal disciplinés, et dont un grand nombre ne savaient même pas porter les armes.

Quant aux soldats revenus de Saint-Quentin, on avait fini par leur interdire l'entrée de la ville, et on les avait tous dirigés sur Lille où l'armée du Nord devait se reformer.

Les Prussiens avaient donc la partie belle : ils pouvaient détruire facilement la ville avec leurs canons à longue portée et s'en emparer.

Pourquoi ne l'ont-ils pas fait ?

Monseigneur Régnier l'expliquait, le 27 mars 1871, dans une lettre au Souverain Pontife :

« La main du Seigneur, Très-Saint Père, ne s'est pas appesantie sur mon diocèse, elle n'a fait que le toucher légèrement Tandis que dans les contrées, qui nous avoisinent, la guerre exerçait ses plus sanglants ravages et que tout y était livré au fer, au feu et à la dévastation, les ennemis ont à peine franchi les limites, et ils ne les ont occupées que pendant très peu de jours.

« Notre ville de Cambrai a été préservée de toute atteinte au moment même où les ennemis avaient commencé à investir ses remparts ; lorsqu'ils se préparaient à l'incendier, et, autant qu'il était en leur pouvoir, à la détruire de fond en comble pour frapper de terreur les autres places fortes du pays ; après qu'ils eurent envoyé, comme il est d'usage en pareille circonstance, un parlementaire pour la sommer de se rendre, sous peine d'être immédiatement attaquée et détruite, *changeant subitement de dessein sans être repoussés par aucune force militaire, ils abandonnèrent leurs positions et n'ont plus reparu depuis lors.*

« Tout le monde ici, Très-Saint Père, est persuadé, *et cette persuasion est parfaitement fondée,* que si notre ville a été sauvée ainsi et complètement préservée de la destruction imminente qui la menaçait, nous devons cette grâce à la très sainte et immaculée Vierge Marie, que nous honorons comme notre Patronne et dont les fidèles et le clergé avaient, au commencement de la guerre, imploré l'assistance et la protection par des prières publiques et un vœu solennel. »

XXXV

Les Allemands devant Landrecies.

Après une journée et une nuit passées dans l'angoisse, les Cambresiens apprirent, non sans étonnement, que deux corps de troupes prussiennes et saxonnes, détachées de l'armée campée aux environs de Masnières sous le commandement du général von Gœben, s'étaient éloignés de Cambrai et dirigés sur Landrecies.

Cette ville était en ce moment défendue par la 4ᵉ batterie du 5ᵉ régiment d'artillerie de la garde nationale mobile du Nord, deux Compagnies du 75ᵉ de ligne, un bataillon de mobilisés de l'Aisne et quelques marins canonniers.

Le 23, qui était un lundi, à une heure de l'après-midi, les Allemands mirent cinq pièces en batterie à environ six cents mètres de la Porte de France. Puis, sans sommation aucune, ils commencèrent le feu. Nos artilleurs ripostèrent aussitôt. Cette première attaque n'était cependant qu'une feinte pour tromper les assiégés.

Vers deux heures et demie, les sentinelles placées sur les remparts aperçurent de fortes masses noires qui s'avançaient le long de la voie ferrée : c'étaient les Allemands qui venaient occuper la gare aux marchandises et le lieu dit *le Grimpet :* là ils établirent une batterie qui causa de grands ravages dans Landrecies.

On évalue à près de cinq cents les obus lancés par les Prussiens. Le quartier où se trouvaient l'arsenal et l'église paraissait être l'objectif du tir de l'ennemi dont la précision était remarquable.

La poudrière était heureusement couverte de terre et d'un épais blindage : si elle eût sauté, c'était la perte de la ville tout entière. La toiture et la voûte de l'église faillirent s'abîmer sous les projectiles, et le portail ainsi que les degrés en pierres, furent réduits en miettes.

Nos pertes en hommes purent se compter, et cependan le génie, d'ordinaire si méticuleux, si difficile, à cette époque, pour tout ce qui paraissait le gêner aux abord d'une place de guerre, avait laissé les remparts de Lan drecies en mauvais état de défense. Les chemins étaien mal entretenus, et, chose plus grave encore, les embrasure des pièces n'étant ni gabionnées ni garnies de portières les canonniers servants se voyaient en butte au tir de fantassins ennemis qui se tenaient cachés dans et derrièr les bâtiments de la gare du chemin de fer. Toutes ce négligences ont été constatées dans un rapport daté du 17 août 1871, et adressé par M. Delcourt, notre conci toyen, à M. le Ministre de la guerre.

C'est à ce manque de prévoyance que nous devons l perte de plusieurs artilleurs et autres défenseurs de l place, parmi lesquels nous citerons trois de nos honorable concitoyens : le brigadier Défossez, frappé d'une balle a front au moment où il pointait sa pièce contre l'ennemi Grésillon et Dupont, tous trois faisaient partie de l 4ᵉ batterie.

L'ennemi éprouva des pertes beaucoup plus sensibles Il avait pensé s'emparer de Landrecies sans coup férir mais voyant qu'on lui résistait avec opiniâtreté, il cru prudent de profiter de l'obscurité de la nuit pour battre e retraite et emporter ses morts.

Un cultivateur de Bousies m'a raconté, à cette époque d

la guerre, comment les Prussiens s'y prirent pour ne point faire connaître aux Français ce qu'ils avaient perdu d'hommes autour de la gare de Landrecies.

« Des cavaliers allemands, m'a-t-il dit, étaient venus, le pistolet au poing, nous commander d'atteler sur le champ et de les suivre. La réplique n'était pas possible ; il fallut obéir tout en maugréant à part soi, et c'est ainsi que nous nous rencontrâmes au nombre de quinze voituriers à environ deux kilomètres de Landrecies, où avait eu lieu l'arrêt. On fit ranger nos chariots comme pour le départ ; puis, avant de nous charger, on nous éloigna à vingt pas de nos chevaux, menaçant de descendre quiconque d'entre nous s'aviserait de regarder en arrière.

Nous comprîmes tout ce que cela voulait dire.

Quand il n'y eut plus un soldat à relever, on nous rappela et à l'instant nous défilâmes le plus vite que nous pûmes. Il était nuit close lorsque nous traversâmes Le Cateau. Bientôt on procéda au transbordement de nos voitures, en usant des mêmes précautions qu'au départ ; mais d'après mes calculs qui ne doivent guère être erronés, j'estime que chaque chariot avait transporté en moyenne 20 hommes, tant tués que blessés grièvement, ce qui donnerait environ 180 hommes tués et 120 blessés. Total 300.

Le lendemain, 24 janvier, il n'y avait plus un soldat allemand autour de Landrecies. Le siège était levé.

Cinq cents obus environ avaient été lancés sur la ville, dont la partie haute, surtout, souffrit du bombardement ; soixante maisons s'étaient abîmées sous les projectiles.

Pendant ces désastres, et malgré le danger, les sapeurs-pompiers, commandés par M. Martin, déployèrent un courage et une énergie dignes des plus grands éloges, n'interrompant leur périlleuse besogne que lorsque les obus la rendaient impossible.

Ils furent puissamment aidés par le Juge de paix, par

les Frères de la Doctrine chrétienne, par M. Leman, vicaire, par le sapeur Jospin et par un artilleur de Douai, qui tous se dévouèrent avec ardeur au sauvetage des maisons incendiées. Une de ces dernières, la maison de M. Sculfort-Renard, reçut cinquante obus qui, en éclatant à l'intérieur, ont littéralement pulvérisé le mobilier ; celle de M. V. Salé, une trentaine. Les ravages furent évalués à quatre cent mille francs environ.

Par sa défense vigoureuse, par sa résistance énergique, Landrecies avait brillamment soutenu sa réputation ; et cependant nous ne connaissons qu'un seul de ses défenseurs qui ait été récompensé : ce fut le maréchal-des-logis-chef Capliez Gustave, de la 4ᵐᵉ batterie mobile, qui, pour s'être distingué sous le feu de l'ennemi, se vit décoré de la médaille militaire.

Ce qui vient d'être dit de la défense de Landrecies ne serait pas complet, si j'omettais de rapporter ce qui a été écrit sur ce fait de guerre par un des principaux défenseurs de la ville assiégée, M. Delcourt, capitaine-commandant de la 4ᵐᵉ batterie. On trouvera ce document dans le chapitre suivant.

XXXVI

Le Siège de Landrecies

RACONTÉ

PAR M. CH. DELCOURT, CAPITAINE DE LA 4ᵉ BATTERIE.

« Le 22 janvier au matin, à l'heure indiquée, la batterie se formait en bataille en face de la Mairie et attendait M. le capitaine d'artillerie de la place que précédait un porte-fallot ; il la conduisit sur les remparts. Ces remparts étaient dans un état presque inaccessible ; la boue rendait l'abord des pièces en batterie et des magasins très difficile ; le service et l'approvisionnement de ces pièces plus difficiles encore Aucune des embrasures des pièces n'étant gabionnées ni garnies de portières, ni de sacs-à-terre, les canonniers servants se trouvaient donc très à découvert. Il n'était plus temps de faire des travaux ; toute observation était inutile, il fallait accepter les choses dans l'état où elles se trouvaient et en tirer le meilleur parti possible. Cette reconnaissance faite, l'ennemi n'étant pas en vue de la place, ni signalé comme s'en approchant, l'ordre fut donné de nous rallier à l'hôtel de ville où des billets de logement furent distribués à la troupe ainsi qu'une journée de solde augmentée d'une gratification prise sur le boni de l'ordinaire, pour aider les hommes à se procurer des vivres qui étaient hors de prix.

« Le lendemain lundi 23 janvier, après l'appel de onze heures, au moment où le maréchal-des-logis-chef faisait la solde de la journée augmentée comme la veille de la même gratification, un instant après l'entrée dans la place d'un bataillon du 75ᵉ régiment de ligne venant de Lille, l'approche de l'ennemi fut signalée et bientôt la fusillade se fit entendre.

« La 4ᵉ batterie se rendit au pas de course au bastion numéro 1 et aux ouvrages à cornes et avancés, postes que venait de lui assigner M. le capitaine d'artillerie de la place. Une compagnie du 75ᵉ commandée par le capitaine Rotier, déployée en tirailleurs, facilitait considérablement son tir, comme principale troupe de soutien, la mobilisée n'étant armée que de fusils généralement en mauvais état et de courte portée.

« Inutile de parler ici de l'état de l'armement de la place, de citer la conduite de tel ou tel, laissons ce soin à d'autres. Bornons-nous à dire que le 75ᵉ de ligne, la mobile et la mobilisée étaient à leurs postes ; que trois de nos braves camarades, Défossez, brigadier, Grésillon, canonnier de la 4ᵉ batterie, et Dupont, canonnier de la 7ᵉ batterie, attaché à une pièce de la 4ᵉ batterie, ont été frappés de balles ennemies aux postes qui leur avaient été assignés par leurs chefs de pièce ; que deux d'entre eux sont morts des suites de leurs blessures, Défossez à Landrecies, Grésillon à l'hôpital de Maubeuge ; que l'ennemi, fort de quatre à cinq mille hommes, avec deux batteries d'artillerie, fut surpris d'une résistance qu'il ne s'attendait pas à rencontrer devant la petite place de Landrecies, défendue par mille à mille deux cents hommes de la mobilisée, de la mobile et du 75ᵉ de ligne, ces derniers seulement armés de fusils chassepots ; qu'étonné surtout des pertes que lui avaient fait subir l'artillerie et la mousqueterie de la place, dirigeant leurs feux sur les glacis et les gares jusqu'où son infanterie et sa cavalerie s'étaient aventurées, l'ennemi a cessé le feu après un bombardement de quatre heures et demie ; que ce laps de temps lui a suffi pour incendier l'arsenal et plusieurs maisons, causer des dommages à un grand nombre d'autres propriétés, et à l'église des dégâts très sérieux et qu'il lui eût suffi pour détruire presqu'entièrement la ville de Landrecies, si l'une de ses batteries, celle du plus fort calibre, établie en face de la porte de France n'avait pas manqué de précision dans son tir ; qu'enfin après avoir quitté les remparts, les hommes de la 4e batterie qui n'avaient pas été commandés pour y rester de service pendant la nuit, ont grossi le nombre des travailleurs dirigés avec une grande habileté, un grand sang-froid et beaucoup d'énergie par M. le capitaine des pompiers et M. le juge de paix, pour combattre l'incendie qu'ils parvinrent à circonscrire et à maîtriser.

« Tout le monde s'attendait à voir recommencer l'attaque, l'incendie pouvant, pendant la nuit, servir d'objectif à l'ennemi.

« On était sur le qui-vive, et dès la pointe du jour tout le monde était à son poste. L'ennemi s'était retiré en emportant avec lui, ses morts et ses blessés.

« Le lendemain la 4me batterie enterrait dans l'intérieur de la ville, au pied de l'église, le brave et regretté brigadier Défossez. Elle lui rendit les honneurs militaires, et, avant de laisser éloigner la foule consternée qui composait le cortège funèbre, le capitaine qui commandait prononça d'une voix émue les paroles suivantes :

« Messieurs et vous tous enfants du Cambrésis,

« Avant de nous éloigner de cette tombe, permettez-moi
« de rendre un dernier hommage à notre brave frère
« d'armes dont nous venons de déposer la dépouille
« mortelle.

« Pardonnez-moi mon émotion aussi profonde que lé-
« gitime.

« Libéré du service militaire, Henri Défossez a été appelé
« comme nous tous lorsque la patrie a été en danger.

« Bien pénétré de son devoir, il l'a accompli courageu-
« sement faisant abnégation de ses intérêts personnels, de
« sa famille et de sa vie.

« Il nous lègue à tous, si bien unis par l'étroit lien de
« la Fraternité, à son père, à sa mère, à sa veuve et à son
« enfant, le plus bel héritage qu'un Français peut envier
« dans le moment d'épreuves que nous traversons.

« Honneur à ce brave camarade que nous pleurons.

« Honneur à cette noble femme qui l'a recueilli et soigné
« comme la plus tendre des mères ! Madame Hortense
« Beaurin, ouvrière blanchisseuse, vivant de son travail.

« Honneur à notre brave et regretté frère d'armes, mort
« vaillamment et dont tous nous suivrons l'exemple en
« nous dévouant au salut de notre mère-patrie.

« Adieu Défossez ! Adieu !! »

« Le 25 janvier, un rapport de la journée du 23 était
remis au commandant supérieur de la place de Landrecies.
Un double en était adressé au colonel Souchon, commandant le régiment. Y étaient signalés comme s'étant distingués sous le feu de l'ennemi :

« Le maréchal-des-logis-chef Capliez, — les maréchaux-
des-logis Watremez Emile et Bertrand, — le brigadier
Bracq Alfred, — le trompette Maillez, faisant le service de
premier servant à une pièce et Léon Choquet, ancien
militaire de l'armée du Mexique, trompette d'ordonnance
auprès du capitaine...... »

. . . . . . « La paix était signée. Le 20 Mars,
à deux heures vingt minutes de l'après-midi, la troupe
de la 4ᵐᵉ batterie arrivait à Cambrai. Réunie sur la place
de la gare elle entendit la lecture de la note suivante :

« Le moment est arrivé où nous allons être rendus à
« nos familles et reprendre avec elles, nos travaux, nos
« occupations. Il n'a pas dépendu de nous que les résul-
« tats de cette malheureuse guerre fussent moins alarmants
« pour la France. Nous avons la consolation d'avoir fait
« consciencieusement notre devoir dans tous les postes
« qui nous ont été assignés et que nous avons toujours
« acceptés comme doit le faire un soldat, sans jamais rien
« solliciter, ni faire entendre la moindre plainte.

« Nous avons payé notre tribut, le sang de nos frères
« s'est mêlé à tant de généreux sang versé pour la défense
« de notre chère patrie. Ceux des nôtres que nous pleurons
« sont comme tant d'autres morts glorieusement pour le
« salut de la France, qui leur en sera reconnaissante.

« Au moment de nous séparer, avant de rompre ces
« liens étroits de la solidarité qui nous unissait, et qui avait
« fait de nous une véritable famille, acceptez les remer-
« ciements de celui qui en avait pris la direction, dans le
« seul but de servir et de défendre de nouveau la patrie,
« d'être utile à notre cité en marchant de nouveau avec ses
« enfants.

« Vous lui avez rendu sa tâche facile par votre bonne
« conduite, votre respect pour la discipline, le courage et
« l'énergie avec lesquels vous avez supporté les privations,
« les fatigues, les dangers, depuis le jour où arrachés à
« vos familles, vous avez pris les armes, que vous allez
« déposer, en emportant dans vos cœurs le souvenir de
« votre chère et bien-aimée 4me batterie, le sentiment
« du devoir et l'amour de la patrie.

« Cambrai, le 20 mars 1871.

« Le Capitaine commandant la 4me batterie,

« Signé : CH. DELCOURT. »

XXXVII

Réquisitions.

Cambrai et les autres places de guerre du Nord qui n'ont pas été envahies par l'ennemi ne peuvent que très imparfaitement se faire une idée des vexations de toute nature, dont les populations — malheureux témoins du passage ou du séjour des Prussiens, — ont été les tristes victimes. Non contents de piller dans les maisons ce qui était à leur convenance, les soldats de Guillaume y brutalisaient souvent les habitants, tandis que leurs chefs, moins féroces mais plus avides encore, imposaient les communes extraordinairement. Il serait impossible de relever ici tout ce que les Allemands ont pris de vive force, en France, avant le paiement exigé des cinq milliards. Leurs agissements dans les cantons des arrondissements de Péronne et de Cambrai n'ont été que les répétitions successives de ce qu'ils avaient fait précédemment dans les autres contrées envahies.

Les indications, ci-après, des réquisitions faites en Picardie sont extraites d'un excellent ouvrage (1) que j'ai eu plusieurs fois occasion de consulter et de citer.

Les huit cantons de Péronne ont tous été ravagés par l'ennemi ; aucune commune, riche ou pauvre, n'a été épargnée.

---

(1) L'*Invasion en Picardie* ou *Récits et Documents* concernant les communes de l'arrondissement de Péronne pendant la guerre allemande de 1870-1871, par Gustave Ramon (Vindex).

1° Canton d'Albert (22 communes) :

Albert	Montant des réquisitions	264.698 fr.
Auchonvillers . . .	11	réquisitions	33.000
Authuille	6	—	4.371
Bazentin	4	—	3.312
Beaucourt	2	—	520
Bécourt-Bécordel . .	19	—	10.410
Bouzincourt . . .	9	—	20.878
Contalmaison . . .	2	—	1.000
Courcelettes . . .	32	—	53.042
Dernancourt . . .	2	—	8.069
Fricourt	Diverses	—	10.416
Grandecourt . . .	3	—	18.216
Irles	8	—	7.920
Laviéville . . .	4	—	15.815
Mametz	28	—	17.712
Mesnil-Martinsart . .	7	—	13.569
Millencourt . . .	10	—	4.975
Miraumont . . .	15	—	44.500
Ovillers-la-Boisselle .	10	—	25.000
Pozières	15	—	8.252
Pys	6	—	5.200
Thiepval	3	—	1.403
	Total . .	572.278 fr.

Voici résumés les autres cantons :

2° Canton de Bray (18 communes) . . 749.577 fr.
3° Canton de Chaulnes (23 communes) . 833.947
4° Canton de Combles (21 communes) . 289.898
5° Canton de Ham (20 communes) . . 755.994
6° Canton de Nesle (24 communes) . . 446.985
7° Canton de Péronne (20 communes) . 1.002.818
8° Canton de Roisel (23 communes) . . 529.350

Total des réquisitions prélevées par l'ennemi dans l'arrondissement de Péronne . . . . 5.180.847 fr.

Les méfaits des Prussiens ne se bornaient point aux réquisitions en nature et aux sévices contre les personnes. Dans le Cambrésis comme dans l'arrondissement de Péronne, ils exigèrent de l'argent. Voici ce que recommandaient le général Von Gœben et le prince Albert les 22 et 23 janvier 1871 :

« M. le lieutenant-général Von Barnekow, je prie votre excellence de lever aujourd'hui et demain des contributions dans les districts occupés par vos troupes. Je vous assigne les cantons de Clary et du Catelet, ainsi que ceux de Solesmes et de Carnières, autant que la chose sera possible dans ces derniers. On peut prendre pour règle *vingt-cinq francs par tête ;* mais il ne sera pas toujours possible d'obtenir un taux aussi élevé.

« Il faut envoyer en arrière et au besoin emporter tout ce que l'on peut d'avoine. Il faut remplacer les chevaux que nous avons perdus et échanger ceux qui sont devenus impropres au service. Il est utile d'emmener beaucoup de bêtes à cornes.

« Von Gœden, à Caudry, le 22 janvier 1871. »

« — Je fais remarquer de nouveau que la nourriture des hommes et des chevaux doit être fournie en première ligne, par les communes où ils sont cantonnés, surtout l'avoine, la viande et le pain. Lorsque les habitants sont dans l'impossibilité absolue de fournir ces objets, il faut obliger les communes à cuire le pain.

« Albert, prince de Prusse, à Maretz, 23 janvier, dix heures et demie du matin. »

Les Prussiens ne perdaient pas de temps. Mettant à profit l'épouvante qui s'était répandue dans les petites villes ouvertes et les campagnes, ils continuèrent dans le Cambrésis le système de réquisitions qui leur avait si bien réussi dans la Somme, l'Aisne et plusieurs communes du Pas-de-Calais.

Le 23 janvier, c'est-à-dire le lendemain de la sommation faite à la ville de Cambrai d'avoir à se rendre immédiatement, deux cents Prussiens s'en allaient à Solesmes, vers dix heures du matin et en repartaient vers trois heures de l'après-midi, emmenant au Cateau, comme otages, trois conseillers municipaux. On leur avait compté 12,000 francs, mais ils en demandaient 40,000, plus 20 vaches et 200 quintaux d'avoine.

Le même jour, à six heures, tous les maires des environs de Solesmes étaient réunis dans cette ville. Les Prussiens avaient demandé 200,000 fr. pour tout le canton, mais l'avis des maires fut d'abord qu'on devait refuser, l'ennemi n'ayant pas voulu garantir qu'il ne serait plus fait d'autres réquisitions. A la fin, sous l'impression des menaces qui leur étaient faites, ils se décidèrent à payer la somme exigée contre un reçu.

Se basant toujours sur la contribution de guerre de 25 francs par tête, les Allemands réclamèrent pour le canton de Carnières, 675,000 francs, et comme le maire de ce chef-lieu déclarait qu'il lui était impossible de fournir seul cette énorme imposition, ils réclamèrent cinq otages pris dans le conseil municipal.

Les cinq otages désignés par le sort furent MM. Bricout-Ledieu, propriétaire ; Lemahieu Nestor, négociant en liqueurs ; Roger, fabricant de sucre au hameau de Boistrancourt ; Salet, médecin, et Denisard, vétérinaire.

Au bout de quelques jours, M. le doyen et M. Telliez, maire de Carnières, munis d'un sauf-conduit, s'en allaient trouver le général Von Gœben à Amiens et lui représentaient que le chef-lieu ne pouvait répondre pour toutes les communes du canton : ils le priaient en conséquence de n'exiger que la quote-part de Carnières, soit 45,000 francs, et par suite de remettre en liberté les cinq otages.

Le général, par déférence pour le Doyen et le Maire dont il avait su apprécier les hautes qualités, fit droit à leur juste réclamation.

M. Vassart, curé de Cattenières, qui a visité l'une après l'autre, la plupart des communes du Cambrésis imposées extraordinairement par l'ennemi, nous apprend que le canton de Clary fut d'abord taxé à 800,000 francs, puis à 100,000 seulement ; celui du Cateau à 900,000 francs. A la commune de Boursies il fut demandé 18,000 francs ; à Mœuvres 21,250 francs ; à Maretz 75,000 francs ; à Anneux 125,000 francs ; à Basuel 32,000 francs ; à Naves 7,000 francs ; à Villers-Guislain, Gonnelieu, Bantouzelles, etc., etc., il fut exigé des impositions en argent proportionnées à leur population.

Partout où les communes ne pouvaient fournir immédiatement la somme exigée, des notables étaient emmenés aussitôt comme otages.

A Clary, MM. Bobœuf-Mallet, Bourlet-Claisse et Doublemart-Molinier avaient été conduits, sous escorte, à Amiens le 24 janvier. Quatre jours après, M. l'abbé Coulmon, doyen du décanat de Carnières, et M. Décupère Alfred, notaire, se rendaient à Amiens auprès de Von Gœben.

« On nous avait promis, dit M. Coulmon, que la somme de 100,000 francs suffirait, mais le lendemain, on exigeait que la somme de 800,000 francs d'abord demandée fût intégralement versée, ce qui fixait dès lors à 70,000 francs la part du chef-lieu.

« En partant pour Amiens, nous avions, par mesure de précaution, pris 12,000 francs pour le cas où Von Gœben voudrait un nouvel acompte avant de relâcher les otages ; mais il nous écouta avec la plus bienveillante attention et nous obtînmes l'élargissement de nos concitoyens sans bourse délier. »

Clary, tout en témoignant sa reconnaissance aux otages qui avaient enduré à Amiens quatre jours de dure captivité, n'oublia point les deux dévoués négociateurs qui leur avaient fait recouvrer la liberté.

Voici ce qu'a écrit M. Mucherie, curé de Maretz à l'époque de la guerre.

« Le jour même de leur arrivée chez nous, les Prussiens nous imposèrent à 10,000 francs. Cette somme n'ayant pu être fournie à l'heure par eux fixée, ils prirent comme otages MM. Taisne, Poële et Goffart, qu'ils conduisirent le lendemain à Saint-Quentin. La somme fut payée, et ces messieurs revinrent. Mais le jour suivant, les ennemis exigèrent 75,000 francs. Il fut répondu que la commune ne pouvait fournir cette somme. De nouveaux otages MM. Direz Évariste et Louis Désiré, tous les deux industriels, furent internés dans la citadelle d'Amiens le 27 janvier.

« Le 3 février, M. Goffart, maire, et moi, allions à Amiens pour solliciter Von Gœben qu'une indisposition empêcha de nous recevoir. On nous renvoya à l'état-major où il nous fut enfin permis de nous expliquer. Nous obtenions la libération de MM. Direz et Louis Désiré, le lendemain dimanche 5 février, à la condition que si l'armistice n'était pas suivi de la paix, Maretz devrait payer encore de 8,000 à 10,000 francs, condition que nous avons dû écrire et signer. »

Naves, dit l'instituteur de cette commune, M. Maillet, avait été imposé pour 2,000 francs en espèces, 3 chevaux, 3 vaches et 100 hectolitres d'avoine, le tout d'une valeur de 7,000 francs. Deux otages avaient été pris en garantie : MM. Lemaire Gervais et Guidez Maximilien. Sur l'acquit de la contribution ils furent relâchés.

La ville du Cateau, quoique populeuse et voisine de Landrecies et de Cambrai, ne fut pas plus épargnée que les autres petites communes situées entre ces deux places fortes, aujourd'hui démantelées. Le samedi 21 janvier, les Catésiens purent voir, sur quelques hauteurs dominant la ville, les premières sentinelles prussiennes qui venaient reconnaître le terrain et s'assurer qu'il n'y avait ni troupes, ni francs-tireurs.

A la suite de cette première reconnaissance, des cavaliers pénétraient dans la ville en éclaireurs et sommaient la municipalité de préparer, à très bref délai, des approvisionnements de pain et de viande ; ils ordonnaient, en outre, que les habitants, en possession d'armes à feu, les apportassent aussitôt sur la place de l'Hôtel-de-Ville, sous peine d'être fusillés.

Le même jour, un régiment de Saxons, le 96e, faisait son entrée dans la ville au bruit des chants qu'accompagnaient quelques fifres. Un berger que les ennemis avaient rencontré sur la route avait été contraint de rebrousser chemin et de les suivre au Cateau avec son troupeau de moutons.

Le premier acte des Prussiens en arrivant sur la place fut de réitérer l'ordre d'y apporter les armes et les uniformes : les fusils furent brisés et les vêtements de la garde nationale mis en tas et brûlés.

Ces Saxons se montrèrent rapaces pendant leur court séjour au Cateau ; tout leur semblait bon à prendre : gants de laine, chaussures, tabac, épicerie, jouets d'enfants. Un pauvre tisseur, qui reportait sa pièce chez le fabricant, se la vit enlever par des soldats qui se la partagèrent et en firent aussitôt des cache-nez. Un facteur de la poste, arrêté en chemin par un de ces détrousseurs, dut lui abandonner ses gants de laine et ses souliers.

Le 23 janvier, qui était un lundi, le 96e saxon fut remplacé par le 41e prussien, dont la conduite fut encore plus détestable. Ces nouveaux venus firent rassembler au Cateau tous les chevaux du canton, au nombre d'environ deux mille, et les renvoyèrent après en avoir choisi vingt-trois à leur convenance.

Ils pillèrent ensuite les magasins de chaussures, et comme à Saint-Quentin, par suite des réquisitions successives qui s'y étaient faites, il n'y avait plus rien à prendre, les Prussiens chargèrent sur de nombreux chariots du pays des approvisionnements de toutes sortes : tout le sel, tout le sucre, tout le café qui se trouvaient dans les épiceries ; et cinq cents matelas enlevés de côté et d'autre dans la ville.

En même temps, l'ennemi faisait **prendre dans** les fermes des environs, le foin, la paille, l'avoine et le bétail qui s'y trouvaient : tout cela était porté dans des tombereaux et conduit à Saint-Quentin par les propriétaires eux-mêmes ou leurs domestiques. Et, chose fort triste à dire, on vit un de ces hommes de la lie du peuple, guider les pillards dans leurs expéditions.

La convoitise des Prussiens ne devait pas être sitôt assouvie. Se voyant au centre d'une région riche par son industrie, ils voulurent imposer extraordinairement ses habitants. En conséquence, l'injonction suivante fut remise à M. le Maire du Cateau :

« Par ordre du général en chef commandant la pre-
« mière armée allemande, le général Von Gœben, le canton
« de la *(sic)* Cateau-Cambrésis est chargé d'une contri-
« bution de guerre en hauteur (*sic*) de vingt-cinq francs
« par tête d'habitants.

« La somme est ainsi fixée à huit cent cinquante mille
« francs, payable en argent ou en nature.

« Comte Sur DE LA LIPPE,
« Général de Division. »

La sommation était pressante, elle ne souffrait aucun retard, aucune observation. Ce jour-là même, M. Truffot, maire, convoquait, pour six heures du soir, tous ses collègues du canton et leur faisait connaître le chiffre d'imposition que l'ennemi voulait leur faire payer.

Ce chiffre parut à tous exorbitant.

On essaya donc d'entrer en pourparlers et, finalement, on obtint une réduction de moitié. Pour garantir le paiement de cette somme de quatre cent mille francs, les Prussiens emmenèrent, comme otages, M. Seydoux, manufacturier, et M. Chantreuil, négociant, tous deux conseillers municipaux.

Ceci se passait le 23 janvier.

Le 25, un parlementaire français, envoyé de Cambrai

par le général Séatelli, se présenta au Cateau, à l'Hôtel-de-Ville où l'attendait le commandant prussien. Il lui remit un pli contenant une sommation d'avoir à se retirer du Cateau avec ses troupes, et de se conformer ainsi à l'armistice conclu entre la France et le roi de Prusse, puisque la ville était située hors des limites assignées à l'armée allemande. Le général Séatelli ajoutait que la transgression des conventions consenties et surtout les réquisitions que les Prussiens continuaient à faire étaient autant de contraventions qui allaient être dénoncées au roi Guillaume si elles ne cessaient aussitôt.

Cette sommation ne parut pas avoir l'air de produire son effet immédiat : les otages furent mis en liberté ; mais les Prussiens ne quittèrent Le Cateau que le lendemain jeudi 26 janvier, emportant le reste de leur butin et les quatre cent mille francs qui leur avaient été comptés comme contributions de guerre.

Du reste, le général prussien de la Lippe ne pouvait guère être inquiété, puisque c'était le 29 janvier seulement qu'il recevait communication de l'ordre du jour conçu en ces termes :

« Amiens, le 29 janvier 1871.

« Le comte de Moltke fait savoir, sous la date du 23
« courant, qu'il vient d'être signé une convention d'ar-
« mistice, dont l'effet commencera le 31 janvier à midi.

« La cessation des hostilités devra être immédiatement
« accordée sur le pied du *statu quo*, si l'ennemi le
« demande.   « Von Gœben. »

Le lendemain, 30 janvier, le même général en chef faisait publier l'ordre du jour suivant :

« Amiens, le 30 janvier 1871.

« D'après les conditions de l'armistice, les départements
« du Pas-de-Calais et du Nord sont exclus de l'occupation al-
« lemande, et en général il est convenu que les avant-postes
« resteront au moins à 10 kilom. de la ligne de démarcation.

« En conséquence, la marche en avant commandée pour
« demain sera arrêtée en partie, et même un certain
« nombre d'endroits occupés par nous devront être aban-
« donnés. Il n'y a pourtant pas lieu d'avoir égard à cette
« limitation jusqu'à ce que le général Faidherbe ait fait
« évacuer Abbeville et tout le département de la Somme.
« En tout cas, à partir de demain 31, à midi, il faut éviter
« les rencontres avec l'ennemi, et éventuellement prévenir
« les détachements ennemis par des parlementaires et leur
« faire savoir qu'on négocie avec Faidherbe.

« Von Gœben. »

On a vu plus haut que le canton du Cateau avait été imposé pour la somme de 400,000 francs. Voici comment a été répartie entre les communes cette contribution de guerre dont la capitation avait été arrêtée à 11 francs 917, au lieu de 25 francs tout d'abord demandés.

Basuel	1228 habitants	15.349	francs.
Beaumont	901 »	10.737	»
Saint-Benin . . .	708 »	8.437	»
Le Cateau	9974 »	118.864	»
Catillon	2696 »	32.129	»
Honnechy	1418 »	16.899	»
Inchy	1715 »	20.438	»
La Groise	1084 »	12.918	»
Maurois	900 »	10.726	»
Mazinghien . . .	1243 »	14.813	»
Montay	526 »	6.269	»
Neuvilly	2510 »	29.912	»
Ors	1175 »	14.003	»
Le Pommereuil .	1570 »	18.670	»
Reumont	1018 »	12.132	»
Saint-Souplet . .	2813 »	33.523	»
Troisvilles . . .	2026 »	24.144	»
	Total. . .	399.960	francs.

La ville du Cateau ne fut pas la seule commune qui ait eu à payer des indemnités de guerre au moment de la suspension d'armes.

A Elincourt les Prussiens exigèrent 5,000 francs, sous menace d'incendie si, dans les douze heures la somme ne leur était pas payée. Le maire de cette petite commune, accompagné de ses conseillers, dut, pendant la nuit du 22 au 23 janvier, aller de porte en porte recueillir la somme exigée.

Marcoing, Masnières, Rumilly, Crèvecœur, Lesdain, n'eurent rien à payer; ils ne supportèrent que les frais d'occupation.

Une commune des environs de Cambrai — Saulzoir — a été, à l'époque de la guerre, ridiculisée, traitée de *candide* par un journal de Valenciennes, qui l'accusait d'avoir, sur la sommation de deux uhlans, versé immédiatement entre leurs mains la somme de 7,000 francs comme imposition de guerre. Ce fait a été démenti immédiatement, et je n'en parlerais pas ici si M. Vassart n'avait renouvelé la même erreur dans sa petite brochure *Les Prussiens dans le Cambrésis*. Or, voici ce qu'écrivait M. Mascaux, maire de Saulzoir, le 2 février 1871 :

« Il est regrettable que *Le Conciliateur* se rendant comme *L'Impartial du Nord*, l'écho de nouvelles erronées, n'ait pas cru tout au moins devoir observer la même prudence que son confrère, et s'abstenir de tous commentaires blessants et inutiles. Il n'est pas plus vrai que la commune de Saulzoir ait reçu la visite de deux uhlans, qu'elle n'a escompté jusqu'à ce jour la moindre monnaie pour la réquisition allemande. Il importe que ces faits soient rectifiés.

« Que l'auteur de l'article, disait encore M. Mascaux, sache que je repousse avec mépris, au nom des habitants de Saulzoir, l'apostrophe burlesque qui leur est adressée...»

Les otages ont été traités à peu près comme les prisonniers, c'est-à-dire fort durement. Il a été parlé précédemment de quelques-uns de nos concitoyens du Cambrésis détenus à Amiens. Voici maintenant quelques détails plus précis, sur la captivité de M. le docteur Billoir, de M. Moreau-Varlet et d'un troisième otage d'Oisy-le-Verger mis en liberté le samedi 18 Février 1871.

Emmenés de chez eux le mardi 24 janvier, ils ont été conduits le jour même à Havrincourt; le lendemain on les a transférés à Masnières, sur le même chariot qui les avait emmenés d'Oisy.

A Masnières, ces otages s'étant plaints d'avoir grand froid, les soldats prussiens qui eux-mêmes grelottaient, s'empressèrent de faire un feu de bois magnifique. Le bois à brûler faisant défaut, messieurs les Allemands s'en procurèrent quand même, en démolissant entièrement l'escalier de la maison où ils se trouvaient.

De Masnières on les dirigea sur Péronne, où ils arrivèrent à dix heures du soir, transis de froid. Là on les mit en liberté sur parole, leur laissant la ville pour prison. Cette cité avait horriblement souffert du siège, aussi les logements y étaient-ils très rares; les otages ne trouvèrent point de lits.... Un maître d'hôtel, cependant, se décida, moyennant paiement de leur chambre à coucher, à les laisser passer la nuit dans sa cuisine; ils se couchèrent sur la pierre bleue par une nuit glaciale.

Deux jours après, ils furent conduits à Amiens, où ils restèrent 24 jours, enfermés dans la citadelle. Ils étaient dix-huit dans une pièce de 6 mètres de long sur 5 mètres de large; gardés constamment par des soldats, et accompagnés jusqu'aux plus secrets endroits par un factionnaire.

Le premier jour, on ne leur offrit que du pain et de l'eau... à discrétion.

Puis après, grâce à l'armistice, on les autorisa à faire venir le nécessaire du restaurant.

Une heure par jour, on les délivrait pour prendre un peu l'air dans la cour.

Aucun parent, aucun ami ne pouvait les voir. (Un ami, déguisé en marmiton, a pu échapper une seule fois à la vigilance perspicace des miliciens allemands). On ne les autorisait à écrire qu'à la condition de demander une seule chose sur leur lettre : « le paiement de la réquisition de tout le canton de Marquion. » Parmi leurs compagnons de captivité, se trouvaient : deux notaires, un ancien procureur impérial, un juge d'instruction, plusieurs médecins, des maires, des propriétaires, dont quelques-uns étaient presque octogénaires.

XXXVIII

Négociations de Paix.

M. Thiers, chef du Pouvoir exécutif et M. Jules Favre, ministre des Affaires étrangères, avaient quitté Bordeaux, devenu le siège du Gouvernement, le dimanche 19 février et s'étaient rendus à Paris pour y entamer les négociations de paix avec le quartier général de Versailles. Le temps pressait, car la trêve expirait le 24 février, à midi. Avant de s'éloigner de Bordeaux, M. Thiers avait prononcé à la dernière séance de l'Assemblée nationale un discours où il révélait tout ce que sa mission avait de pressant.

« La France, disait-il, précipitée dans une guerre sans motifs sérieux, sans préparation suffisante, a vu une moitié de son sol envahie, son armée détruite, sa belle organisation brisée, sa vieille et puissante unité compromise, ses finances ébranlées, la plus grande partie de ses enfants arrachés au travail pour aller mourir sur les champs de bataille, l'ordre profondément troublé par une subite apparition de l'anarchie, et après la reddition forcée de Paris, la guerre suspendue pour quelques jours seulement et prête à renaître si un gouvernement estimé de l'Europe, acceptant courageusement le pouvoir, prenant sur lui la responsabilité de négociations douloureuses, **ne vient mettre un terme à d'effroyables calamités !** »

Le lundi, 20 février, M. Thiers, engageait les négociations avec le comité de Bismark et convenait tout d'abord, que l'amnistie serait prolongée jusqu'au dimanche 24 février. Voici, quoi que pussent dire et opposer MM. Thiers et Faure, à quelles dures conditions de paix il leur fallut souscrire en attendant qu'elles fussent acceptées par l'Assemblée nationale.

PRÉLIMINAIRES DE PAIX

Entre :

Le chef du pouvoir exécutif de la République Française, M. Thiers ;

Et le ministre des affaires étrangères, M. Jules Favre, représentant de la France, d'un côté ;

Et de l'autre :

Le chancelier de l'empire germanique, M. le comte Otto de Bismarck Schœnhausen, muni des pleins pouvoirs de S. M. l'empereur d'Allemagne, roi de Prusse ;

Le ministre d'état et des affaires étrangères de S. M. le roi de Bavière, M. le comte Otto de Bray-Steinburg ;

Le ministre des affaires étrangères de S. M. le roi de Wurtemberg, le baron Auguste de Waechter ;

Le ministre d'état, président du conseil des ministres de S. A. Mgr le grand-duc de Bade, M. Jules Jolly, représentant de l'empire germanique ;

Les pleins pouvoirs des parties contractantes ayant été trouvés en bonnes et dues formes, il a été convenu ce qui suit, pour servir de base préliminaire à la paix définitive à conclure ultérieurement.

ARTICLE PREMIER. — La France renonce, en faveur de l'empire allemand, à tous ses droits et titres sur les territoires situés à l'est de la frontière ci-après désignée :

La ligne de démarcation commence à la frontière nord-ouest du canton de Cattenom, vers le grand-duché de Luxembourg, suit, vers le sud, les frontières occidentales des cantons de Cattenom et de Thionville, passe par le canton de Briey en longeant les frontières occidentales des communes de Montois-la-Montaigne et Roncourt ainsi que les frontières orientales des communes de Marie-aux-Chênes, Saint-Ail, atteint la frontière du canton de Gorze, qu'elle traverse le long des frontières communales de Vionville, Chambley et

Onville, suit la frontière sud-ouest resp. sud de l'arrondissement de Metz, la frontière occidentale de l'arrondissement de Château-Salins jusqu'à la commune de Pettoncourt, dont elle embrasse les frontières occidentale et méridionale, pour suivre la crête des montagnes entre la Seille et Moncel, jusqu'à la frontière de l'arrondissement de Strasbourg au sud de Garde.....

Art. 2. — La France paiera à S. M. l'empereur d'Allemagne la somme de cinq milliards de francs.

Le paiement d'au moins un milliard de francs aura lieu dans le courant de l'année 1871, et celui de tout le reste de la dette dans un espace de trois années, à partir de la ratification du présent article.

Art. 3. — L'évacuation des territoires français occupés par les troupes allemandes commencera après la ratification du présent traité par l'Assemblée nationale siégeant à Bordeaux.

Immédiatement après cette ratification, les troupes allemandes quitteront l'intérieur de la ville de Paris ainsi que les forts situés sur la rive gauche de la Seine ; et dans le plus bref délai possible fixé par une entente entre les autorités militaires des deux pays ; elles évacueront entièrement les départements du Calvados, de l'Orne, de la Sarthe, d'Eure-et-Loire, du Loiret, de Loir-et-Cher, d'Indre-et-Loire, de l'Yonne, et, de plus, les départements de la Seine Inférieure, de l'Eure, de Seine-et-Oise, de Seine-et-Marne, de l'Aube et de la Côte-d'Or, jusqu'à la rive gauche de la Seine.

Les troupes françaises se retireront en même temps derrière la Loire qu'elles ne pourront dépasser avant la signature du traité de paix définitif. Sont exceptées de cette disposition la garnison de Paris, dont le nombre ne pourra pas dépasser quarante mille hommes, et les garnisons indispensables à la sûreté des places fortes.

L'évacuation des départements situés entre la rive droite de la Seine et les frontières de l'Est, par les troupes allemandes, s'opérera graduellement après la ratification du traité définitif et le paiement du premier demi-milliard de la contribution stipulée par l'article 2, en commençant par les départements les plus rapprochés de Paris, et se continuera au fur et à mesure que les versements de la contribution seront effectués ; après le premier versement d'un demi-milliard, cette évacuation aura lieu dans les départements suivants : Somme, Oise et les parties des départements de la Seine-Inférieure, Seine-et-Oise, Seine-et-Marne, situées sur la rive droite de la Seine, ainsi que la partie du département de la Seine et des forts situés sur la rive droite.

Après le paiement de deux milliards, l'occupation allemande ne comprendra plus que les départements de la Marne, des Ardennes, de la Haute-Marne, de la Meuse, des Vosges, de la Meurthe, ainsi que la forteresse de Belfort avec son territoire, qui serviront de gage pour les trois milliards restants, et où le nombre des troupes allemandes ne dépassera pas cinquante mille hommes.

S. M. l'Empereur sera disposée à substituer à la garantie territoriale, consistant en l'occupation partielle du territoire français, une garantie financière, si elle est offerte par le gouvernement français dans des conditions reconnues suffisantes par S. M. l'empereur et roi pour les intérêts de l'Allemagne. Les trois milliards, dont l'acquittement aura été différé, porteront intérêt à 4 p. 0/0 à partir de la ratification de la présente convention.

Art. 4. — Les troupes allemandes s'abstiendront de faire des réquisitions, soit en argent, soit en nature, dans les départements occupés. Par contre, l'alimentation des troupes allemandes qui restent en France aura lieu aux frais du gouvernement français, dans la mesure convenue avec l'intendance militaire allemande.

Art. 5. — Les habitants des territoires cédés par la France, en tout ce qui concerne leur commerce et leurs droits civils, seront réglés aussi favorablement que possible lorsque seront arrêtées les conditions de la paix définitive.

Il sera fixé, à cet effet, un espace de temps pendant lequel ils jouiront de facilités particulières, pour la circulation de leurs produits. Le gouvernement allemand n'opposera aucun obstacle à la libre émigration des habitants des territoires cédés, et ne pourra prendre contre eux aucune mesure atteignant leurs personnes ou leurs propriétés.

Art. 6. — Les prisonniers de guerre, qui n'auront pas déjà été mis en liberté par voie d'échange, seront rendus immédiatement après la ratification des présents préliminaires. Afin d'accélérer le transport des prisonniers français, le gouvernement français mettra à la disposition des autorités allemandes, à l'intérieur du territoire allemand, une partie du matériel roulant de ses chemins de fer dans une mesure qui sera déterminée par des arrangements spéciaux et aux prix payés en France par le gouvernement français pour les transports militaires.

Art. 7. — L'ouverture des négociations, pour le traité de paix définitif à conclure sur la base des présents préliminaires, aura lieu à Bruxelles immédiatement après la ratification de ces derniers par l'Assemblée nationale et par S. M. l'empereur d'Allemagne.

Art. 8. — Après la conclusion de la ratification du traité de paix définitif, l'administration des départements devant encore rester occupés par les troupes allemandes sera remise aux autorités françaises ; mais ces dernières seront tenues de se conformer aux ordres que le commandant des troupes allemandes croirait devoir donner dans l'intérêt de la sûreté, de l'entretien et de la distribution des troupes.

Dans les départements occupés, la perception des impôts, après la ratification du présent traité, s'opérera pour le compte du gouvernement français et par le moyen de ses employés.

Art. 9. — Il est bien entendu que les présentes ne peuvent donner à l'autorité militaire allemande aucun droit sur les parties du territoire qu'elles n'occupent point actuellement.

Art. 10 — Les présentes seront immédiatement soumises à la ratification de l'Assemblée nationale française, siégeant à Bordeaux et de S. M. l'empereur d'Allemagne.

En foi de quoi les soussignés ont revêtu le présent traité préliminaire de leurs signatures et de leurs sceaux.

Fait à Versailles, le 26 février 1871.

V. Bismarck.   A. Thiers.
            Jules Favre.

Les royaumes de Bavière et de Wurtemberg et le grand-duché de Bade, ayant pris part à la guerre actuelle, comme alliés de la Prusse et faisant partie maintenant de l'empire germanique, les soussignés adhèrent à la présente convention au nom de leurs souverains respectifs.

Versailles, 26 février 1871.

Comte De Bray-Steinburg.
Baron De Waechter.
Mittnach.
Jolly.

NÉGOCIATIONS DE PAIX.

Le 1er mars, dans sa séance du soir, l'Assemblée nationale, cédant à la nécessité et déclinant toute responsabilité, adoptait les préliminaires de paix signés à Versailles, le 26 février.

Au début de la séance, un député ayant essayé de défendre les auteurs de la guerre, une grande émotion s'est emparée de l'Assemblée. L'incident a été clos par un ordre du jour déclarant que la déchéance de l'Empereur avait été confirmée par le suffrage universel. Tous les députés ont approuvé cet ordre du jour par leurs acclamations. Cinq seulement se sont levés à la contre-épreuve.

M. Thiers avait entrepris de lire lui-même le traité après quelques paroles d'introduction exprimant la douleur qui l'animait et l'insuccès de ses efforts ; mais au premier paragraphe du traité, ses forces trahirent son courage. Il fut obligé de quitter la salle et de laisser à M. Barthélémy Saint-Hilaire le soin de continuer sa mission. Ce ne fut que plus tard, après la lecture du traité des préliminaires et de la convention prolongeant l'armistice avec l'occupation de Paris, qu'il put, dans un discours émouvant, conjurer l'Assemblée de faire acte de résignation et de patriotisme.

L'Assemblée se composait ce jour-là, 1er mars, de 653 votants. Le vote s'est ainsi réparti :

    Pour 546
    Contre . . . 107

A partir de ce moment, une pensée domina toutes les autres : chasser de France le prussien gorgé d'or et de pillage et l'empêcher de souiller plus longtemps le sol de la Patrie : ce qui fut fait en lui payant les cinq milliards avant la fin de cette année désastreuse de 1871.

XXXIX

Occupation.

Le département du Nord où pas une ville forte n'avait pu être prise par l'ennemi, fut promptement évacué ; il en fut de même du Pas-de-Calais. Quant aux autres départements limitrophes qui avaient beaucoup plus souffert, ils eurent encore à endurer le séjour onéreux des Prussiens pendant huit mois entiers.

Les conflits ne manquèrent pas.

Nos voisins les Saint-Quentinois, principalement, ne purent s'empêcher de montrer, en toute occasion, combien la présence de l'ennemi parmi eux, leur pesait.

LES PRUSSIENS A SAINT-QUENTIN.

Saint-Quentin avait subi, à diverses reprises, l'occupation prussienne qui semblait l'étreindre plus durement encore depuis la conclusion de la paix ; elle avait, en outre, été obligée de payer des contributions de guerre excessives :

900,000 francs une première fois, en octobre 1870 ; 170,000 francs en novembre et décembre.

Au mois de février 1871, le vendredi 24, la Commission provisoire de Saint-Quentin, à la suite d'une décision prise dans une réunion extraordinaire tenue au théâtre (1),

---

(1) Les Saint-Quentinois n'étaient plus maîtres chez eux ; les Prussiens occupaient tout leur hôtel-de-ville.

ouvrit un emprunt destiné à payer la contribution de 186,438 francs imposée par l'autorité allemande et réclamée sans délai, sous peine d'exécution militaire (c'est-à-dire augmentation de la garnison, 6 fr. par jour par officier et 2 fr. par soldat, sous menace d'incendie et de bombardement au besoin).

Cet emprunt, avec intérêt de cinq pour cent, fut émis en coupures de 20 francs.

Les souscripteurs avaient été instamment invités, vu l'urgence, à apporter leurs fonds à l'hôtel-de-ville dans les vingt-quatre heures.

Le 25 février, la ville de Saint-Quentin ne put fournir qu'un acompte de 179,000 francs. Le surlendemain elle apprenait que par suite d'instructions de l'autorité supérieure allemande, aucune contribution ne devait plus être réclamée des municipalités.

Une suspension d'armes venait d'être signée à Versailles.

Les dégâts causés à la ville de Saint-Quentin par le bombardement du 19 janvier 1871 ont été évalués à 340,000 fr.

Si l'on ajoute à ces diverses sommes les frais d'occupation du 21 octobre 1870 à fin octobre 1871, on comprendra quelle devait être la situation lamentable de cette cité si florissante avant la guerre.

Voici ce qu'écrivait un Cambresien qui avait eu la curiosité de visiter Saint-Quentin au moment de l'armistice. Je ne veux rien changer à sa relation, quoi qu'il existe quelques petites erreurs que, du reste, le lecteur rectifiera lui-même aisément.

« J'ai eu l'occasion de passer la journée de jeudi 23 février à Saint-Quentin et j'y ai pris quelques notes que je m'empresse de vous communiquer aujourd'hui.

En descendant du train, ce que l'on aperçoit tout d'abord, ce sont deux fusiliers prussiens qui font faction dans la gare. Ils se contentent d'ailleurs de regarder et ne demandent ni sauf-conduit, ni permission.

La gare, on le sait, a quelque peu souffert du premier combat livré à Saint-Quentin (8 octobre 1870), lorsque les gardes nationaux, sous les ordres du préfet Anatole de la Forge, défendirent la ville et repoussèrent les Prussiens. Un grand nombre de brèches ont été réparées, mais on aperçoit encore çà et là, dans les combles et sur les parois latérales, les trous variés de l'obus et de ses éclats, ainsi que les trous ronds et uniformes des balles.

Le pont de fer, situé au-dessus du canal, et que l'on traverse pour se rendre à la ville, est remplacé par un pont de bois, qui, pour un ouvrage provisoire, paraît très solidement construit. Il est gardé encore par un poste prussien. Les maisons qui avoisinent la gare et le pont nous ont paru avoir peu souffert ; peut-être aussi les dégâts ont-ils été réparés.

De toutes les maisons qui se trouvaient sur notre passage, nous avons vu sortir des soldats, presque tous du 70e prussiens, et d'autres appartenant à un régiment de hussards bleus. Ils sont logés chez l'habitant et ont remplacé depuis quelque temps les troupes saxonnes. Les simples soldats que nous avons rencontrés sont presque tous des campagnards ; ils ont beaucoup de ressemblance avec les soldats flamands. Ils sont, en général, beaucoup plus gros que nos soldats, mais leurs gestes sont lourds et leur démarche est loin d'être gracieuse.

On a dit bien souvent dans les récits des batailles livrées depuis six mois, que les Prussiens isolés ne résistent guère, qu'ils n'ont aucune bravoure personnelle, et qu'ils n'ont rien de cette agilité, de cet entrain qui rendent nos soldats si terribles dans une charge à la baïonnette : la vue des soldats prussiens est de nature à confirmer en nous cette croyance. Mais ils ont une qualité qui doit racheter bien des défauts, puisqu'elle leur a donné la victoire, je veux **parler** de leur incroyable discipline.

Le soldat est livré tout entier à son officier qui a sur lui droit de vie et de mort en temps de guerre. Un de nos amis a vu, à Sedan, un simple lieutenant tirer tranquillement son revolver de sa poche et brûler successivement la cervelle à deux soldats convaincus d'avoir outragé gravement une femme. En toute occasion, le soldat est tenu à montrer la déférence qu'il doit à son chef. Les soldats assis à la porte d'un poste se lèvent tous et mettent les deux mains sur la couture du pantalon aussi longtemps que le chef peut être aperçu. Dans la rue même, le soldat qui aperçoit un officier, s'arrête, retire sa pipe s'il fume à ce moment, se range sur le trottoir et met encore les doigts sur la couture du pantalon.

Dans cette journée et dans la soirée que nous avons passées à Saint-Quentin, nous n'avons été témoins d'aucune scène bruyante. On nous a raconté cependant qu'un soir le directeur d'un estaminet ayant refusé de servir des soldats ivres, ceux-ci ont voulu tout briser ; mais un chef étant survenu, ils se sont calmés immédiatement, malgré leur état d'ivresse, et ont défilé l'un après l'autre devant l'officier qui était resté à la porte, et qui administrait force coups de pied et coups de poing à ceux qui ne montraient pas la soumission la plus absolue. Quand un soldat est battu par son officier, il doit avoir les deux pieds joints sur la même ligne, il peut seulement baisser la tête lorsque le coup lui arrive ; s'il bouge les pieds, il est battu plus rudement.

Un détail qu'on nous a donné à Saint-Quentin et dont nous ne garantissons cependant pas l'exactitude, c'est que tout soldat, lorsqu'il arrive au corps est premier soldat, et qu'on ne peut pas alors le battre ; mais, après trois punitions il devient alors deuxième soldat et doit subir tous les mauvais traitements des officiers.

Si la discipline est une belle chose, il faut reconnaître que les moyens employés par nos ennemis pour l'obtenir sont honteux et qu'ils n'auraient aucune chance de succès chez beaucoup d'autres peuples et chez les Français particulièrement. L'homme, qui a quelque dignité, obéit par devoir, par raison ; il fait, sans se plaindre, la punition qu'il a méritée lorsqu'elle n'est pas déshonorante, mais il n'admet pas qu'on le conduise à coups de bâton, ce qu'on ne fait pas même chez nous pour les bons chevaux. Dans les réformes que notre armée doit subir, il faudra, en bien des cas, suivre l'exemple de nos ennemis, mais nous espérons bien qu'on ne leur empruntera pas les coups de pied.

Les officiers sont tous en uniforme ; ils sont mis avec la plus grande propreté, et leurs uniformes sont même plus brillants que ceux de nos officiers en temps de paix. Nous croyons d'ailleurs qu'on vient de faire à toute l'armée prussienne une distribution d'uniformes. On les comptera, bien entendu, dans l'indemnité que nous paierons.

Nous avons vu les officiers à table d'hôte et au café ; ils causent peu, se tiennent avec beaucoup de dignité, saluent en entrant et ne s'occupent guère des Français qui se trouvent à la même table. Au café, il en est de même ; lorsqu'un officier entre, il salue tout le monde, et tous ceux dont le grade est inférieur abandonnent jeux de cartes, cigare, etc., cessent de causer jusqu'à ce qu'il soit passé. Les officiers ne se serrent jamais la main, ce qui est probablement contraire à la discipline. Si l'on songe que ces officiers se trouvent en pays conquis, où ils sont les maîtres absolus, on ne pourra s'empêcher de reconnaître qu'ils ont quelque mérite à montrer de la modération.

Aussi la malheureuse ville de Saint-Quentin, qui a vu de si près deux batailles, jouit-elle aujourd'hui d'un peu de repos. Après avoir donné 900,000 francs, qu'ils avaient fait demander à Lille, les habitants se croyaient quitte avec l'ennemi ; mais depuis ils ont dû donner 72,000 francs, 50,000 francs, et on leur réclame encore aujourd'hui

200,000 francs. Les Saint-Quentinois estiment qu'avec les frais que leur coûtent la nourriture des soldats et autres denrées de toute espèce, l'occupation prussienne leur aura coûté plus de 5,000,000 de francs.

Si quelques-uns de nos Cambresiens se rendent à Saint-Quentin avant la conclusion de la paix, nous leur recommandons de se trouver sur la place à une heure, au moment du défilé de la garde.

Nous connaissons la *Grande Duchesse* et plusieurs fééries où l'on se moque des militaires, mais jamais nous n'avions rien vu de si drôle que le défilé de la garde. Les Prussiens ne font pas un demi-tour en deux fois comme nous, ils se tournent tout d'un coup comme s'ils étaient d'une seule pièce. Ils marchent en élevant le genou presque à la hauteur du ventre; leurs mouvements sont anguleux : on n'aperçoit que les arêtes; pas de rondeur, pas de grâce. Ajoutez à cela des tambours hauts comme des tambours de basque dont le bruit sourd se mêle au sifflement aigu des fifres. Ces musiciens, fort peu harmonieux, exécutent des marches, des contre-marches; ils tournent sur eux-mêmes, se retournent sans cesse, et tout cela avec une précision absolue. Nous les avons vus former les faisceaux, par exemple; en moins de temps qu'il ne faut pour le dire ils sont formés; il est vrai qu'ils ne les composent pas comme nous : ils se contentent de poser les fusils les uns contre les autres. Tous ces mouvements sont d'ailleurs exécutés avec une régularité absolue, mathématique, à tel point que nous ne croyons pas voir des hommes, mais des automates.

Bien que la bataille eût été livrée un mois auparavant, nous avons voulu revoir une partie des lieux où ces grands événements s'étaient accomplis. Nous sommes sortis de la ville par le faubourg Saint-Martin, que nos troupes avaient traversé en exécutant leur mouvement de retraite.

A peine est-on dehors, qu'on aperçoit les hauteurs

occupées par les armées rivales : Saint-Quentin est entouré par un double cercle formé par des hauteurs ; c'est entre ces deux lignes que la bataille s'est livrée. Nous rencontrâmes d'abord le bois de Savy, occupé le matin par nos troupes. Si l'on en juge par le nombre de paquets de cartouches vides que nous avons trouvés derrière les gros arbres sur la lisière du bois qui regarde l'ennemi, la lutte a dû être acharnée. Il est curieux de voir les traces de balles sur les arbres, les branches coupées net par les balles ; des arbres entiers qui avaient au moins dix à quinze centimètres de diamètre ont été complètement renversés par les éclats d'obus. Le soir, le bois était occupé par les Prussiens, et nous avons trouvé, sur la lisière du bois qui regarde Saint-Quentin, des paquets de cartouches pour les fusils à aiguille. De chaque côté de la route on aperçoit des monticules qui recouvrent, dit-on, les monceaux de cadavres enterrés par les Prussiens.

A ce propos on nous cite un fait auquel nous n'accordons pas la moindre croyance. Le lendemain de la bataille de Saint-Quentin, une compagnie d'infirmiers et de brancardiers prussiens se serait rendue sur le champ de bataille avec 150 soldats environ qui auraient empêché les curieux d'approcher.

Un médecin serait venu près des cadavres et leur aurait coupé la médaille de cuivre sur laquelle sont gravés le nom, le numéro matricule et le régiment du soldat. Tous ceux qui n'avaient plus la médaille étaient enterrés. Ceux même, disait-on, — et c'est là ce qu'il y a d'épouvantable — dont les blessures ne présentaient aucun espoir de guérison, auraient été enterrés avec les autres. Des témoins prétendent que le soir même on entendait encore des gémissements sortir des fosses : les sentinelles empêchaient d'approcher.

Nous le répétons, nous refusons de croire à une action aussi monstrueuse.

En quittant le bois nous arrivons au village de Savy; ce village a relativement peu souffert de la bataille; quelques murailles sont criblées de balles et d'éclats d'obus. Une maison et deux granges sont complètement brûlées.

Entre Savy et Saint-Quentin, on aperçoit quelques moulins ou plutôt quelques carcasses de moulins ouvertes à tous les vents. Des maisons qui les avoisinent il ne reste plus que les quatre murailles.

Il y a encore à Savy quelques blessés prussiens et français soignés par les ambulances prussiennes.

Le village de Savy, qui ne compte que 760 habitants, est soumis à une imposition de 5,300 francs pour deux mois.

La nuit est venue nous surprendre dans ce village et nous avons dû borner là notre excursion. Si l'on en croit certaines personnes qui paraissent bien informées, la bataille a été extrêmement meurtrière pour l'armée de Von Gœben. Le nombre des blessés et des morts s'élèverait, dit-on, à environ 17,300 hommes; les officiers prussiens avouent 12,000 hommes. Toujours est-il que le lendemain de la bataille, les habitants ont vu ramasser des chariots entiers couverts de casques prussiens et de dépouilles de toute sorte.

Le 70e régiment prussien a perdu à lui seul 850 hommes remplacés aujourd'hui par de nouvelles recrues. Les pertes des Français, si nous en croyons les mêmes personnes, seraient de 4,500 prisonniers, 3,500 blessés et 550 tués.

En arrivant à l'*Hôtel d'Angleterre*, Von Gœben s'est informé de la santé de Faidherbe, avec qui, disait-il, il a été très lié autrefois, et qu'il a suivi dans la campagne du Maroc. Les Prussiens sont grands admirateurs de notre général en chef et ils le craignent beaucoup. Plusieurs affirment que s'il avait eu 10,000 hommes de plus, la bataille de Saint-Quentin aurait été pour nous une grande victoire.

Le soir, le bruit courait que la paix venait d'être conclue aux conditions suivantes :

Cession de l'Alsace et d'une indemnité de 7 milliards. La plupart des Allemands, et les plus jeunes surtout, montraient une grande joie ; quelques-uns, de vieux capitaines, trouvaient les conditions trop douces ; ils s'attendaient, sans doute, au démembrement de la France. Je crois que les simples soldats seraient enchantés, s'ils apprenaient qu'on les renvoie dans leurs foyers, ils sont d'ailleurs peu nombreux en ce moment dans la ville, 4 à 5,000 hommes environ et pas d'artillerie ; mais il y a beaucoup de troupes cantonnées dans les villages environnants. — L. »

Comme j'en ai déjà averti le lecteur, je n'ai voulu rien changer aux notes prises par notre Cambresien pendant les trente-six heures qu'il a passées à Saint-Quentin et aux environs les 23 et 24 février 1871. Ce qu'il y aurait à modifier, c'est l'importance des sommes payées aux Allemands comme impositions de guerre, puis le nombre de tués de part et d'autre à la bataille de Saint-Quentin, enfin la cession de territoires et la somme à payer après la conclusion de la paix, comme indemnité de guerre. Le reste des renseignements est assez exact.

On a vu plus haut que le général Von Gœben avait conçu une grande estime pour le général Faidherbe ; le maréchal de Moltke, qui s'était fait rendre compte des opérations de la guerre dans le Nord et les a racontées dans ses « Mémoires », n'a rien trouvé à reprendre dans les plans d'attaque ou de défense du général en chef français. Sans avoir le moindre doute de son courage et de ses habiles conceptions, il fait ressortir sa prudence bien raisonnée. Faidherbe, en effet, avec des troupes composées presque entièrement de soldats qui n'avaient jamais porté les armes, ne pouvait pas devenir un Condé, mais il eut la vaillance et la prudence d'un Turenne.

LES PRUSSIENS A SAINT-QUENTIN, PÉRONNE, AMIENS ET ROUEN.

Les préliminaires de paix étaient signés depuis le 26 février 1871, et à Saint-Quentin, de même qu'à Péronne, villes occupées par l'ennemi, on n'en savait encore rien officiellement le samedi 4 mars.

Les autorités allemandes, qui gouvernaient ces deux villes, n'avaient fait afficher aucune nouvelle, n'avaient fait aucune publication.

Ce samedi, 4 mars, l'armée prussienne, qui, au nombre d'environ 4,000 hommes, occupait encore Saint-Quentin, sans compter les troupes cantonnées dans un grand nombre de villages environnants, reçut l'ordre de se tenir prête pour une grande revue.

En effet, vers dix heures, soldats et officiers de toutes armes se dirigeaient vers leurs centres de réunion, et à dix heures et demie, les troupes en grande tenue, se déployaient sur la place.

Un soleil magnifique favorisait cette exhibition. Trois mille hommes environ étaient présents ; deux bataillons d'infanterie avec leur éternel casque pointu, un escadron de hussards bleus, une batterie d'artillerie montée (pièces se chargeant par la culasse) et deux compagnies du service des ambulances.

Un général dont j'ignore le nom passa la revue, entouré d'un nombreux et brillant état-major, parmi lequel figurait le sous-préfet prussien de Saint-Quentin, qui, paraît-il, était colonel de hussards, et en portait la tenue. Après avoir annoncé en allemand la signature des préliminaires de paix, le général fit une longue harangue avec force gestes déclamatoires ; puis il passa devant le front des troupes qui défilèrent drapeaux et étendards déployés. « En ce moment, dit un témoin oculaire, plusieurs Saint-Quentinois qui étaient venus assister à ce spectacle, par pure curiosité, détournèrent la tête pour cacher les larmes de rage et de douleur qu'ils ne savaient retenir ».

Les Prussiens ne pouvaient être que détestés, car partout, et en toute occasion, ils aimaient trop à montrer qu'ils étaient les maîtres et qu'ils avaient le droit d'insolence.

A Péronne, les Allemands, aussitôt leur entrée dans cette ville, ne cessèrent de travailler aux fortifications : sur certains points ils élevèrent des remparts ; sur d'autres ils placèrent de nouvelles batteries ; partout ils établirent des fourneaux de mine. Vers la fin de février 1871, ils firent sauter le fort en briques construit au milieu de l'eau, en face de Sainte Radegonde.

La belle promenade du Quinconce fut entièrement rasée, et les arbres de toutes les routes qui conduisent à Péronne, coupés à 50 centimètres du sol.

La campagne des environs de Péronne offrait sur tous les points l'aspect le plus triste : les fermes avaient été dévastées, les animaux tués ou enlevés, le pays écrasé par les réquisitions.

Un jour, à Péronne — c'était au commencement de mars — l'autorité prussienne, qui excellait à battre monnaie à tous propos, fit annoncer une vente de fer et de bois provenant des fortifications. Aussitôt la protestation suivante fut affichée sur les murs de la ville :

RÉPUBLIQUE FRANÇAISE

Français,

L'autorité allemande, au mépris de la capitulation se dispose à vendre les bois et arbres provenant de nos fortifications.

Protestez avec calme, par une abstention unanime, et prouvez, tout en sachant respecter nos lois, que nos glorieux revers ont imprimé une ardeur nouvelle aux sentiments de patriotisme que l'étranger vous fait l'injure de considérer comme éteinte dans vos cœurs.

Le Receveur des Domaines,
Léon HONORÉ.

Péronne, 7 mars 1871.

Il y avait du courage à parler si hardiment vis-à-vis de l'ennemi. Emue de ces justes réclamations, la Commission municipale qui voulait éviter tout conflit, transigea avec le commandant prussien.

La première armée allemande était restée, après la bataille de Saint-Quentin, cantonnée entre Amiens et Saint-Quentin. Des fractions de ce corps (division Von Gœben) se trouvaient également à Rouen. Le 12 mars, le prince Frédéric-Guillaume les passa en revue. L'attitude de la ville de Rouen fut digne de celle de Paris : les journaux avaient suspendu leur publication, les boutiques étaient fermées, et malgré les menaces des Prussiens, des drapeaux noirs flottaient à un grand nombre de fenêtres.

Le deuil de la ville de Rouen s'est, du reste, manifesté de la façon la plus calme, et les Prussiens n'ont pu trouver de prétextes à exercer des violences ou des représailles.

Il n'y eut qu'un journal, — *L'Indépendant de Rouen*, — qui, pour avoir conseillé le deuil aux habitants, s'est vu frappé par la mesure suivante que prit contre lui le préfet prussien du département de la Seine-Inférieure :

« Le préfet du département de la Seine-Inférieure :

Arrête :

Article 1er. — Il est enjoint à M. Salle, directeur du journal *L'Indépendant de Rouen*, de cesser, à partir de ce jour, la publication de cette feuille.

Article 2. — Il est en outre imposé à M. Salle, conjointement avec son co-rédacteur, M. Delaporte, une amende de 1,000 francs, qui devra être payée par eux à la caisse de la préfecture dans un délai de vingt-quatre heures, à partir de ce jour.

Le préfet de la Seine Inférieure,
Baron de PFUEL.

Rouen, 11 mars 1871.

Immédiatement après la notification du préfet, l'affiche suivante était apposée sur la porte du journal condamné :

« A partir d'aujourd'hui, et par ordre du préfet prussien, « *L'Indépendant de Rouen* cesse sa publication.

« Nous sommes, de plus, condamnés à payer mille « francs à titre d'amende.

« Voici la réponse :

« *Notre mépris et pas un sou de notre caisse!*

« Vive la France une et indivisible !

« Vive la République !

« P. DELAPORTE. — SALLE ».

C'était l'empereur Guillaume qui devait venir passer la revue, mais les préparatifs de deuil ne l'ont pas engagé à maintenir son idée de présider la parade militaire.

La revue, comme il a déjà été dit, eut lieu le 12 mars, et ce fut le prince royal qui la passa.

La ville de Rouen, en cette circonstance, s'est montrée digne, ferme et prudente.

Son altesse royale, Frédéric Guillaume, prince de la couronne (Friedrich Wilhelm, Kronprinzen von Preussen, Kœnigliche Hoheit) peu satisfait de l'accueil qui lui avait été fait par la population rouennaise, voulut visiter Amiens et y passer aussi une revue des troupes.

Il espérait, sans doute, trouver au chef-lieu du département de la Somme, un accueil meilleur que celui qui lui avait été fait dans la vieille capitale de la Normandie.

Le prince Frédéric s'est trompé.

Amiens a imité l'exemple de Rouen.

Le lundi 13 mars, jour fixé pour la revue de 40,000

hommes (15,000 cavaliers et 25,000 fantassins), la ville entière s'est couverte de drapeaux noirs.

Les cafés, les restaurants, les magasins ne se sont pas ouverts : les habitants avaient fait leurs approvisionnements pour le lendemain.

Toutes les maisons, sans exception, avaient clos fenêtres et portes.

Par suite d'une entente spontanée, tout le mouvement des affaires s'était arrêté.

Les rues étaient désertes.

La revue et le défilé ont duré onze heures, onze longues heures, de six heures du matin à cinq heures du soir.

Nul Français n'a été vu durant ce temps, ni sur les places ni sur les promenades.

Le soir, le gaz n'a pas été allumé : la ville est restée dans la plus complète obscurité.

Le prince impérial a quitté la ville moins satisfait encore d'Amiens que de Rouen.

Il est bon de se souvenir, et les mauvais traitements, les insolences, les traits de barbarie dont les Prussiens ne se sont pas montrés chiches pendant les quelques mois d'occupation de nos provinces, en temps de paix, mériteraient bien d'être tous relevés. Voici quelques-uns de ces faits brutaux pris entre mille qui ont été rapportés par les journaux locaux de cette époque, le *Guetteur*, le *Courrier*, le *Glaneur* et le *Journal de Saint-Quentin*.

Le 16 ou 17 mars 1871, vers trois heures de l'après-midi, cinq cavaliers saxons, conduisant neuf chevaux, entraient dans la cour du sieur Mignot, aubergiste, rue d'Achery, à Saint-Quentin.

En l'absence de son mari, Madame Mignot demanda à ces militaires s'ils avaient des billets de logement : sur leur réponse négative, Madame Mignot voulut s'opposer à l'installation des dits chevaux, attendu, disait-elle, qu'elle en avait déjà une quarantaine à l'écurie. Un des cavaliers lui lança alors un coup de poing dans la poitrine et la renversa. Le sieur Mignot, survenu à ce moment, montra le poing à l'auteur de cette brutalité en lui disant: « Il faut être lâche comme vous l'êtes, pour frapper ainsi une femme. » A cette interpellation, le même cavalier dégaîna son sabre et en déchargea plusieurs coups sur la tête de Mignot.

Trois autres cavaliers dégaînèrent également et menacèrent de frapper quiconque voudrait s'interposer ou porter secours. Le cinquième cavalier, un sous-officier, resta témoin impassible de ces brutalités.

Dès le premier coup de sabre, la dame Mignot était revenue sur son mari pour le préserver, mais le soldat continuait de frapper quand même ; elle reçut deux coups de sabre au bras gauche. Les blessures de Mignot étaient graves. Un officier saxon est enfin arrivé ; et, pour calmer la foule, a fait arrêter le soldat qui avait frappé.

Le même jour, vers cinq heures de l'après-midi, un sergent prussien se présenta chez M. Fauconnier, rue d'Isle, pour mettre deux chevaux en réquisition. Sur la réponse de Fauconnier qu'il lui était impossible de les fournir, tous les chevaux étant loués, le sergent prussien lança plusieurs coups de poing à Fauconnier, dégaîna son sabre en l'en menaçant et s'empara ensuite d'un cheval qui était à l'écurie, sans s'inquiéter davantage à qui il pouvait appartenir. Un rassemblement s'était formé dans la rue : le sergent prussien se lança sur les amis de Fauconnier, frappant du poing à droite et à gauche. Puis il appela plusieurs soldats qui passaient, pour lui prêter main forte.

Quelques personnes témoins de cette scène furent plus ou moins blessées dans la bagarre.

Nous devons ajouter à ces déplorables récits que l'état-major prussien, sur la plainte de la Commission municipale, a ordonné d'arrêter les auteurs de ces voies de fait.

Les malheureux habitants des parties du pays occupées par les Allemands, tout en ne payant plus des contributions de guerre en espèces, étaient obligés de pourvoir à tous les frais de subsistance. Admettre l'ennemi à sa table était dur pour les Saint-Quentinois. Enfin, le 16 mars, un avis du général commandant la division de cavalerie saxonne informait les habitants que, par suite d'une entente avec l'Administration municipale, les troupes recevraient chaque jour les vivres de toute nature, à partir du 18 mars, par les soins de l'autorité militaire allemande.

Il devait rester à la charge des habitants le logement, le chauffage, l'éclairage et la cuisson des aliments.

C'est également à partir de cette époque que les journaux de Saint-Quentin dont les critiques ne plaisaient guère aux autorités allemandes, furent obligés de leur soumettre tout ce qu'ils écrivaient pour le public. Voici l'avis qui leur fut communiqué :

« *Saint Quentin, 10 mars 1871.*

« A la rédaction du *Guetteur*, du *Glaneur*, du *Courrier* et du *Journal de Saint-Quentin*.

« J'ai l'honneur de vous prévenir que d'après les ordres de la Préfecture, deux exemplaires de chaque numéro de votre journal devront être envoyés dorénavant au commandant général du 12e corps à Laon.

« Je saisis l'occasion pour vous faire remarquer que les ordres du gouverneur général concernant la défense de toute critique du gouvernement allemand et toute invective ou provocation contre les autorités ou les armées allemandes n'est pas encore abolie.

« Je vous prie aussi de vouloir bien faire reparaître dans votre prochain numéro, le décret ci-joint concernant le cours d'argent allemand en France.

« Agréez, messieurs, mes salutations empressées.

« Le Sous-Préfet,
« ZEDLITZ. »

Voici en quels termes était conçu le décret dont il vient d'être parlé :

Un *thaler* ou *écu prussien* a la valeur réelle, et il sera accepté dans les caisses au taux uniforme de TROIS FRANCS SOIXANTE-QUINZE CENTIMES.

Le *florin allemand*, appelé *gulden*, a la valeur réelle de DEUX FRANCS QUINZE CENTIMES, en sorte que quinze francs sont équivalents à *sept florins* ou *gulden allemands*, ou à *quatre thalers* de Prusse.

Il n'y a que le *florin* ou *gulden autrichien* qui vaut DEUX FRANCS CINQUANTE CENTIMES.

Mais, comme les subdivisions des monnaies allemandes ne coïncident pas toujours avec les subdivisions du Franc, il a été établi, pour faciliter les paiements, à côté de la valeur réelle des subdivisions, UN COURS FORCÉ auquel les monnaies allemandes doivent être acceptées sous peine d'amende de CENT FRANCS, ou d'emprisonnement.

1 thaler ou écu vaut 3 fr. 75. — 10 groschen ou gros valent 1 fr. 25. — 8 idem valent 1 fr. — 7 idem 0,85 c. — 6 idem 0,75 c. — 5 idem 0,60 c. — 4 idem 0,50 c. — 3 idem 0,35 c. — 2 idem 0,30 c. — 1 idem 0,10 c. — 1/2 idem 0,05 c.

On pensait à Saint-Quentin, qu'avec le mois de mars 1871, se termineraient les misères de l'occupation qui affligeaint le département; mais on avait compté sans la Commune qui était devenue toute puissante à Paris et en avait chassé le parti de l'ordre. Dans la séance de l'Assemblée nationale du 23 mars, M. Jules Favre, ministre des Affaires étrangères, faisait cette déclaration peu rassurante : « Ce qui est certain, c'est que les événements de Paris tiennent les négociations en suspens, et cela au moment où nous touchions au port. Nous allions réaliser un emprunt qui devait éloigner l'ennemi, mettre fin aux maux de la France. Aujourd'hui c'est absolument impossible. »

L'impression que cette déclaration produisit sur l'Assemblée nationale eut un vif et douloureux retentissement dans notre malheureux pays où le poids de l'occupation pesait plus lourdement que jamais.

Limitée au début et pendant la guerre, cette occupation s'était étendue dans l'Aisne depuis la ratification des préliminaires de paix ; vers la fin de mars elle était à peu près générale dans les villes et les campagnes.

Ce beau département était frappé dans sa richesse commerciale, industrielle et agricole ; toutes les sources de la prospérité étaient plus ou moins atteintes ; son activité même se voyait complètement paralysée.

Plus de transactions, plus d'affaires, et ce n'était pas seulement le commerce qui se plaignait. Pendant l'invasion l'industrie fut soumise, elle aussi, à une rude épreuve : difficulté ou absence de communications, disette de charbons ou de matières premières, écoulement de produits à peu près nul, défaut de crédit, tout enfin s'était réuni contre elle. Cependant, pour assurer le pain de l'ouvrier, elle dut continuer ses travaux. Ses sacrifices l'amenèrent à un état d'épuisement dont la persistance inspira les plus sérieuses appréhensions.

Pour réparer tous ces désastres, le pays avait besoin de sa liberté et de son indépendance. Dans le but de les recouvrer au plus vite, le Gouvernement allait, comme nous venons de le dire, réaliser un emprunt qui devait éloigner l'ennemi, lorsque l'insurrection suscitée par les *communards* parisiens faillit annuler le traité de paix et plonger la France dans de nouveaux malheurs.

« J'ai l'honneur de vous informer — écrivait à M. Jules Favre M. le général de Fabrice qui remplaçait le comte de Bismarck — qu'en prévision des événements qui se passent à Paris et qui peuvent être un obstacle à l'exécution du traité intervenu entre nous, le commandant supérieur des troupes allemandes qui entourent Paris, réclame le rétablissement des lignes télégraphiques et si, dans les 24 heures, il n'a pas eu satisfaction dans ce sens, et si Paris n'est pas pacifié, les forts occupés par nous ouvriront le feu.

« Signé : FABRICE. »

A cette déclaration, le ministre des Affaires étrangères fit cette réponse qui eut pour effet de calmer un peu l'irritation prussienne :

« Le Gouvernement aurait le plus grand désir de donner une satisfaction immédiate à la demande qui lui est adressée.

« Mais il ne veut pas employer les moyens qui pourraient faire naître une guerre civile. Tous les efforts seront tentés pour assurer le triomphe de l'Ordre et de la Liberté.

« On doit espérer qu'après les pourparlers entamés avec l'état-major allemand et la promesse faite de pacifier Paris, ces mesures terribles ne seront pas appliquées.

« Nous sommes prêts, ajoutait M. Jules Favre, à faire respecter par tous les moyens en notre pouvoir les droits du Gouvernement et de l'Assemblée, issue des suffrages de la nation. »

Ce fut seulement au mois de juin, que le gouvernement parvint enfin à réaliser un emprunt de deux milliards par voie de souscription.

Il était temps. Les habitants de Saint-Quentin, et principalement les ouvriers, ne supportaient qu'avec grand'peine la vue des Prussiens. Les rixes devenaient fréquentes et souvent il y avait effusion de sang. Le mardi 4 juillet, à la suite d'un conflit qui avait eu des suites très graves la veille au soir, le commandant allemand fit publier et afficher les deux arrêtés suivants :

AVIS AUX HABITANTS

En exécution de l'article 8 du 26 février qui donne aux commandants des troupes allemandes le droit de prendre toutes les mesures nécessaires à la sûreté de leurs troupes ;

Les habitants de Saint-Quentin sont prévenus que :

1º Tout habitant qui insultera un soldat allemand sera immédiatement arrêté et puni avec la plus grande sévérité.

2º Les attroupements sur les places publiques et dans les rues seront dissipés par la force.

1º A partir d'aujourd'hui 4 juillet, tous les cercles, cafés restaurants, cabarets et lieux publics quelconques, doivent être fermés à neuf heures du soir, excepté le café de Paris qui restera ouvert pour les officiers allemands.

2º La circulation est interdite après dix heures du soir, et, passé cette heure, toute personne trouvée dans les rues sera arrêtée par la patrouille.

3º Les armes de toute nature doivent être immédiatement remises au bureau de police à l'Hôtel-de-Ville. Des perquisitions seront faites dans les maisons pour assurer l'exécution de ces ordres.

Saint-Quentin, le 4 juillet 1871.

Le major commandant le 3ᵉ bataillon du
4ⁿ régiment de grenadiers,

Von HOHNHORST.

Ce jour-là même, 4 juillet, une certaine agitation se manifesta en ville. Des groupes nombreux se formèrent devant le café de Paris, où les officiers de la garnison prussienne avaient l'habitude d'aller tous les soirs ; ils furent dispersés à coups de baïonnettes. Des patrouilles parcoururent les rues, le fusil chargé, et plusieurs passants inoffensifs furent mis en joue. L'autorité allemande ayant demandé des renforts, 400 soldats arrivèrent à Saint-Quentin dans le milieu de la nuit.

Dès ce moment les avanies de toutes sortes qu'eut à essuyer la ville envahie ne firent qu'augmenter, et, pour leur donner une apparence de raison, les Prussiens recherchaient toutes les occasions de se faire maltraiter. Un jour une patrouille fit une charge sur les ouvriers d'une importante usine qui attendaient devant la porte l'heure de la rentrée dans les ateliers. Les ouvriers, qui étaient en nombre, auraient eu bon marché de leurs provocateurs s'ils n'avaient pas cédé à la sage intervention de leur patron.

Le mercredi 7 juillet, à neuf heures du soir, une revue des troupes avait lieu sur la place de l'Hôtel-de-Ville. Un gamin ayant sifflé à la fin d'un hourra poussé par les Prussiens, un officier descendit de cheval, s'élança sur l'enfant et le maltraita avec une violence extrême.

La nuit suivante, un citoyen de Saint-Quentin, nommé Jacquery, était transpercé d'un coup d'épée dans la rue des Cordelières.

Et pour ôter aux Saint-Quentinois tout moyen de défense, le colonel et commandant du 3e régiment de grenadiers de la Prusse orientale, et commandant de place, les sommait le 16 juillet, pour la dernière fois, de réunir les armes de toute espèce qui se trouveraient en leur possession et de les porter à la mairie dans les quarante-huit heures, menaçant de faire passer en conseil de guerre tous ceux, qui, dans les visites domiciliaires, seraient trouvés détenteurs d'une arme quelconque.

Les habitants des campagnes voisines n'étaient pas plus épargnés que les citadins. Malgré les réclamations faites par les journaux de Saint-Quentin, les Prussiens continuèrent, en plein juillet, à faire la petite guerre au milieu des récoltes.

De là cette question de tous les jours : « Quand serons-nous débarrassés de la présence des Prussiens ? »

Le bruit avait couru que l'Aisne en serait délivré pour la fin de juillet. Ne voyant aucune disposition prise à cet effet, une délégation du Conseil municipal de Saint-Quentin fut chargée d'aller à Paris, le jeudi 27 juillet, présenter à M. Thiers les pétitions relatives à l'évacuation de

Saint-Quentin par les troupes allemandes et à la répartition entre toutes les communes de France des frais et des réquisitions occasionnés par la guerre franco-allemande. Les députés de l'Aisne s'étaient tous joints aux délégués municipaux.

Relativement à la durée de l'*occupation*, M. Thiers répondit qu'il l'abrègerait autant qu'il serait en son pouvoir ; que, dès à présent il était maître des ressources, qui lui permettraient d'obtenir la libération de l'Aisne ; que son bon vouloir n'était entravé que par des difficultés matérielles.

Le « Chef du Pouvoir exécutif » ajouta notamment que le paiement immédiat en espèces métalliques des quinze cents millions priverait le commerce de ressources indispensables, et que, d'un autre côté, le paiement en valeurs sur les places allemandes ne pourrait s'effectuer que graduellement pour ne pas augmenter le change dans des proportions trop onéreuses pour le commerce. M. Thiers termina en disant que le Gouvernement ne reculerait devant aucun sacrifice pour donner une satisfaction aussi prompte que possible à d'aussi légitimes demandes.

Hélas ! l'heure de la délivrance tant désirée ne devait sonner qu'en octobre.

Le vendredi 20, vers cinq heures du matin, un détachement de 40 soldats bavarois, musiciens et soldats d'administration quittait St-Quentin et prenait le train de 6 heures.

Le lendemain, 21, à la même heure, partaient deux compagnies bavaroises, formant un effectif d'environ 300 hommes ; — le dimanche, un bataillon, — et le lundi 24 octobre la ville de Saint-Quentin était complètement évacuée.

Presque en même temps, les autres villes de l'Aisne : Laon, Soissons, La Fère, Guise, également débarrassées de la présence de l'ennemi, recevaient avec joie, pour les garder, des détachements de troupes françaises.

XL

Le général Faidherbe.

Avant de terminer cette histoire de *La Guerre dans le Nord*, il est juste que nous consacrions un chapitre au général qui, se trouvant à la tête d'un petit corps d'armée, mal équipé, et composé presque entièrement de jeunes gens la plupart faits soldats du jour au lendemain, ne désespéra point cependant du salut de la Patrie et combattit aussi vaillamment que s'il lui avait été possible, à lui seul, de vaincre et de chasser l'ennemi.

C'était, en effet, un officier de grande valeur.

Né à Lille en 1818, il entre, après de sérieuses études, à l'Ecole polytechnique, puis à l'Ecole d'application de Metz, d'où il sort lieutenant au 1ᵉʳ régiment du génie en 1842. Il sert en Algérie, à la Guadeloupe, aux Antilles, au Sénégal. Il combat sous St-Arnaud, en Kabylie ; sous le général Bosquet, à l'affaire des Hauts-Plateaux. Il est foncièrement colonisateur. Il fait la guerre et il fonde des comptoirs. En dix ans, il bat les Ouolofs de la côte, les Maures du Sénégal, les Toucouleurs du Fouta ; il conclut avec le soi-disant prophète El Hadj Omar une paix avantageuse qui nous assure la conquête d'un territoire aussi vaste que la France.

Et en même temps il organise des voyages d'exploration

dans le bas Niger, dans l'Adrâr et la Fouta-Djallon ; il crée de toutes pièces une administration pour la nouvelle colonie, qu'il dote d'écoles, de casernes, d'hôpitaux, de postes, de télégraphes. Il embellit Saint-Louis, il creuse le port de Dakar.

Ces services immenses ne furent pas récompensés comme on pourrait le croire, par un avancement exceptionnel. Au moment de la guerre avec l'Allemagne, Faidherbe, simple général de brigade, commandait la subdivision de Bône. Il sollicita vainement un emploi à l'armée du Rhin. On le laissa en Algérie jusqu'au moment où la Patrie blessée fit un appel au courage de tous ses enfants. Le 23 novembre 1870, le gouvernement de la Défense Nationale le nomma général de division, et quelques jours après, commandant en chef de l'armée du Nord.

Faidherbe appartenait à une famille extrêmement catholique. S'il fut élevé, comme tant d'autres chrétiens éminents de ce siècle, dans l'Université, ce fut en raison de la fortune modeste des siens. Sa mère regretta beaucoup de ne pouvoir l'envoyer au collège de Brugelette, où étaient élevés plusieurs jeunes gens, amis de sa famille. Cette mère était une digne et sainte femme qui sut élever admirablement ses enfants. La sœur aînée du général a été une vaillante chrétienne. Son autre sœur est entrée chez les Franciscaines. Et pour ces nobles femmes, pour leur noble religion, Faidherbe garda toujours un profond respect. Dans sa maison il entendait qu'on respectât le crucifix. Dans sa chambre, on pouvait voir, « encadrée », une lettre où sa mère, dans une recommandation suprême, lui demandait de se montrer toujours ouvertement chrétien.

Aux colonies où il conquit sa gloire d'organisateur, il se montra parfait pour les missionnaires. Et par une inconséquence moins rare qu'on ne le voudrait, tout en donnant parfois de fâcheux exemples, il avait la loyauté de proclamer que sans les missionnaires de l'Evangile, la civilisation des races inférieures était une tâche impossible. Aussi en Afrique, nos missionnaires, nos frères, nos vaillantes religieuses ont gardé de Faidherbe le meilleur souvenir.

Rappelons enfin que, loin d'écarter de son lit de mort les secours de la religion, il voulut recevoir les derniers Sacrements des mains du cardinal Richard, archevêque de Paris.

Faidherbe, comme tous les grands cœurs, avait une prédilection bien marquée pour sa ville natale. Nous en trouvons la preuve dans un toast qu'il prononça, le 5 septembre 1856, au milieu d'un banquet qui lui fut offert après sa nomination comme lieutenant-colonel.

« S'il en résulte quelque gloire pour moi, j'en fais de
« tout cœur hommage à ma ville natale, à qui je dois
« tant d'encouragements et que nul autre pays n'a jamais
« put me faire oublier ; car je serai toujours heureux et
« fier d'appartenir à une ville éminente entre toutes par le
« travail, par l'industrie, par l'agriculture, ces sources de
« la richesse publique et privée, et où, chose remarquable,
« le développement des intérêts matériels n'a jamais
« étouffé les sentiments les plus généreux et ne nuit en
« rien au goût et au culte éclairé des sciences et des
« arts. »

Telles sont les nobles paroles que prononçait Faidherbe en buvant à la prospérité de la ville de Lille. A son retour d'Afrique, c'est de sa ville natale qu'il part à la fin de décembre 1870 pour se mettre à la tête de l'armée du Nord. Je ne redirai pas comment avec de faibles troupes il s'est montré habile général. Son éloge se trouve en entier dans le récit des batailles de Pont-Noyelles, de Bapaume et même de Saint-Quentin où Faidherbe se dévoua pour sauver Paris.

Et voilà pourquoi, la ville de Lille, reconnaissante envers un de ses enfants les plus illustres, lui a érigé un monument sur une des plus belles et des plus vastes places qu'elle possède.

L'inauguration a eu lieu le dimanche 25 octobre 1896 ; toutes les villes de la région du Nord y étaient représentées.

L'œuvre du statuaire Mercié forme un ensemble décoratif très imposant et très harmonieux. Sur un soubassement en granit rouge des Vosges, le piédestal, légèrement cintré porte deux bas reliefs représentant le général à Pont-Noyelles et à Bapaume. Au-devant du monument un groupe superbe symbolise la ville de Lille dictant à l'Histoire les hauts faits du héros. Comme pendant, sur la surface postérieure, l'artiste a placé une figure assise : la région du Nord élevant vers Faidherbe une branche de laurier. Dominant le tout, la statue du commandant en chef de l'armée du Nord, en grand costume, l'épée à la main, découpe dans le ciel sa fine silhouette. Le corps du cheval, souple et nerveux, est un morceau de sculpture de premier ordre. La hauteur du monument tout entier atteint une dizaine de mètres.

Quelques jours avant la grande fête de l'inauguration, la ville de Lille avait fait poser à la maison portant le numéro 129 de la rue Saint-André, dans laquelle Faidherbe est né, une plaque avec l'inscription suivante :

LE GÉNÉRAL FAIDHERBE
FONDATEUR DU SOUDAN FRANÇAIS
GRAND CHANCELIER DE LA LÉGION D'HONNEUR
CHEF DE L'ARMÉE DU NORD
EST NÉ DANS CETTE MAISON LE 8 JUIN 1818.

FIN DE LA DEUXIÈME PARTIE.

TROISIÈME PARTIE

LES PRISONNIERS FRANÇAIS

en Allemagne.

Les soldats français faits prisonniers en 1870 ont été généralement traités avec dureté par les officiers allemands. L'une des villes où ils ont eu le plus à souffrir fut Ingolstadt. C'est la plus forte citadelle de Bavière, solidement retranchée derrière sa ceinture de remparts entourés de trois rangs de profonds fossés, qu'alimente le Danube, et défendue par les plus redoutables travaux de fortification permanente.

C'est dans cette ville que nos malheureux soldats prisonniers moururent par centaines. Un vaillant prêtre, le chanoine Guers, aumônier militaire à l'armée du Rhin, avait voulu venir en aide à nos compatriotes et les consoler dans leur malheur. Le lendemain de son arrivée, il dut rendre les honneurs funèbres aux premières victimes de la captivité. Ici nous laissons parler le digne aumônier.

« Dans la petite chapelle du lazaret, tout est déjà prêt pour le service. Un piquet de cinquante bavarois arrive. Leur pas cadencé retentit, les crosses de leurs fusils tombent, ébranlant le sol comme d'un strident coup de marteau. Une longue file de prisonniers sans armes, tristes, mornes, les suit. Ils portent les cercueils de nos compatriotes, et nous gagnons ce champ où tant de braves moissonnés avant l'âge dorment, dans la fosse commune, leur dernier sommeil. »

Après les prières liturgiques et la dernière absoute, un officier hèle un ordre... et une terrible décharge résonne.

Les yeux et la voix pleins de larmes, le prêtre ne sait pas résister à tant d'émotions et garder le silence. « Chers soldats français, mes frères et mes enfants, vous le voyez, nos ennemis eux-mêmes rendent les derniers honneurs à nos frères défunts. Nous ne pouvons pas rester témoins impassibles d'un tel hommage. N'entendez-vous pas, en effet, sortir de ces tombes un même cri et une même prière ?

« Pitié ! vous du moins qui étiez nos compatriotes et nos amis, nos compagnons d'armes et d'infortune ! Ah ! si vous avez du cœur et si vous avez la foi, ne vous semble-t-il pas voir là-haut, les portes de la patrie céleste ouvertes... et là-bas, dans notre malheureuse patrie terrestre, des pères, des mères, des sœurs, ignorant le malheur qui les frappe, mais tendant leurs bras vers eux et nous chargeant à leur place de remplir les devoirs suprêmes envers leurs bien-aimés.

« Nous allons les abandonner ici, seuls sur la terre étrangère, et jamais peut-être, ni une larme ni une prière ne viendront se répandre sur leurs tombes perdues. Je vous en conjure donc, rappelons-nous ces tendres supplications, bégayées sur les genoux de nos mères, apprises à l'ombre du clocher de notre village ; ensemble tombons à genoux et adressons-les au ciel pour nos frères morts, pour nos amis captifs, et pour notre infortunée patrie ! »

Les soldats bavarois restèrent debout, froids et muets comme des statues de marbre ... mais tous les Français s'agenouillèrent, et un long murmure de prières fit entendre ces invocations sublimes qui s'appellent : *Notre Père*.... *Je vous salue*.... dès que l'aumônier eut articulé les premières paroles. Quand on se releva, toutes les paupières laissaient perler des pleurs et toutes les mains voulurent serrer celles du prêtre.

M. le chanoine Guers consacra la soirée à visiter les malades et les blessés, très nombreux à Ingolstadt. Avant de rentrer chez le vénérable curé de la ville où il avait été accueilli fraternellement, il tint à voir aussi le camp des internés. Le dépôt en avait été fixé sur les bords du Danube et à la citadelle, dont les cours intérieures, les casemates et les tours servaient de prison. Les uns dormaient sous des baraques en planches, et comme en plein air. Les premiers froids y faisaient de nombreuses victimes. Il y avait soixante-dix baraques, et chacune contenait pour le moins cinquante Français. Quand il pleuvait, l'eau tombait à travers leur toit improvisé, sur la paille qui leur servait de lit, humectant tous leurs vêtements. Malheureux condamnés à mort !

D'autres bondaient les couloirs et les basses casemates. Ils étaient encore les plus à plaindre.

Là dedans, on passait des nuits affreuses. L'air y était vicié, la respiration suffoquée, l'odeur nauséabonde. En y descendant, on étouffait déjà comme dans la fétide cale d'un vaisseau.

Tous ces hommes devaient travailler le jour, dans une immense plaine longeant les fortifications d'Ingolstadt, à des ouvrages de défense. Gardés à vue par des sentinelles ennemies, l'arme chargée au bras, ils étaient là des milliers manœuvrant avec des pioches, des pelles, des brouettes. On eût cru voir les douze tribus d'Israël aux travaux forcés d'Égypte.

Un capitaine de zouaves que le prêtre rencontra solitaire et taciturne sur cette gigantesque place de Grève, lui disait la rage au cœur et le dépit aux lèvres : « Si nous avions soupçonné tous ces tourments de la captivité, mille fois nous aurions dû préférer nous faire tuer à Wissembourg ! »

Insensiblement l'aumônier et le capitaine avaient gagné, en causant, les limites du camp. Un cordon de fantassins mesurant au pas militaire leur terrain de faction les arrêtent. L'un d'eux s'écrie :

« *Wer da?* Qui vive? »

Le prêtre et le capitaine français restent immobiles et muets. Le factionnaire saisit son fusil et fait un geste significatif.

« Retirons-nous », dit l'officier, « il va nous mettre en joue si nous faisons un pas de plus. »

Silencieusement le prêtre et le militaire rentrèrent en ville.

Voici une scène dont fut témoin M. l'aumônier Guers, au moment où revenant du camp des internés il rentrait à Ingolstadt.

Dans la grande rue il semblait qu'il se livrait un combat acharné. On ne voyait que bras en l'air, hommes culbutés, sabres dégaînés. Or, voici ce qui avait provoqué tout ce tumulte.

Jean-Pierre Hamel, jeune soldat au 8me bataillon de chasseurs, né à Vouville dans la Manche, passait insouciant et tranquille, regagnant son dépôt. N'ayant pas aperçu un officier prussien qui passait à côté de lui, il n'avait pas fait le salut militaire. Et l'officier de s'écrier :

« Ah! je ne salirai pas mes mains à te toucher ! » et à coups de sabre, il frappa le soldat français en vrai forcené.

Le soldat, frémissant de colère, bondit sur son lâche oppresseur, le culbuta et le piétina sur la voie publique. Aussitôt arrêté par la foule, il fut conduit au cachot.

Le conseil de guerre, assemblé aussitôt, condamna à mort le soldat français pour voies de fait envers un supérieur. La sentence devait s'accomplir au point du jour.

Toutes les troupes et tous les prisonniers français assisteraient à l'exécution.

« Il faut essayer de sauver ce brave militaire » s'était dit M. l'abbé Guers, « ou du moins, obtenir de passer la nuit avec lui ! »

Et sur les dix heures du soir, il allait frapper à la porte du général.

Mais laissons le charitable aumônier raconter lui-même comment Dieu récompensa son zèle.

..... « Après quelques instants de mortelle attente, je suis introduit.

« Mon général, arrivé à Ingolstadt pour soigner et consoler nos malheureux prisonniers, j'ose venir intercéder en faveur du plus infortuné de tous. »

— Je comprends; mais votre démarche est inutile. Il faut un exemple salutaire à vos Français indisciplinés. Ils vont l'avoir. Hamel sera exécuté au point du jour. Il n'y a pas de rémission avec les décisions de nos conseils de guerre.

— Grâce ! grâce ! au nom de votre mère et de la sienne ! Hamel a été provoqué, il est innocent !

— Il ne m'appartient pas de prononcer une grâce. Le roi seul peut l'accorder.

— Eh bien, j'irai demain matin à Munich, et nous l'aurons le soir.

— Le roi n'est pas à Munich, et la sentence sera exécutée quand vous arriverez.

— C'est donc la mort sans phrases ?

— Oui.

Il voulut bien du moins, poursuit l'aumônier, m'octroyer la permission de passer la nuit avec ce pauvre martyr.

Dès que je pénétrai dans son cachot, je l'embrassai avec effusion. « Mon ami, je viens passer cette dernière nuit à souffrir et à prier avec vous.

— O mon père, votre visite est une faveur céleste. J'avais demandé à la Sainte Vierge un prêtre français pour m'aider du moins à bien mourir. Je suis exaucé et heureux dans mon malheur. Je n'ai pas commis un crime, mais accompli un devoir! Je vais mourir pour l'honneur de la France; mais, mais.... pourquoi n'ai-je pas été tué plutôt à Sedan!!

Assis côte à côte sur une mauvaise planche, nous consacrions toutes ces heures de ténèbre à la prière. Celui qu'on allait immoler était tranquille, calme et résigné; seul, son consolateur gémissait et pleurait.

A l'aube naissante, il était à genoux, embrassant longuement le crucifix, après avoir rempli tous ses devoirs religieux... et il était conduit au champ des manœuvres... et au fatal poteau... et avant de se laisser bander les yeux, il dit au prêtre qui l'avait accompagné :

« Mon père, je ne me repens pas de ce que j'ai fait, mais
« seulement d'avoir offensé mon Dieu pendant ma courte
« existence. Dites cela aux camarades, avec mes adieux à
« la patrie, à la famille, aux amis... et, au revoir au
« Ciel! »

L'abbé dut s'éloigner, et, au commandement de feu, des détonations retentirent, et Hamel mourut en brave.

Quant à l'aumônier, il était brisé par l'émotion, l'insomnie, les fatigues, les angoisses. Une fièvre nerveuse énerva ses forces physiques et morales. Chacune de ces poignantes scènes se retraçait sans cesse à ses yeux. Il fut incapable, ce jour-là, de se traîner au chevet des agonisants. Et cependant la voie douloureuse s'ouvrait à peine devant lui. Il n'avait fait que la première station de son calvaire.

Ingolstadt fut, sans contredit, l'un des plus rudes internements de notre armée en Allemagne.

Le 9 janvier 1871, Charles Gombauld, âgé de 22 ans,

sergent au 2ᵉ tirailleurs algériens, né à Dinan (Côtes-du-Nord), subissait aussi à Ingolstadt le sort du brave Hamel. « Quel drame que son exécution, dit l'abbé Laudaud (1), et comme ce jeune Breton est noblement tombé ! »

Comment et pourquoi?

Il faisait une cigarette à la porte de sa baraque. Un caporal allemand passe et lui dit : « Rentrez ! » dans une langue qu'il ne comprend pas. Aussitôt le caporal le saisit par l'épaule. A son tour il repousse vigoureusement du bras son agresseur, et il est condamné pour ce fait à être passé par les armes.

Cette fois encore, il n'y avait pas de recours possible. Le P. Marty le prépare, le confesse, lui administre le saint Viatique, qu'il reçoit avec la foi d'un vrai chrétien.

L'heure fatale arrive. On l'amène garrotté au milieu du camp, où il se tient debout, sans bandeau sur les yeux. Il n'en a pas voulu. La cour martiale est là. Six mille Français qu'on force à jouir du spectacle l'entourent.

« Vous autres, dit-il aux fusiliers bavarois, ne tirez que lorsque j'aurai donné le signal. — Et vous, chers camarades, je vais mourir ; mais, avant, criez tous avec moi : « Vive la France ! »

Et une immense clameur s'élève dans tous les rangs des Français, et les rives du Danube sont forcées de répéter : « Vive la France ! »

« Feu ! » dit-il alors, et il tombe.

Mort digne d'un maréchal de France, plus héroïque que celle du brave des braves. Cent mille hommes comme ce sergent de vingt-deux ans, et la France était sauvée !

On a vanté beaucoup la discipline des soldats allemands et on a reproché, au contraire, aux nôtres, de ne pas en avoir du tout. La discipline dans l'armée est nécessaire, c'est vrai, et c'est un des plus puissants auxiliaires de la

---

(1) Six mois en Bavière.

victoire ; mais elle ne doit pas être avilissante. Quel est le soldat français qui voudrait se soumettre à un de ces traitements dégradants comme ceux qui sont infligés aux soldats allemands.

M. le chanoine Guers, missionnaire apostolique, ancien aumônier à l'armée du Rhin, avait voulu suivre en Allemagne nos soldats faits prisonniers, partager leurs souffrances et leur apporter les consolations encourageantes que seule peut donner la religion. A Ingolstadt, il avait appris que des milliers de prisonniers se trouvaient enfermés, non loin de là, dans la citadelle d'Eichstœdt. Il s'en alla frapper à la porte du palais épiscopal, habité par Mgr Léopold, baron de Léonrod, évêque d'Eichstœdt, grand prélat et grand seigneur, comme notre patrie n'en voit plus depuis plus d'un siècle. Il rentrait de Rome, après y avoir passé l'année du concile, en compagnie de Mgr Régnier, archevêque de Cambrai et un peu plus tard cardinal.

L'évêque bavarois, admirablement courtois et bienveillant, remercia chaleureusement le chapelain d'être venu le voir, et promit que, dès le lendemain, son secrétaire l'accompagnerait chez le général commandant, pour obtenir aussitôt l'autorisation d'inaugurer son ministère auprès des soldats prisonniers dans la citadelle ou malades aux ambulances de la ville. En effet, sur les dix heures, tous deux gagnaient le quartier-général, situé dans une immense caserne au centre de la cité. De longues escouades y rentraient et gagnaient les chambrées dans l'ordre et le silence le plus rigoureux.

Tout à coup, sonna l'heure de la soupe. Dans toutes les casernes du monde, c'est celle du désordre et de la cohue. Les corridors, les escaliers, les cours se remplirent de soldats, criant, hurlant, se bousculant et se frappant. Les **deux prêtres** en rencontrèrent quelques-uns au seuil de la **salle où** ils attendaient le moment favorable **pour** être introduits. Les soldats s'avançaient portant leurs gamelles fumantes d'une main, et de l'autre faisaient, en saluant les prêtres, un grand signe de croix.

Enfin le général gouverneur reçut les deux ministres de paix.

Il était en grand costume, casque en tête, épée au côté, la poitrine constellée de décorations, debout, sévère et glacial. Quand le secrétaire épiscopal eut exprimé sa requête :

— « Monsieur le Chapelain, dit le général en excellent français, si vous étiez prêtre allemand, j'autoriserais volontiers votre ministère dans cette place ; mais vous êtes Français, et à ce titre, vous ne devez ni séjourner ici, ni à plus forte raison pénétrer dans notre citadelle.

— Mon général, je ne sollicite votre bienveillance que pour nos malades et nos moribonds du lazaret. Vous êtes trop humain et assez chrétien pour ne pas en avoir pitié. Si vous le désirez, je signerai l'engagement formel de ne pas en sortir et de m'y constituer prisonnier.

— Monsieur le Chapelain, je n'ai aucune permission à vous donner, mais l'ordre absolu de partir sur-le-champ. »

Les deux abbés regagnèrent le palais épiscopal tout consternés de cette farouche réception et des horreurs de ce réglementarisme sans entrailles, étranglant impitoyablement toute expansion de charité. Le noble prélat, lui aussi, fut indigné. Accourir de si loin, franchir tant d'obstacles, atteindre le but, et se voir si brutalement éconduit !

Avant de repartir, le chapelain voulut du moins voir cette citadelle où il était impossible de pénétrer, et saluer de loin ces victimes, deux fois vouées à la mort, qui gémissaient derrière ses remparts. Il s'y rendit, en effet, dans la soirée ; mais nous verrons ce qui lui advint et comment il faillit être fusillé sur place.

Avant de repartir forcément d'Eichstœdt, M. l'abbé

Guers avait voulu jeter un dernier regard sur la citadelle où étaient enfermés tant de malheureux prisonniers français. Dans l'espoir d'en découvrir au moins quelques-uns, il fit le tour de la forteresse, tantôt priant, son bréviaire à la main, tantôt contemplant, tout ému, son imposante masse.

Après une assez longue course, il s'assit sur un petit tertre, en face de l'entrée principale du fort, tout absorbé dans la tristesse et les regrets. Soudain les créneaux d'une tour latérale se couronnent de képis, de shakos, de chechias ; des zouaves, des tirailleurs, des turcos et des lignards paraissent.

Le chapelain s'était levé et avait salué ces nobles et tristes victimes de la plus lamentable des guerres ? Il agita fiévreusement son chapeau et son foulard blanc vers elles. Ces saluts fraternels furent aperçus, compris et unanimement rendus avec frénésie sur les remparts.

Emu, mais tranquille, il reprenait la route d'Eichstœdt. Soudain, un cri d'alarme retentit à ses oreilles. Quatre soldats bavarois se précipitent en armes sur ses pas ; ils sont suivis d'un officier qui les excite avec ardeur.

Ils le saisissent et l'entraînent vers le fort.

L'officier l'apostrophe, donne ses ordres à divers plantons et le fait enfermer au corps de garde avec un piquet de ses soldats.

Un Alsacien qui sert d'interprète, apprend à l'aumônier qu'il est accusé d'espionnage, pour avoir contourné la citadelle, pris des notes, levé des plans, échangé des signaux avec les Français, et qu'il allait être conduit au quartier général et de là devant un conseil.

Ici, nous laissons parler le prêtre arrêté comme un vil espion.

« L'officier me plaçant au centre d'un peloton de ses soldats, crie d'une voix de stentor :

— « *Vorwaerts !* » en avant !

« Et, traversant la plaine et la ville, nous gagnons, au milieu de la plus fébrile curiosité des citadins groupés aux portes et aux fenêtres, le quartier général où j'avais subi le matin une si raide réception. Celle du soir allait être pire !

« Introduit dans une salle basse et voûtée, faiblement éclairée par une haute lucarne bardée de fer, je fus invité à m'installer sur une planche, qui était à la fois le lit, la table et le siège de ce réduit. L'officier répéta bruyamment ses tirades d'articulations gutturales, au milieu desquelles grondait un torrent de menaces. La porte se ferma aux deux verrous. L'illusion n'était plus possible. A mon tour, j'étais au cachot.

« Armé du crucifix et de la prière, le prêtre catholique est plus fort que l'enfer et la mort. J'en fis durant cette éternelle nuit la délicieuse expérience.

« Et, pourtant, la situation ne pouvait être plus critique ! Avec un accusé, un espion, arrêté aux abords de la citadelle, des juges bienveillants comme le général de cette place pouvaient aller vite en besogne ! Le lendemain pouvait être mon dernier jour ! En Allemagne les espions sont ignoblement fusillés comme lâches, par derrière ! Telle serait donc ma destinée ! Hier, j'assistais à Ingolstadt un pauvre condamné à mort et aujourd'hui mon tour est venu d'être passé par les armes ! Et ma mère ? et mon père ? Oh ! quelles alarmes et quelles angoisses, s'ils savaient la réalité de cet affreux rêve devenu mon inévitable sort !

« Comme on prie dans les plus solennelles circonstances de la vie, jetant vers le ciel un cri de pardon pour le passé et un regard d'espérance pour l'avenir, ainsi je consacrai cette nuit à l'oraison. Elle inonda mon âme de calme et de paix. Ah ! quand l'homme fait un pas vers son Dieu, Il en fait mille vers lui ! Il m'assistera ! Il a dit à ses ministres de ne point se préoccuper de leur accusation et de leurs réponses devant les juges de l'iniquité. Il sera lui-même mon défenseur et mon avocat ! Il me sortira sain et sauf de ces embûches !... »

Après une nuit passée au cachot, le chapelain comparaît en conseil de guerre. Mais laissons-le continuer son récit.

« Vers huit heures du matin un piquet arrive. On lève l'écrou et on me conduit au conseil. Entourés de leurs assesseurs, le général et les juges m'attendaient.

« L'un de ces derniers lit un long rapport allemand qu'ils comprennent seuls. Quand il a terminé, le président me dit :

« Vous êtes accusé d'être en réalité un espion français, d'avoir rôdé autour de la citadelle pour en étudier et lever les plans, d'avoir pris des notes à cet effet, et d'avoir entamé même une entente de signaux avec les internés, pour provoquer un soulèvement parmi eux. Ces griefs sont d'autant plus graves, que je vous avais absolument interdit, hier, les approches de la citadelle. Qu'avez-vous à dire pour votre défense ? »

« J'ai à répondre, général, que ce sont là autant de suppositions gratuites. Je ne suis pas venu ici en espion, mais en prêtre catholique, prêt à me dévouer et à mourir pour soulager et sauver les seules âmes de nos captifs. Je n'ai levé aucun plan de votre citadelle. Qui l'a vu ce plan ? Qu'on le montre, et je m'avouerai coupable ! J'ai fait une simple promenade en récitant les prières sacrées du bréviaire ; et, avant de me retirer, j'ai simplement salué mes compatriotes infortunés que j'apercevais au loin. Si mes juges veulent être consciencieux, ils ne trouveront pas d'autres cas en cette injuste et ridicule affaire.

« On réfléchit et on se consulta quelques instants.

« Il est vrai que vos plans et vos notes n'ont pas été vus, dit le président, mais le conseil estime qu'on les trouvera cachés sur vous. Consentez-vous à subir de la tête aux pieds les recherches nécessaires pour l'éclairer davantage?

— Oui, puisqu'il le faut pour établir mon innocence. »

Reconduit au cachot, l'examen le plus minutieux fut scrupuleusement opéré par trois sous-officiers qui scrutèrent le prisonnier des cheveux aux orteils sans aucune vergogne.

On saisit : bréviaire, portefeuilles, lettres, une ceinture de cuir contenant une réserve de 2,000 francs en or, toute sa fortune, et tous ses habits. On examina chacun de ces objets sur la table du conseil. On rendit seulement à l'abbé sa soutane et il fut ramené devant les juges.

Le président se hâta de prononcer la conclusion de leurs délibérations. Le conseil décida : 1° que si l'accusé peut prouver sa qualité de prêtre français, par pièces officielles, il sera immédiatement conduit par deux gendarmes à la frontière suisse ; 2° que s'il ne peut pas établir cette qualité, il sera traité avec toutes les rigueurs du code militaire, en véritable espion.

« Messieurs, — dit le chapelain, — avant de vous satisfaire, il est évident que je dois rentrer en possession de tout ce qui m'a été enlevé, sans oublier cette précieuse ceinture. Voici mes pièces signées par le cardinal Patrici, au nom du Pape Pie IX, avec les armes du Souverain Pontife. Voici mon appel au camp de Châlons, en qualité d'aumônier, par S. Exc. le marquis de Bonneville, ambassadeur de Napoléon III, à Rome. J'ose espérer que ces documents suffiront, à vos yeux, pour établir plus clairs que le soleil lui-même mes titres et qualités. »

Les juges se retirèrent un instant dans une salle voisine pour examiner ces pièces et formuler leur verdict définitif. Au retour, le général fit rendre à l'abbé toutes les dépouilles et dit sèchement :

« Monsieur le chapelain, le conseil reste convaincu que vous êtes prêtre et que vous n'avez pas fait l'espion ; mais il estime que vous êtes coupable : 1° d'avoir enfreint mes ordres d'hier ; 2° d'avoir franchi la zone militaire de notre citadelle ; 3° d'avoir essayé des communications interdites avec les prisonniers de guerre. A ces causes, il prononce contre vous le bannissement immédiat du royaume de Bavière, avec peine de déportation dans une enceinte fortifiée, si vous osez y rentrer. » Quelques instants après, un fourgon l'emportait à la gare. Deux gendarmes l'escortaient jusqu'à Lindau et l'y remettaient à la garde du port, au milieu de la nuit.

Celle-ci lui fit prendre le lendemain matin un bateau suisse.

Mais le prêtre, fidèle à sa mission pacifique de dévouement et de charité, osa tenter de rentrer en Allemagne, non plus dans la Bavière catholique d'où il avait été expulsé, mais en plein pays protestant, dans le Wurtemberg, où souffraient également des milliers de français prisonniers.

Il retraversa le lac de Constance et poursuivit son voyage jusqu'à Ulm où il n'y avait qu'une petite église catholique; il y fut accueilli à bras et cœurs ouverts par le doyen, M. Deschinger et ses deux vicaires.

Avant de pouvoir exercer ses fonctions d'aumônier auprès de nos prisonniers, M. l'abbé Guers fut présenté par le vénérable doyen au général commandant, dont l'autorisation préalable était rigoureusement nécessaire.

Le général prussien Pritwitz comprit le dévouement du prêtre, et beaucoup mieux inspiré que le général-gouverneur bavarois d'Eichstœdt, lui fit remettre un permis pour toute la place d'Ulm.

Avant de le congédier, le général lui parla en ces termes :

« *Je tiens beaucoup à la présence d'un aumônier parmi nos prisonniers. Elle est une garantie d'ordre et de moralisation.*

« *Le militaire ne doit pas se passer de prêtre.*

Aussi, tout en n'aimant ni les Français, ni leurs mœurs, ni leurs allures, ni leur irréligion surtout, je suis heureux de votre arrivée à Ulm. Chaque jour, visitez les hôpitaux. Organisez, d'accord avec M. le Doyen catholique Deschinger, le service religieux pour le dimanche et chaque jour de la semaine. Tour à tour, les Français vous seront amenés à l'église, aux heures que vous me fixerez. JE NE CONÇOIS PAS UNE ARMÉE SANS RELIGION.

« *En France, vos soldats ne vont pas à l'église. C'est une des principales causes de votre ruine. En Allemagne l'office divin est obligatoire pour l'armée. Vos soldats français se conformeront ici à nos règlements.* »

Voici comment était conçu le permis délivré au prêtre missionnaire, tout dévoué pour nos captifs :

« PLACE D'ULM »

« Le porteur de la présente, M. l'abbé E. Guers, chape-
« lain de Saint-Louis-des-Français, à Rome, est autorisé à
« pénétrer dans tous les hôpitaux, tous les forts, et tous
« les chantiers où se trouvent des soldats français.

Par ordre du général commandant,
Major REICHSTADT.

Ce major était un bon catholique, et sa dame une femme très pieuse et très compatissante pour nos soldats prisonniers ; car il est de toute justice de dire que s'il y a eu des cruautés exercées en Allemagne envers nos Français, elles n'ont pas été générales, tant s'en faut. Ingolstadt a été, fort heureusement, une exception. Et si un jour, vous qui lisez ces lignes, vous rencontrez quelque habitant de Cologne, d'Aix-la-Chapelle, de Carlsruhe, de Posen ou de Wiesbaden, ne lui témoignez pas d'antipathie parce qu'il est allemand, car il appartiendrait à une de ces villes qui ont été bonnes pour nos prisonniers.

Semblable aux apôtres qui, chassés d'une ville, secouaient la poussière de leurs pieds et s'en allaient dans une autre porter la bonne semence de l'Evangile, l'abbé Guers, chassé de la Bavière, était arrivé, comme on l'a vu, à Ulm, pour y exercer son ministère de charité et de dévouement.

Le doyen d'Ulm allait bien chaque jour visiter les prisonniers avec des charges d'effets qu'il leur distribuait, mais il était allemand, et comme tel, nos prisonniers, s'ils avaient pu le comprendre, n'auraient pas voulu l'écouter. Je laisse ici notre bon aumônier français raconter lui-même ses premières visites dans les hôpitaux, où, suivant les ordres qui lui avaient été donnés, il parut tout d'abord en costume laïc.

Le voici, pour la première journée, dans l'hôpital des typhoïques, des varioleux, où la respiration est suffoquée par une odeur de mort.

« ....Toutes les heures de la soirée s'écoulent à courir de chevet en chevet. Ces infortunés m'écoutent avec bonheur, mais ils me regardent avec défiance. *A chacun je propose les Sacrements, aucun ne les accepte.* Hélas ! la nuit tombe, et je n'ai pas encore donné une seule absolution.

« Guidé par un jeune infirmier, charmant zouave de 20 ans, je m'écrie, en traversant un couloir obscur : « C'est désespérant ! On dirait que nos soldats français sont tous protestants. Ils refusent en masse les sacrements catholiques ! »

« Le zouave répliqua :

« Monsieur, si vous étiez un véritable curé français, vous porteriez une soutane, et tous nos malades se confesseraient. Mais nous ne voulons pas de prussien. C'est convenu. Pas de prussien, ou pas de sacrement ! »

« Ces paroles étaient toute une révélation de l'inextricable dédale où m'avait égaré la promesse formelle exigée par le général prussien Pritwitz.

« Impossible de venir ici en soutane ! Impossible de réussir ici sans soutane ! L'enfer n'est pas plus tortueux qu'une situation pareille.

« Cependant les ténèbres de la nuit envahissaient l'hôpital. Avant de regagner Ulm, je traverse, tout découragé, une dernière salle de malades, en les saluant à la hâte.

« Au dernier coin, et dans l'embrasure de la porte, un grand jeune homme, aux prises avec la mort, gémit et semble m'appeler. Déjà prêt à franchir le seuil, je reviens à lui. « Vous désirez quelque chose, mon ami ? — Oui, je voudrais un prêtre français pour me confesser avant de mourir. Je m'appelle Charles Winterhalter. Mes parents tiennent le café de la Comédie, à Reims. Ils m'ont voué à Notre-Dame d'Einsiedeln. Au début de la guerre, je lui ai demandé la grâce de ne pas périr sans sacrements, et je vais mourir sans être exaucé. »

« Non, durant cette miraculeuse rencontre, le plus ému ne fut pas le malade. Investi pour la première fois depuis mon entrée en Allemagne, de pouvoirs ecclésiastiques et de juridiction, Notre-Dame d'Einsiedeln m'avait elle-même conduit à Ulm pour exaucer et envoyer au Ciel son enfant bien-aimé !....

« Le lendemain, à sept heures, l'église d'Ulm était une trop petite enceinte pour recevoir les rangs pressés de nos soldats, conduits à l'office divin par une escorte armée d'ennemis. Après l'avoir célébré en leur adressant une tendre allocution, je regagnais, pour y passer toute la journée, mon lointain Calvaire. Il allait devenir un Thabor.

« Dans une capsule d'argent, je portais sur la poitrine, la Sainte Eucharistie pour mon Charles. Une légère douillette noire contenait dans ses longs plis roulés sous le bras, un surplis avec les vêtements et les linges sacrés. Dès que le seuil du lazaret eut été franchi, le patriotique costume du vrai curé français recouvrit les habits civils. Pénétrant aussitôt dans les salles, je suis partout accueilli avec transport. Les convalescents m'arrêtent, les alités m'appellent.

« Tout à l'heure, mes pauvres enfants. Maintenant nous allons porter le bon Dieu à ce pauvre Winterhalter. Préparez une modeste table avec ce crucifix, ces deux flambeaux. Récitons ensemble les prières et tombons à genoux devant le Sauveur, Notre-Seigneur Jésus-Christ, qui vient vous consoler. »

Devant cet autel, plus humble que ceux des Catacombes, l'auguste cérémonie liturgique de l'administration des Sacrements aux agonisants fut célébrée. Au milieu d'une centaine de soldats agenouillés, Charles communia. Il pleurait de bonheur. La Mère de toute grâce avait exaucé son enfant.

Chacun des jours suivants le saint et zélé aumônier, vêtu à l'allemande à travers les rues de la ville, devenait un vrai curé vêtu à la française, au seuil de l'hôpital. Régulièrement, chaque matin ramenait à l'église un millier d'hommes pour l'office et le sermon.

Le ministre du Seigneur donnait le reste de sa journée aux hôpitaux.

Que ceux qui sont toujours prêts à insulter le prêtre — fût-il missionnaire ou aumônier — le voient à l'œuvre à l'heure des grandes afflictions et des imminents dangers : sur les champs de bataille auprès des blessés ; dans les ambulances ou les hôpitaux auprès des moribonds, et qu'ils disent s'il est un dévouement qui puisse surpasser le sien. Son amour pour Dieu et la Patrie se traduit alors en actes plutôt qu'en paroles.

Parmi les détracteurs du prêtre en est-il un seul, par exemple, capable d'égaler en charité le chapelain français du Wurtemberg dont sont ici relevés, très sommairement, **quelques-uns de ses glorieux états de service ?**

La citadelle d'Ulm n'était, pour ainsi dire, en décembre 1870, qu'un vaste hôpital. Huit cents blessés ou malades y gisaient déjà, et les 10,000 internés qui croupissaient aux casemates des forts, envoyaient chaque soir de nouvelles victimes y occuper les grabats des trépassés. Dans les salles des typhoïdes et dans celles des varioleux, tous nos soldats, sans aucune exception, furent administrés par le zélé aumônier.

Souvent, tandis qu'il remplissait son ministère auprès d'un malade, le voisin, recueillant les restes de son énergie, se levait pour rester en faction au pied du lit et l'amener directement au sien.

Là, les pénitents étaient toujours assis ou allongés, l'humble prêtre toujours à genoux à leur chevet ! Pacifiés avec leur conscience et réconciliés avec leur Dieu, on les entendait proclamer leur bonheur par ces cris hautement répétés :

« Oh ! maintenant, je puis mourir tranquillement ! Ma mère sera si heureuse de me savoir mort en chrétien ! Mon Dieu, quand vous voudrez, je suis prêt ! Merci M. l'aumônier, vous m'avez rendu la paix, la joie, la vie ! Oh ! vous m'avez sauvé !..... »

Le trait suivant, cité par le pieux chapelain dans ses « Mémoires », est une nouvelle preuve que la Sainte Vierge vient volontiers en aide — si on l'invoque avec confiance — aux moribonds dont le salut paraît même le plus désespéré.

« Un soir, on étend à la hâte, sur un grabat tout détrempé encore des dernières sueurs d'un turco mort, un jeune zouave dévoré par la fièvre. J'accours à lui. Il jure, il blasphème, il se tord comme un démon.

« Allez-vous-en, je ne veux pas vous voir à mon chevet ! »

Lui présentant un crucifix qui avait déjà donné tant de pardons et reçu tant de baisers suprêmes :

« Tenez, voilà votre Sauveur et votre Dieu. Il a plus

souffert que vous. Embrassez-le et il vous consolera. »

L'infortuné arrache le Christ de ses lèvres et le repousse avec une indignation délirante, mêlée de cris sauvages. Il écume et il râle.

Je veux attendrir son cœur par le souvenir de la bonté divine et l'horreur de la damnation. Ma parole l'exaspère davantage.

Il fait un effort et me crache au visage !

Un instant détourné pour essuyer et cacher cette honte en cherchant un mouchoir dans ma poche, je saisis, à mon insu, la médaille de la Sainte Vierge.

Ce fut une illumination céleste.

« Mon enfant, tenez, voici votre Mère, Marie, vous la connaissez bien. *En France, nous l'aimons tous.* Regardez donc sa sainte médaille ! »

Aussitôt il ouvre ses grands yeux noirs. Ils n'expriment plus la rage, mais la tendresse ; plus le désespoir, mais l'espérance. Baisant l'image sacrée, ses lèvres murmurent en souriant :

« Oh ! oui je la connais bien !

— Courage donc, mon cher enfant, par sa Mère, nous allons sûrement à Jésus-Christ.

« Baisez maintenant son crucifix. »

Cette fois il le prend sur sa poitrine et le presse sur son cœur. La lutte avec l'enfer a été terrible, mais la victoire est complète. Quelques instants après, l'enfant de Belleville, tout à l'heure démon forcené, s'endormait pour l'éternité avec la sérénité d'un ange.

Telles étaient les surprises, les douleurs et les consolations quotidiennes du zélé aumônier.

Dans son livre « La captivité à Ulm », le P. Joseph, compare les basses casemates où étaient relégués les prisonniers français aux *ergastula* (1) des anciens. Bâties

---

(1) Le mot latin *ergastulum*, au pluriel *ergastula* signifie maison de travaux forcés, prison d'esclaves.

à un ou deux étages sous terre, sans fenêtres, elles ne reçoivent la lumière que par quelques rares ouvertures, qu'on était obligé de boucher avec de la paille dans les froids excessifs. Les pauvres captifs étaient alors dans une obscurité complète. Il en résulta beaucoup de maladies d'yeux. Plusieurs, en sortant de là, ne voyaient plus la lumière du jour. D'autres perdaient la vue à la nuit tombante et ne supportaient plus les lueurs de la lampe ou de la chandelle.

Dans les temps secs, le séjour de ces lieux horribles était encore tolérable, mais lorsqu'arrivaient les pluies ou le dégel, ils étaient inhabitables. L'eau suintait à travers les voûtes et les murs, et coulait dans les étroits corridors. L'humidité pénétrait les vêtements et les paillasses. Toutes ces causes d'insalubrité engendrèrent de nombreuses maladies, qui trop souvent se terminèrent par la mort. Et combien parmi les survivants ont conservé toute leur vie les traces indélébiles de ces souffrances !

On fit évacuer quelquefois ces tristes habitations ; mais il arrivait sans cesse de nouveaux prisonniers. Il fallait de la place, et cette plaie des casernements malsains devint une cruelle et inévitable nécessité.

« Ah ! dit le P. Joseph, on ne se doutait pas du sort de
« notre armée prisonnière. Si on avait su calculer les
« privations, les souffrances, les maladies qui allaient la
« décimer dans des proportions que n'atteignent pas les
« plus sanglantes batailles, on aurait percé les rangs
« ennemis, même aux prix des plus grands sacrifices... On
« aurait évité à nos soldats cette humiliation, la plus
« cruelle de toutes les phases de cette effroyable guerre.
« Les épicuriens et les sceptiques qui présidaient à ces
« catastrophes étaient incapables de tant de patriotisme !.. »

Si les prisonniers français ont été trop souvent, hélas ! traités durement par les officiers et sous-officiers prussiens, ils en ont parfois rencontré d'autres qui étaient pour eux pleins de commisération et de bonté. Nous en voyons la preuve dans « Six mois de captivité à Kœnigsberg », par M. l'abbé Camille Rambaud. Ce prêtre s'était volontairement placé dans les rangs des prisonniers de Metz. Il marchait au milieu d'eux, sac au dos, un bâton à la main.

En sortant de la ville de Metz, l'abbé Rambaud demande à un général prussien l'autorisation d'accompagner nos soldats, et le général lui répond : « Vous êtes libre, Monsieur, et n'avez pas besoin de permission ; allez, allez, vous faites bien, très bien ; les autorités prussiennes vous protégeront. »

On marche dans la boue tout le jour, et le soir un bivouac s'improvise (1). L'aumônier reçoit l'hospitalité sous une tente improvisée, au milieu de braves sergents du génie, qui lui font partager leur soupe. L'abbé Rambaud ne s'attache pas à un corps en particulier, et va un peu au hasard, s'égarant chaque jour, mais bien reçu partout, même par les Prussiens. Le 1er novembre 1870, jour de la Toussaint, à Sarrelouis, alors ville presque frontière, il constate avec douleur que bien peu de soldats assistent aux offices religieux.

Lorsqu'on atteint la voie ferrée, deux mille hommes montent dans un immense convoi ; la plupart des wagons sont découverts, mais le temps est beau, malgré la saison, et le froid est supportable. Le capitaine allemand qui dirige les prisonniers fait donner un compartiment pour l'aumônier seul, ne voulant pas qu'il soit au milieu des soldats, malgré le vif désir de l'abbé Rambaud de ne point s'en séparer.

« Une partie des prisonniers est remise à pied et marche dans la campagne. On fait halte, vers neuf heures du soir, dans un grand village. « Les habitants de ce village se montrent très charitables. Une bonne dame, qui parle

---

(1) Récits militaires, par le général Ambert.

français, apporte des rafraîchissements à nos soldats... On arrive dans un autre village aussi hospitalier. Chaque habitant emmène avec lui quelques soldats qui sont contents, Dieu sait comme ; une bonne fille me conduit chez le pasteur, qui me reçoit à bras ouverts.» (1)

L'aumônier est parfaitement traité ; un bon souper, un lit excellent lui font oublier ses fatigues, et le lendemain un certain nombre d'habitants le suivent à l'église.

« Après la messe, je vais parcourir le village et je trouve tous nos hommes établis chez les paysans ; ils sont enchantés de la réception et déjeunent très bien. Devant eux sont de splendides plats de pommes de terre ; puis la bière, le café ; rien ne manque. »

Pendant toute la route, soit en chemin de fer, soit à pied, l'aumônier reçoit les meilleurs traitements et se félicite de l'accueil fait à nos soldats ; quelquefois cependant la distribution de pain n'est pas régulière et la faim se fait sentir.

En traversant Magdebourg (2), les prisonniers de Metz aperçoivent un grand nombre d'hommes qui travaillent aux fortifications. Leurs pantalons garance attirent l'attention des voyageurs ; ils s'informent et apprennent que ces travailleurs sont les prisonniers de Sedan.

« Le train s'arrêtant un instant, je saute de mon wagon et demande à la hâte à quelques soldats comment ils se trouvent. Ils me répondent par un concert de plaintes. Ils n'ont pu encore s'habituer à leur nourriture ; ils couchent en partie dans de sombres casemates et ne gagnent que trente centimes pour six heures de travail. » (3)

A Berlin, on offre un repas aux prisonniers. L'abbé Rambaud est émerveillé de voir, dans la salle de réception, de belles assiettes blanches et un morceau de pain à

---

(1) L'abbé Rambaud, *Six mois de captivité à Kœnigsberg*.
(2) Magdebourg, chef-lieu de la province de Saxe (Prusse), sur l'Elbe, 200.000 habitants, industrie très active.
(3) L'abbé Rambaud.

chaque place ; mais on attend cinq heures le service. Le menu du repas, dit le général Ambert, ne méritait guère la présence des personnages de la ville : soupe au riz un peu claire, petite tranche de pain et un morceau de lard cru.

Des dames et des demoiselles servent les soldats, qui ne peuvent approcher de la table que successivement. Ceux qui attendent sont en plein air, exposés à un froid très vif. Le repas ne finit qu'à une heure du matin, en présence d'une foule de bourgeois et de bourgeoises curieux de voir de près nos soldats.

L'aumônier remarque que plus on s'éloigne des frontières de France, moins bien sont traités les prisonniers. On devient même dur. A la moindre incartade, ils se voient frappés de coups de fourreau de sabre ou de baguette de fusil.

C'est seulement après douze jours de voyage pénible que les prisonniers de Metz arrivèrent à l'extrémité de la Prusse orientale, à Kœnigsberg, port sur le Prégel, qui avait vu nos armées victorieuses soixante-trois ans auparavant (1).

Tous ces renseignements que nous donnons sur nos prisonniers français en Allemagne, sont puisés à bonne source : dans les récits militaires par le général Ambert ; dans les récits et souvenirs par M. le chapelain et chanoine Guers ; dans les six mois de captivité par l'abbé Rambaud. Un autre prêtre, le R. P. de Damas, de la Compagnie de Jésus, a fait connaître ses impressions sur le même sujet. Son ouvrage a pour titre : « Souvenirs de guerre et de captivité. » Nous ne saurions trop nous entourer de renseignements précis dus à des hommes honorables, témoins oculaires du traitement subi par les prisonniers de la dernière guerre.

---

(1) Le maréchal Soult s'empara de Kœnigsberg en 1807.

« Au début, dit le P. de Damas, les privations matérielles s'imposèrent très dures. Nous avons laissé nos soldats dans les boues des environs de Metz, sans abri, sans presque de nourriture. Bientôt il fallut entreprendre de longues marches à pied, ou des voyages non moins pénibles dans des wagons à bestiaux, par une saison rigoureuse, quelquefois sans pain...

« Oublierons-nous jamais les émotions de pitié, de honte, de douloureuse sympathie qui se hantèrent dans notre âme à la vue de ces pauvres mobiles en route vers la Baltique ?

« C'était dans les contrées du Nord. Six heures du matin sonnaient au clocher de la vieille église de Bromberg, convertie en temple protestant. Terre, arbres, maisons, tout était blanc de neige, et les glaçons pendaient aux toits. Par le même train arrivaient à la fois des blessés prussiens convalescents et des Français de l'armée de l'Ouest.

« Pour les Prussiens, c'est tout simple, on avait organisé une petite fête. La gare s'offrait à eux, festonnée de guirlandes de feuillages du Nord, pavoisée de drapeaux ; les dames leur offraient des gâteaux, du café, tout ce qui pouvait leur faire plaisir.

« Les Français reçoivent à déjeuner dans une salle à part ! Or, quand après l'ovation prussienne, il fallut subir le défilé de nos prisonniers, non, de ma vie, je le répète, je n'oublierai la confusion et la douleur poignante dont je fus torturé. Pour un grand nombre, pas même l'habit militaire ; des sabots, des pantalons de toile, des bonnets de coton blanc, des haillons en lambeaux, des blouses de toile bleue, le corps amaigri, transi par le froid d'une nuit en chemin de fer, ils avaient l'air de venir demander à la Prusse l'aumône d'un vêtement et d'un peu de pain pour résister à la mort. C'était à fendre le cœur. Une foule curieuse les regardait sans haine, mais avec dédain. Je fendis cette foule méprisante, et, les larmes aux yeux, je m'approchai de ces malheureux pour leur donner le baiser fraternel. Pauvres, pauvres enfants de la France, quelle puissance infernale les avait fait tomber si bas ! »

Le R. P. de Damas déclare qu'en arrivant au lieu de l'exil les prisonniers manquèrent de tout. Contre le froid, ils n'eurent que des tentes; la nourriture fit défaut. A Stettin, l'administration, prise au dépourvu, traita avec un juif pour nourrir nos dix-sept mille hommes pendant le premier mois; une enquête prouva que le misérable falsifiait toutes choses et ne donnait pas même la quantité convenue.

« Je suis bien content d'avoir quitté le camp de Vau, disait un petit soldat; j'y avais si faim que j'allais ramasser dans les balayures de la cuisine les pelures des carottes et des pommes de terre, que nous faisions cuire en cachette pour les manger. »

Comme d'ailleurs ce soldat faisait l'éloge des soins dont il était comblé dans sa nouvelle garnison d'Insterburg, on doit croire à sa sincérité.

Peu à peu, on construisit des baraques fort commodes, mais la mauvaise nourriture tuait les hommes. Les soldats prisonniers de Metz arrivèrent tellement épuisés que 11,000 moururent en peu de temps.

Dans les hôpitaux, les soins ne faisaient point défaut; mais le système médical allemand contredit fréquemment celui appliqué en France, et le soldat, incapable de comprendre, accusa souvent sans raison le traitement des médecins prussiens. Le R. P. de Damas, qui a visité une partie des lazarets, dit loyalement : « Partout nous avons trouvé plus que le nécessaire, souvent l'abondance. »

J'avais souvent accusé les Prussiens d'avoir été durs pour nos prisonniers; mais un jour, ne me fiant plus à quelques racontars, je consultai, non pas seulement d'anciens aumôniers, mais des soldats qui avaient été en captivité dans diverses villes, et, si j'en excepte un seul, tous m'ont dit qu'on n'avait point été inhumain à leur égard ; l'un de ces derniers, aujourd'hui ouvrier à la fabrique de Madame Brabant et Cie a même affirmé que jamais il n'avait, sous le rapport de la nourriture, été aussi bien traité qu'en Allemagne. Cette déclaration vient à l'appui des paroles du R. P. de Damas. La captivité n'a véritablement été cruelle qu'au départ et dans les premières semaines d'arrivée en Allemagne. Il faut aussi ajouter, pour rester dans la vérité, que tous les lieux d'internement n'ont pas été les mêmes: ici, la pitié l'emportait ; autre part, l'antipathie.

Les Silésiens, tout en étant nos ennemis, ne demeurèrent pas indifférents à l'infortune des prisonniers. A Glogau (1), un commandant des gardes mobiles s'était fait le père de tous les Français malheureux (2). Touchés de sa charité,

---

(1) Glogau ou Gross-Glogau, place forte de Silésie (Prusse), près de l'Oder, 15,000 habitants.

(2) M. Morlot, d'Anzin, dans une lettre qu'il m'adressait le 9 Juillet 1897, m'a fait connaître le nom de ce brave :

« Le jeune commandant de mobiles, âgé alors de 26 à 28 ans dont
« vous avez parlé dans l'« Echo du Peuple », le même qui commandait
« la charge sur le champ de bataille de Pont-Noyelles en s'accompa-
« gnant du chant de la Marseillaise est M. le docteur Charles Tanchon,
« actuellement médecin de la compagnie des mines d'Anzin, habitant
« Saint-Vast-là-Haut, près Valenciennes, conseiller municipal de cette
« ville.

« Je crois qu'il serait bien de faire connaître au public le nom de
« cet homme qui a mérité de s'attirer à lui toutes nos sympathies.

« Agréez, M. le Rédacteur, mes bien sincères félicitations.

« L'un de vos abonnés,
« MORLOT. »

Le 15 juillet, nous recevions une lettre de M. l'Abbé Delannoy, curé de Thun-Saint-Martin, qui confirmait une fois de plus, ce qui avait été dit à la louange de l'ancien commandant de mobiles. Voici en quels termes elle était conçue :

« *Thun-Saint-Martin, 15 juillet 1897.*

« MONSIEUR LÉCLUSELLE,

« J'ai lu avec beaucoup d'intérêt votre article de dimanche dernier
« concernant Monsieur le docteur Tanchon et son séjour à Glogau.

« J'ai vécu à Saint-Vaast-là-Haut comme vicaire et comme chapelain

les Prussiens lui accordaient les plus amples permissions. Il visitait les malades, écrivait en France pour obtenir des vêtements chauds et de l'argent. Ce commandant étendait sa sollicitude jusque sur les morts : il fit placer des croix au-dessus des tombes françaises et envoya aux familles l'image de la croix qui surmontait la tombe.

Le R. P. de Damas fait observer que les chefs prussiens ne manquaient jamais de rendre les honneurs militaires à tous les soldats qui mouraient, quelque nombreux que fussent les convois. Officiers et soldats étaient profondément touchés de cette distinction.

La vraie torture des prisonniers est celle de l'âme.

En les voyant dans leurs casemates, leurs casernes ou leurs baraques, privés de toute liberté, ne pouvant faire un pas sans être accompagnés d'une sentinelle armée, enfermés dès quatre heures du soir dans une salle mal éclairée jusqu'au lendemain à sept heures, on s'attristait à la pensée qu'il devait y avoir là de grandes misères morales. Les prêtres étaient les seuls hommes qui pouvaient soulager ces misères.

Le R. P. de Damas vit 17,000 prisonniers à Cologne, 27,000 à Coblentz, 25,000 à Mayence.

Dans cette dernière ville, Mme la Maréchale de Mac-Mahon et la duchesse de Lesparc comblaient les prisonniers de

---

« de 1871 à 1879, j'ai donc eu l'honneur de le connaître intimement.
 « Votre abonné d'Anzin n'a rien exagéré, bien loin de là, en vous
« parlant de son dévouement envers nos vaillants et malheureux
« soldats, prisonniers de l'Allemagne. Son dévouement fut au-dessus
« de tout éloge. On ne compte pas le nombre de blessés ou malades
« qu'il a consolés, soignés, guéris et rendus à la France et à leur
« famille.
 « Quant à ceux qu'il n'a pu soustraire à la mort, il a voulu qu'ils
« eussent un cimetière à eux : il en prit la photographie et l'envoya
« aux familles des victimes de la guerre avec quelques mots de
« consolation dictés par son cœur généreux et dévoué.
 « Veuillez agréer, Monsieur, l'assurance de ma considération dis-
« tinguée.

A. DELANNOY,
Curé de Thun-Saint-Martin.

bienfaits ; à Coblentz des députés du comité de Lille avaient pourvu aux nécessités les plus urgentes.

Or, 300,000 autres prisonniers, dit le général Ambert, gémissaient épars dans l'étendue de la monarchie prussienne. De tous les bienfaiteurs, le R. P. de Damas, était le seul qui eût la permission du roi d'aller partout. Après avoir visité les prisonniers établis dans les provinces rhénanes, il s'achemina vers le Nord aux rivages de la Baltique où les secours semblaient plus rares, le froid et la neige plus précoces, l'aspect général plus sévère, la langue française moins en usage, les privations plus dures et la patrie plus lointaine.

Le gouvernement prussien tenait à cacher le nom des villes où résidaient les prisonniers. Elles étaient au nombre de 259, renfermant 400,000 soldats et officiers. Un peu plus de 18,000 moururent par suite de privations, de maladie, de découragement. Ils reposent dans 240 cimetières, à l'ombre de la Croix.

A Dantzig, à Kœnigsberg, le R. P. de Damas trouva de tels encombrements qu'il ne put opérer tout le bien qu'il voulait faire. L'apostolat devenait impossible.

« L'administration prussienne est terrible, dit le R. P. de Damas ; une vétille eût suffi pour me faire arrêter, mettre en prison, conduire à la frontière : d'autres aumôniers ne le savent que trop. Pendant les longs mois de captivité, les prêtres allemands eux-mêmes qui se dévouaient à nos soldats, furent l'objet de rigueurs semblables.

« On en saisit violemment dans leur domicile, on confisqua leurs papiers, on les enferma en compagnie de malfaiteurs ; tel d'entre eux fut mis en demeure de quitter le pays par le train de chemin de fer qui suivait de plus près la signification de l'ordre de départ. »

A Posen, le R. P. de Damas est arrêté et traverse toute la ville, conduit par un agent de police. Après examen de ses papiers on le laisse partir. Il est de nouveau arrêté à

Mémel, et cette fois on lui donne l'ordre de quitter la cité et de se rendre à Berlin. Il y va et n'a pas trop à se plaindre des procédés de l'autorité.

Le gouvernement avait eu l'imprudence de choisir Posen pour l'une des résidences des prisonniers français. Le peuple les avait reçus avec ses sympathies polonaises ; il les acclamait, les poursuivait des cris de *Vive la France* ! et les plus pauvres s'efforçaient de leur faire accepter des cigares, des pommes, de l'argent. La noblesse ne se montrait pas moins empressée. L'archevêque ayant désigné une église pour y faire entendre la messe aux prisonniers, les jeunes gens imaginèrent de laisser leurs livres de prières sur les bancs, d'y glisser de l'argent et des billets ainsi conçus : « Monsieur le soldat, acceptez cette offrande, elle vient d'un ami de la France, d'un ennemi de la Prusse ! » La police avait éventé la mèche. De là des mesures de sévérité exceptionnelles.

Après la guerre de 1870, on n'a pas tardé à chasser des hôpitaux militaires et civils — à Paris, principalement — les religieuses qui y remplissaient avec le plus grand dévouement et le désintéressement le plus complet, le rôle d'infirmières ; les aumôniers furent aussi bientôt exclus des régiments. Et cependant qui montra plus de courage, plus d'abnégation, plus de charité vraiment chrétienne que les Sœurs de Saint-Vincent de Paul, les Filles de la Sagesse, les Frères de la Doctrine Chrétienne, qu'on a vus en 1870 sur les champs de bataille, dans les ambulances, au milieu des mourants, ou là-bas, volontairement avec les prisonniers, dans les forteresses ou les casemates les plus infectes ?

On ne saurait fixer son attention sur le sort des prisonniers de toutes les conditions sans donner un souvenir de reconnaissance aux divers aumôniers : MM. Debras, Deblay, à Cologne ; Lamarche, à Glogau ; Coulange, à Coblentz ; Galiot, à Minden ; l'abbé Guers.

Puis MM. Fortier, Jacques, Rombault, Bonnel, Le Rebour, Wibau, Benard, Torneef, Landau, Rambaud, Galho, Bath, Gœrgens, Schreiber, Uhles, Dietz, Martin, Wagner, les R. P. Bailly et Pernet, de l'Assomption de Nîmes ; le P. Hermann, carme ; les PP. Gabriel, Régis, François, Augustin, Marie, de Brest, de l'Ordre de Saint-François ; les PP. Léveillé de la Grange, Mathieu, Dubray, dominicains ; de Damas, de Vasques, Staub, Stumpff, jésuites ; Bigot, Strub, du Saint-Esprit ; Dominget, mariste ; les abbés Baron et Veinard.

Il serait inutile, dit le général Ambert, « de faire l'éloge des sœurs de charité qui étaient venues de France pour soigner les prisonniers malades. Elles avaient obtenu l'autorisation de fabriquer deux espèces de pain, et la moins bonne était encore supérieure au pain ordinaire des familles aisées de notre pays. Comme nos soldats, ceux de Metz surtout, tombèrent au pouvoir de l'ennemi avec l'estomac horriblement délabré par les privations, il eût été difficile de se contenter des distributions ordinaires d'un hôpital ; les sœurs s'étaient donc astreintes à leur en faire cinq par jour ; une fois c'était du café, une autre fois du chocolat, ou bien du bouillon, ou des œufs, ou de la viande rôtie. Les pauvres sœurs se condamnaient ainsi à un surcroît de travail extrêmement lourd, mais les prisonniers étaient si intéressants et les sœurs si dévouées que la même corvée se répétait tous les jours avec le même entrain. »

Malheureusement il n'y avait pas de religieuses partout, et chacun sait ce que valent les services de ces infirmiers mercenaires qui n'ont pas une étincelle de feu sacré dans la poitrine.

Mais à côté de l'égoïsme, que de dévouements essayèrent de combler le déficit en mille endroits ! Ainsi, à Ehrfurt, une comtesse allemande dont j'ai le regret d'oublier le nom, — dit le R. P. de Damas, — se consacra au soin d'une baraque de cent cinquante Français malades. La petite vérole s'étant déclarée, elle n'eut pas peur. Quand il fallut lui enlever les varioleux pour préserver les autres malades de la contagion, la femme du général commandant la place, Madame de Michaëlis, allait les consoler à sa place et leur apportait jusqu'à du vin de champagne.

Dans la ville de Halle, dès que les prisonniers français arrivèrent, plusieurs familles s'associèrent pour les secourir. Des dames allaient dans les maisons faire des quêtes pour les malades et achetaient tout ce que l'administration ne pouvait fournir.

On le voit, les dames allemandes, en général, ont montré de la compassion à l'égard de nos malheureux prisonniers et surtout des blessés. Elles se sont comportées, en cette occasion, en femmes de cœur, et c'est pourquoi, en rapportant ici ce qu'elles ont fait, nous leur en témoignons publiquement notre reconnaissance.

Sublime missionnaire, le R. P. de Damas parcourt toutes les villes d'Allemagne où se trouvent les captifs ; il visite les casernes, les hôpitaux de Kœnigsberg, Dantzig, Mémel, Tilsit, Tappiau la ville protestante, Pillau, Glogau, Kustrin, Thorn, Graudeuz, Ehrfurt, Glaz, etc., etc.

C'est à Graudenz que le prêtre religieux, tout dévoué à nos malheureux compatriotes, voit l'image de la captivité dans sa plus grande rigueur.

Quelle citadelle et que le séjour en est sombre !

« S'il y a un lieu, dit le R. P. de Damas, où la parole de Dieu soit plus nécessaire à distribuer à des captifs, c'est bien dans cette forteresse, glaçon dressé à pic au milieu des glaçons. Ailleurs, les prisonniers ont quelques relations avec le monde vivant, et jouissent un peu du spectacle de l'activité humaine ; mais là, toujours la forteresse, des fossés, des bastions, de la neige ; ne jamais rien voir, rien

entendre qui soulève de terre la pauvre humanité alourdie !
C'est mortel pour l'âme et pour le cœur ! Aussi, quand
nous pénétrâmes d'abord dans la casemate des sous-officiers, les premières paroles furent amères. Ils nous adres-
sèrent des plaintes qui trahissaient des cœurs ulcérés.
Qu'il eût été bon de réunir tous ces hommes dans une
vaste enceinte ! Faute de salle, il fallut leur parler par
groupe, de casemate en casemate. On y mettait les lits les
uns sur les autres, pour la circonstance. Nous nous arrê-
tions au milieu. Les hommes se pressaient au point que
nous étions comme engloutis au milieu de tous ces uniformes où l'artillerie, la cavalerie, la ligne, le train, le génie,
se confondaient pêle-mêle. Braves gens ! J'entends encore
l'un d'eux, après que j'eus cessé de parler sur la force et la
résignation dans le malheur, s'écrier : « Du courage, nous
en aurons. Fiez-vous à notre parole de soldats ! »

Le brave missionnaire visita successivement nos prisonniers :

— A Dantzig, la ville aux vieilles maisons, à l'architec-
ture fantasque, aux ornements vénitiens ou portugais, aux
terrasses pittoresques, aux longues rues sans alignement,
sans régularité, où chacun avance son perron aussi loin
qu'il veut, bâtit une échoppe à côté d'une maison aux
ciselures dorées ;

— A Mémel, à l'extrême frontière, confinant à la Russie,
ancienne ville fondée par les chevaliers teutoniques en
1252, brûlée le 4 octobre 1854 et rebâtie d'une manière
assez élégante ;

— A Tilsitt, ville d'un glorieux souvenir, où en 1807,
Napoléon parlant en souverain, jetait les bases d'un traité
par lequel la Prusse se trouvait diminuée de moitié et où
il créait le royaume de Westphalie en faveur du prince
Jérome Bonaparte ;

— A Tappiau, à Pilau, à Glogau. C'est dans cette dernière forteresse, contenant alors 13.000 prisonniers, que

le R. P. de Damas rencontra, pour la première fois, des enfants de troupe captifs. Pauvres enfants ! A dix, douze et dix-sept ans, déjà connaître les rigueurs de la captivité ! Le bon Dieu leur avait suscité un père en la personne d'un chef de bataillon prussien qui, au dire du missionnaire, s'occupa d'eux avec une tendre sollicitude. Cet officier supérieur chargea un des sous-officiers de leur faire la classe ; il veillait à leurs jeux et leur distribuait des récompenses.

Dix mois s'écoulèrent dans l'exercice de cet apostolat. Il fut donné au R. P. de Damas de suivre tout le littoral de la Baltique, des frontières de Hollande à celles de Russie, de Brême par Hambourg, Kiel, Lubeck, Stettin, Kolberg, Dantzig, Kœnigsberg, Pilau jusqu'à Mémel ; de descendre des frontières maritimes de la Prusse orientale à travers la Pologne et la Silésie, aux pays limitrophes de l'Autriche, et de parcourir les contrées centrales, depuis le Niémen jusqu'au Rhin.

Le bon Père Jésuite avait partagé les souffrances des prisonniers pour les gagner à Jésus-Christ ; il avait enduré bien des privations ; et cependant, comme il l'a déclaré lui-même, pour bien des bonheurs il n'aurait pas échangé les semaines et les mois passés au milieu de ses chers prisonniers.

A peine la guerre avait-elle été déclarée que des œuvres charitables étaient créées sur divers points en faveur des blessés et des prisonniers de guerre.

Le 21 juillet 1870, c'est-à-dire cinq jours après l'ouverture des hostilités, le Comité central de l'Association belge, fondé à Bruxelles, en 1863, à la suite du *Congrès de Genève*, se réunit et décida l'institution d'un Comité de Dames, dont il confia l'organisation à Mme la Baronne de Crombrugghe, que les Cambresiens ont vue à l'œuvre dans leur ville pendant la guerre. Ce comité avait pour mission : de recueillir les souscriptions de toute nature ; d'organiser des ateliers et des magasins de linge, de vêtements et d'objets de pansements ; de stimuler, parmi les femmes belges, les dévouements personnels pour le service des ambulances et des hôpitaux. Ces Belges que nous voyons les premiers, tout prêts à remplir une œuvre de charité chrétienne, ont vu leur sympathie s'accroître pour la France au moment des grands désastres. Ils l'ont généreusement prouvé à tous ceux qui sont allés leur demander asile, soit comme internés, soit comme blessés.

Nous venons de nommer la *Convention internationale de Genève*. Il n'est pas inutile de faire connaître cette institution créée en vue de la neutralisation des ambulances et des services à rendre par les Sociétés de secours aux belligérants.

Maintes fois, à la suite des guerres, on avait essayé d'établir en Europe pareille œuvre, mais toujours inutilement. Un Génevois, M. Henri Dunant, eut le mérite de la mener à bonne fin. Après la bataille de Solférino gagnée par les Français sur les Autrichiens, le 24 juin 1859, il parcourut l'Europe entière, s'adressant aux souverains, aux généraux, aux journalistes, aux instituts, aux assemblées publiques, à tous ceux enfin qui ne peuvent rester indifférents ou insensibles au lamentable sort des victimes de la guerre.

En 1863, une conférence internationale se réunit à Genève ; elle était composée de délégués de quatorze peuples différents. Elle décida que des comités seraient formés dans chaque pays ; que le traité à signer garantirait la neutralité des ambulances, des hôpitaux, des médecins, des blessés et de toutes les personnes qui leur porteraient secours.

Les représentants de vingt-deux puissances, y compris la Turquie, souscrivirent à ces conditions. Ce traité signé le 22 août 1863, fut, un peu plus tard, ratifié par les vingt-deux gouvernements.

La « Société française de secours aux blessés », n'avait, cependant, en 1870, qu'une existence précaire et des ressources insignifiantes ; on prévoyait si peu les désastres de la Patrie ! Mais soudain — alors que tout était prêt chez nos ennemis et rien chez nous — le canon se fit entendre ; des hommes zélés proclamèrent un appel qui, répété par les mille voix de la presse, trouva partout des échos. Des ambulances furent rapidement organisées. Un comité catholique fut créé sous l'impulsion de nos évêques, pour agir à côté de la puissante Société française de secours aux blessés des armées de terre et de mer. Hélas, nos diverses armées, écrasées par le nombre et surtout par la formidable artillerie de tous les Etats de la confédération germanique accourus au secours de la Prusse, étaient, en quelques mois, transportées et disséminées dans les places fortes d'Allemagne. Si nous nous en rapportons au relevé fait par M. Guers, un des aumôniers qui ont partagé volontairement le sort de nos prisonniers, voici comment ces derniers étaient répartis en janvier 1871, dans les différentes places fortes d'Allemagne, dont le démantèlement ne se fera pas de sitôt.

Kœnigsberg (Province Est de Prusse) .	7,510	hommes
Grandenz id. .	3,520	»
Pillau id. .	4,300	»
Thorn id. .	3,120	»
Dantzig id. .	4,602	»
Posen (Province de Posen)	13,600	»
Bromberg id.	2,004	»
Stettin (Province de Poméranie) . . .	16,000	»
Colberg id. . . .	4,800	»
Spandau (Province de Brandebourg) . .	6,300	»
Custrin id. . .	5,442	»

Magdebourg (Duché de Saxe). . . .	26,000 hommes
Erfurt id.	12,066 »
Tropau id.	7,000 »
Wittemberg id.	6,040 »
Glogau (Silésie)	12,004 »
Cosel id.	7,800 »
Neisse id.	7,902 »
Glatz id.	4,600 »
Minden (Westphalie)	12,004 »
Dortsmand id.	4,260 »
Iserlohe id.	6,002 »
Coblentz (Provinces rhénanes) . . .	27,000 »
Cologne id. . . .	16,324 »
Wésel id. . . .	18,000 »
Essen id. . . .	2,401 »
Mayence (Duché de Nassau)	27,830 »
Darmstadt id.	2,721 »
Rastadt (Grand Duché de Bade) . . .	8,202 »
Ulm (Wurtemberg)	7,200 »
Ingolstadt (Bavière)	7,000 »
Augsbourg id.	7,000 »
Hohenasperg id.	5,804 »
Au camp et à Kœnigstein (Royaume de Saxe)	20,000 »
Hambourg	2,147 »
Officiers	15,000
Malades et blessés.	30,000

Un des premiers soins des prisonniers, quand ils étaient réunis, en grand nombre, dans une place forte, était de rechercher « ceux qui étaient du pays ». Et par cette dénomination ils entendaient les soldats nés dans le même arrondissement, le même département ou un département limitrophe. Fût-on de Lille, d'Arras ou de Valenciennes on se disait voisins et on se traitait en amis.

Ces rencontres ont plus d'une fois relevé le courage des

désespérés et ramené la vie chez ceux qui étaient près de la perdre.

En voici une preuve entre mille.

Bisiaux Jean-Baptiste, qui faisait dans le 6e de ligne sa cinquième année de service à l'époque de la guerre de 1870, avait été blessé à la main à la bataille de Gravelotte. Après avoir fait étancher à l'ambulance le sang qui coulait de sa déchirure, il alla bravement reprendre sa place de combat au milieu de ses camarades.

On sait quelle fut l'issue de cette journée sanglante. Malgré tout leur courage, nos soldats durent céder au nombre et aux troupes ennemies qui sans cesse se succédaient.

Rentré dans Metz, le 6e fut un des régiments désignés et sacrifiés pour occuper les avant-postes.

La position « debout » était impossible, tant les balles et les boulets sifflaient de toutes parts : c'est couché, à plat ventre, dans la boue et par des pluies torrentielles, que le 6e régiment dut défendre aux Allemands l'approche de la ville. Les pertes furent cruelles. Quand on se releva, le 2e bataillon, dont faisait partie Bisiaux, blessé grièvement à la jambe, avait perdu plus de la moitié de son effectif.

Quelque temps après, Metz, regardé comme imprenable, se rendait, grâce à la trahison de Bazaine.

Bisiaux fut emmené en captivité avec ce qui restait de son régiment et tous les autres défenseurs de Metz. Il fut interné successivement à Glogau où les hommes valides travaillaient aux fortifications de la place, — à Wiesbaden, où était le général Mac Mahon et où les prisonniers avaient tout en abondance, — et enfin à Mayence où, sans doute à cause du grand nombre de prisonniers (27,000), les captifs avaient à endurer toutes sortes de privations.

Bisiaux, en quête de quelque « pays » partout où il allait, avait eu la bonne chance de rencontrer un musicien du 47e de ligne, nommé Ségard, qui avait habité, comme lui, Escaudœuvres et dont le père était contremaître chez M. Brabant, dans l'Allée Saint-Roch, banlieue de Cambrai. Ce furent deux amis. Ensemble ils cherchèrent d'autres connaissances. Et comme dans une baraque ils s'enquéraient un jour s'il ne s'y trouvait pas quelques prisonniers du Nord : « En voici un, leur répondit-on, qui est bien malade ; il est miné par la fièvre et il est plus que probable qu'il aura bientôt son tour. » C'est par dizaine, en effet, qu'on comptait alors journellement, les morts.

Bisiaux et Ségard s'approchèrent de l'homme qu'on leur montrait et qui était étendu presque sans vie sur un misérable grabat. Alors eut lieu le dialogue suivant :

— On nous dit que tu es du Nord : es-tu de Lille?... de Valenciennes?... de Douai?...

Trois légers signes négatifs avec la tête sont toute la réponse.

Es-tu de Cambrai?

Ici, signe affirmatif.

— Et nous aussi, nous sommes, autant dire, de Cambrai, puisque nos parents habitent Escaudœuvres.

— A ce mot d'*Escaudœuvres*, le malade s'est ravivé, son visage n'est plus le même ; ses yeux, de ternes qu'ils étaient, sont devenus presque brillants.

— Qui êtes-vous? dit le malade d'une voix qui marque tout à la fois l'étonnement et la joie.

— Voici Ségard Fidèle, que tu dois connaître si tu es d'Escaudœuvres, comme tu le dis ; et moi je me nomme Jean-Baptiste Bisiaux, autrement dit « le garçon de la Maison Rouge », dont les parents tiennent un petit débit de boissons sur la grande chaussée Brunehaut, route de Naves.

Après cette réponse, le malade, si affaissé quelques minutes auparavant, semble avoir repris de la vigueur ; il se soulève et le visage tout rayonnant, il leur présente la main qui est saisie avec joie par les deux visiteurs.

— A ton tour, dit Bisiaux, il faut maintenant que tu te nommes, car, pas plus que Ségard, je ne parviens à te reconnaître.

— Fidèle Abraham ! répond le malade.

A ce nom, les trois camarades s'embrassent, on pleure de joie et on promet de se revoir le plus possible. Et en effet, on tient parole : des douceurs sont prodiguées au malade, dont la santé se rétablit à vue d'œil : on lui fournit des vêtements, et quand il est en état de se lever et de marcher, Bisiaux lui apporte une paire de bottes.

Le trio marche maintenant bras dessus bras dessous à la recherche d'autres connaissances. Tous les hommes du Nord sont rassemblés et Fidèle Ségard, qui a reçu de son père quelque argent, leur paie une tonne de bière, en signe de réjouissance et d'amitié.

On venait d'arriver au mois de mars 1871 : la paix était signée et l'on ne parlait plus que du rapatriement ; tous les cœurs étaient à la joie. Cette joie, toutefois, ne devait pas être entière pour nos trois soldats d'Escaudœuvres, car, en revoyant la Patrie, si désirée, ils durent se séparer et regagner chacun leur régiment. Bisiaux fut dirigé sur Rochefort, où étaient les débris du 6ᵉ de ligne. Il arriva *dix-huitième* au 2ᵉ bataillon : le reste avait péri sur les glacis des fortifications de Metz ou dans les casemates et baraques d'Allemagne. Une ovation était faite à chaque *revenant*, et Bisiaux, comme ses autres camarades, fut porté en triomphe.

Les trois anciens prisonniers d'Escaudœuvres, dont je viens de parler, vivent encore : M. Bisiaux, employé chez M. Brabant depuis un bon nombre d'années, habite Cambrai. Quoiqu'il porte visiblement les cicatrices de ses deux blessures reçues sous les murs de Metz, il n'a jamais été proposé pour la moindre récompense. M. Abraham Fidèle, du 2ᵉ voltigeurs de la Garde, qui a pris part à diverses sorties, lors du siège de Metz, n'a pas eu plus de chance que son camarade Bisiaux. Cet ancien brave habite Escaudœuvres où il exerce la profession de rempailleur de chaises. Quant à M. Ségard, il n'habite plus son village natal.

Un mot, pour finir, sur le rapatriement.

En signant le 10 mai 1871, le désastreux traité de Francfort, nos diplomates français eurent à mettre, en première ligne de leurs responsabilités patriotiques, le sort de nos prisonniers de guerre. Leur principale préoccupation concerna les clauses relatives au rapatriement de nos armées captives rendues au pays, au moment si critique des luttes fratricides, et des horreurs de la guerre civile.

Elles nous revenaient pour arracher la Patrie à l'affreux cataclysme de la Commune de Paris, et pour obtenir, en quelques jours, un triomphe que les armées prussiennes n'avaient pu remporter, malgré six mois d'efforts, de combats et d'investissement.

25,000 Français sont restés en terre ennemie. C'est pour honorer leur mémoire que le R. P. Joseph, un des aumôniers de nos prisonniers, a fondé l'œuvre des Tombes des soldats français en Allemagne.

FIN DE LA TROISIÈME PARTIE.

NOTES ET DOCUMENTS

§ I.

Discours de M. le Chanoine Destombes (1)

prononcé le 12 novembre 1870

ET OU EST EXPRIMÉ UN VŒU SOLENNEL AU NOM

DES HABITANTS DE CAMBRAI

Dominare nostri, tu et filius tuus!
Régnez sur nous, vous et votre fils!

« Quel est ce peuple qui proclame ainsi avec transport la domination souveraine d'une mère et de son fils sur ses destinées ? — L'histoire sainte m'apprend que c'est le peuple d'Israël, saluant à son avènement au trône Salomon et la reine, sa mère ; l'Eglise nous permet de dire : c'est un peuple chrétien qui reconnaît et proclame l'autorité suprême de Jésus-Christ et la protection de son auguste Mère; c'est encore, et nous le disons avec un sentiment inexprimable de bonheur, c'est le peuple de Cambrai, renouvelant aujourd'hui le pacte de son alliance et répétant tout d'une voix cette parole bénie : ô Notre-Dame ! régnez sur nous, vous et votre fils Jésus-Christ !

« Oui, Jésus-Christ, M. F., et prononçons tout d'abord ce nom sacré : car il faut que Jésus-Christ règne sur nous. Il est le roi de l'univers ; c'est à lui que toutes les nations ont été données en héritage. Malheur au peuple qui veut secouer le

---

(1) Voir 1ʳᵉ partie, page 146.

joug doux et léger de cette royauté d'un Dieu : il tombera sous le joug de la royauté, ou plutôt de la tyrannie de l'homme.

« Ce joug dur et humiliant est le premier des fléaux, ou plutôt des châtiments que Dieu inflige à une société livrée à l'irréligion... Irréligion devenue publique et sociale, et qui met sur les lèvres des hommes, livrés à l'impiété, cette parole qu'adressaient à Dieu les blasphémateurs dont parle Job : *Recede a nobis*, retire-toi de nous : nous ne voulons point de la connaissance de tes lois et de tes volontés : *Scientiam viarum tuarum nolumus*.

« Hélas ! M. F., il faut le reconnaître avec douleur, beaucoup dans notre chère et malheureuse France, égarés par de misérables sophistes, ont répété ces blasphèmes. Et parmi nous, n'en est-il pas plusieurs qui ont marché dans la voie des impies et des prévaricateurs. Ah ! puissent-ils aujourd'hui, au milieu des désolations et des angoisses de la patrie, revenir à Jésus-Christ et à sa Sainte Mère, et répéter avec un nouvel élan de repentir et d'amour : *Dominare nostri*.... Régnez sur nous, vous et votre Fils.

« Or, M. F., et j'ai hâte de le dire pour affermir votre confiance, le peuple qui revient le plus vite à Jésus-Christ, c'est celui qui reste le plus fidèle au culte de sa divine Mère. Et c'est parce que Cambrai a toujours été la ville de Notre-Dame, que ses habitants ont aussi de tout temps reçu des grâces plus abondantes et des témoignages plus signalés de sa protection.

« Ce sont ces faits si consolants pour nos cœurs que je vais rappeler rapidement...

« 1° Invasion des barbares. D'abord les Vandales, les Alains, les Suèves et les Bourguignons... puis Attila avec les Huns et les tribus qui le suivent. — Partout les ruines, la désolation, la mort. — Saint Jérôme, du fond de la Palestine, trace le tableau de cette dévastation des Gaules. — Tout est détruit autour de Cambrai. L'humble *oppidum* voit passer le torrent... Il a conservé le petit oratoire consacré à la Mère de Dieu par ses premiers évêques. . Bientôt la cité grandit, prospère et voit se développer au milieu de ses habitants le culte protecteur de Notre-Dame de Cambrai.

« 2° Une nouvelle invasion la menace au milieu du Xe siècle. Les Hongrois, peuple encore barbare, viennent fondre subitement sur les terres du Cambrésis... La ville est assiégée... défendue par ses habitants .. Les ennemis lancent des javelots enflammés sur l'église de Notre-Dame qu'ils veulent incendier... Un clerc, du nom de Siralde, monte sur le toit et avec l'eau qu'on lui avance, va éteindre les traits lancés de toutes parts sur l'édifice sacré... Une sortie vigoureuse met en même temps l'armée ennemie en désordre.... Bientôt les Hongrois s'éloignent et fuient de toutes parts ; Notre-Dame avait donné à son peuple de Cambrai un nouveau témoignage de sa protection puissante.

« 3° Arrive, un siècle plus tard, l'attaque subite et violente de Robert le Frison, qui, après avoir enlevé à son neveu Arnoul, à la bataille de Cassel, le comté de Flandre et la vie, veut encore s'emparer de Cambrai et du Cambrésis... Déjà les campagnes sont livrées au pillage .. le désordre et la désolation règnent partout... Le saint évêque Liébert, brisé par les années et les fatigues, se fait transporter jusqu'au milieu du camp ennemi... Il menace l'usurpateur et lui ordonne de *s'éloigner de la terre de sa Maîtresse et Dame sainte Marie.* Presque aussitôt le redoutable guerrier donnait à ses hommes le signal de la retraite, et Cambrai était une fois encore délivré de l'invasion...

« 4° Les siècles, en se succédant, ne font que multiplier ces témoignages de la protection de Marie et de la confiance du peuple de Cambrai. Une faveur signalée entre beaucoup d'autres vient encore développer ce sentiment dans tous les cœurs. En 1452, la sainte Image de Notre-Dame, qu'une tradition pieuse attribue à saint Luc, est apportée à Cambrai .. Qui dira les transports de joie avec lesquels fut accueilli ce portrait béni de la Mère de Dieu ? .. Depuis lors et pendant les siècles si troublés qui ont suivi la révolte du protestantisme, Cambrai fut encore exposé à bien des attaques, des surprises, des sièges, pendant lesquels sont signalés de nouveaux traits de la protection de Marie... Sa statue, placée au sommet de la porte qui a reçu son nom, disait aux ennemis quels secours attendaient du Ciel les assiégés retranchés derrière ces remparts... Les traditions les plus respectables, les histoires même des peuples alors nos ennemis, attestent cette croyance générale à la protection spéciale de Marie sur le peuple et la ville de Cambrai. .

Il resterait un dernier souvenir à rappeler, non d'une délivrance dans des temps calamiteux, mais de l'une des manifestations les plus éclatantes de vénération et de confiance envers la Reine du Ciel. Vous m'avez compris, M. F.

je veux signaler ce jubilé quatre fois séculaire de 1852, qui a laissé des impressions ineffaçables dans la mémoire de tous ceux qui en ont été les heureux témoins. Quels chants alors et quelles fêtes ! quel concours immense et quels transports ! Quelle pompe imposante et majestueuse ! Mais entre tous ces souvenirs de la piété du peuple de Cambrai pour la vierge Marie, il en est un qui vous est particulièrement cher, c'est celui du rétablissement, au sommet de la porte Notre-Dame, de sa statue vénérée. Oh ! mille fois bénis les hommes distingués de la cité à qui Dieu donna cette sainte pensée et qui l'exécutèrent si noblement.....

« Après dix-huit ans écoulés, ce spectacle consolant peut se renouveler ; que dis-je ? il doit se renouveler... vous le voulez. Oui, l'on dit que vous voulez, que tout le peuple de Cambrai veut renouveler le pacte de son alliance avec Jésus-Christ et son auguste Mère. Vous voulez que les rues et les places de la cité entendent de nouveau vos chants sacrés ; que le diocèse, que la France apprennent une fois de plus qu'il est une ville, heureuse entre toutes, qui s'honore d'être appelée la ville de Notre-Dame et qui ne manque jamais, surtout aux jours du danger, de recourir à sa protection puissante...

« Même ce n'est point assez pour l'ardeur de votre foi : l'on dit encore que vous voulez ajouter à ces témoignages de votre piété une promesse solennelle, un vœu qui en soit comme la consécration. Que Dieu soit béni ! Et puisque mon ministère m'a appelé à monter dans cette chaire, du haut de laquelle je dois être l'interprète autorisé de vos sentiments et de vos volontés, je bénis Dieu à mon tour pour cette faveur et cette consolation qu'il m'accorde aux premières heures de mon retour dans une ville qui m'est chère.

« Veuillez donc, ô Vierge sainte, éloigner de ces remparts le douloureux spectacle des combats. Soumis aux adorables desseins de Dieu, nous vous en faisons la demande humble et suppliante, y ajoutant ce vœu : — Dans la chapelle de Notre-Dame, à la métropole bientôt restaurée, devant le magnifique habitacle destiné à recevoir l'image vénérée de Notre-Dame de Grâce, seront et resteront suspendus deux lampadaires, qui attesteront aux générations futures par leur flamme toujours entretenue et par leur inscription commémorative, la foi et la confiance en Marie des habitants de Cambrai. — Ce vœu, ô Vierge bénie, ils vous l'adressent par ma bouche en présence de Dieu et de toute la Cour céleste ; devant le clergé de la ville métropolitaine et la multitude ici rassemblés, et surtout en présence de leur bien-aimé et vénéré Pasteur, à qui je demande humblement en leur nom de vouloir bien le consacrer en nous donnant à tous sa sainte bénédiction.»

§ II.

Extrait du rapport du colonel du Bessol sur la bataille de Villers-Bretonneux. (1)

On lira avec intérêt l'extrait du rapport que le brave colonel du Bessol, commandant la 3ᵉ brigade, a adressé, au général Farre, sur les opérations de sa brigade à la bataille de Villers-Bretonneux.

Mon Général,

J'ai l'honneur de vous rendre compte des opérations de ma brigade pendant les journées des 24 25, 26 et 27 novembre.

Le 23 au soir, j'appris qu'une compagnie de francs-tireurs, dans une attaque contre les avant-postes prussiens, près de Villers-aux-Érables, avait constaté la présence de forces assez considérables en infanterie, cavalerie, artillerie.

Je résolus alors de faire, le lendemain, une reconnaissance offensive, afin d'empêcher l'ennemi de s'établir aussi près de mes positions. Cette reconnaissance amena le combat de Mézières, où l'ennemi fut refoulé la baïonnette aux reins. Les bois situés en avant de Mézières et de Beaucourt, furent enlevés au pas de course, après une vive résistance et les Prussiens, quoique soutenus par de l'artillerie, durent se replier dans le plus grand désordre. Nos pièces de quatre tinrent à distance, par quelques coups bien pointés, un

(1) Deuxième partie, page 178.

peloton de uhlans, qui s'apprêtait à charger nos tirailleurs au débouché du bois. L'ennemi ne s'arrêta qu'à Bouchoir, sous la protection des réserves établies à Roye. On ramassa des armes et des munitions jetées à la hâte ; quelques prisonniers furent faits, et des villages voisins, nous arriva la nouvelle qu'on avait enlevé quatre voitures remplies de cadavres et de bon nombre de blessés.

Cette journée appartient à peu près uniquement au bataillon d'infanterie de marine, qui fut appuyé, dans son attaque, par une ou deux compagnies de mobiles et une compagnie du 43e. . . . .

Le 25, toute la plaine fut battue par des uhlans. Les avant-postes en prirent ou en tuèrent vingt-cinq ou trente dans toutes les directions. Les prisonniers s'accordaient à dire qu'ils faisaient partie d'un corps d'armée, qui s'avançait sur Amiens, qu'ils étaient en nombre et qu'ils avaient été lancés pour reconnaître toutes nos positions. . . . .

Jusqu'à deux heures, on se battit sur place, sans perdre de terrain, sans avoir besoin de renforcer la ligne. Vers deux heures, les Prussiens firent un grand effort sur le pont du chemin de fer, situé à douze cents mètres à l'est de Villers-Bretonneux. Après un feu convergent de plusieurs batteries, ils firent attaquer l'épaulement par deux colonnes et parvinrent à s'en emparer. Ce mouvement produisit un grand désordre et des fuyards français arrivèrent jusqu'aux premières maisons de la ville.

Profitant de ce moment de désarroi, une colonne prussienne s'était jetée dans la voie ferrée, espérant arriver sans être vue jusqu'à la gare.

Des francs-tireurs, placés sur le pont de Villers, l'arrêtèrent, après lui avoir fait subir des pertes sensibles. Je réunis alors le bataillon de chasseurs et quelques compagnies d'infanterie de marine et de mobiles, pour former une colonne d'attaque, qui reprit le pont et l'épaulement à la baïonnette. Le bataillon de chasseurs qui avait perdu son commandant, était un peu désorganisé. Une fois la position prise, il put se reformer et se maintenir. A la droite de la route de Hangard tout se passait encore avec le plus grand ordre, et les troupes de soutien n'étaient pas engagées. Le lieutenant-colonel de Gislain dirigeait cette partie de la défense avec une grande intelligence et une rare énergie.

A trois heures, nouvel effort des Prussiens sur le pont et

l'épaulement, qui nous sont, encore une fois enlevés ; nouveau commencement de désordre. Après des efforts surhumains, faits pour arrêter nos fuyards, nouvelle colonne d'attaque française formée avec les débris de bataillons de chasseurs à pied et de mobiles appuyés par la compagnie d'infanterie de marine, laquelle formait ma dernière réserve. Ces troupes, sous mon commandement immédiat, parviennent encore assez près du pont, pour que les Prussiens évacuent l'ouvrage ; mais alors mon cheval est tué, je suis renversé et un peu meurtri. L'effort des hommes est brisé, ils s'arrêtent devant un feu terrible que les Prussiens dirigent sur eux, tout en battant en retraite. Nos soldats ne parviennent pas à couronner l'ouvrage, néanmoins ils le protègent et empêchent l'ennemi de s'en servir. La situation est encore une fois sauvée.

Au moment où je revenais pour chercher un cheval qui me permît de continuer à diriger les mouvements, je reçus un coup de feu au côté droit ; le projectile arrêté par un corps dur (1) me fit une blessure sans gravité, mais assez douloureuse pour qu'il me fût impossible de conserver le commandement. Je fis prévenir par mon officier d'ordonnance le colonel de Gislain et je me dirigeai vers l'ambulance. Il était alors trois heures et demie.

Après un premier pansement, je me fis transporter en voiture sur le champ de bataille où je vous rencontrai. La position paraissait bonne, quoique l'on vit quelques traînards de ceux qu'on retrouve toujours derrière les armées, quand la discipline n'a pas eu le temps de s'affermir. Les troupes étaient en ordre et animées d'un excellent esprit ; mais toutes les réserves avaient été engagées, l'artillerie n'avait plus de munitions, la batterie de douze ne tirait plus depuis une heure. Les hommes commençaient à manquer de cartouches ; on n'était donc plus à même de soutenir un nouvel effort, et il était sage de profiter de ce temps d'arrêt dans la lutte, pour commencer avec ordre un mouvement de retraite.

Il est possible que les Prussiens, épuisés par l'opiniâtreté de notre résistance, ayant subi de grandes pertes n'eussent pas soutenu un dernier effort de notre part (2). Mais s'il leur

---

(1) Une pièce de 20 francs.
(2) Le général Farre voulut le tenter, et loin de se retirer continua la lutte pendant plus d'une heure. Il en résulta un grand désordre dans la retraite.

était arrivé des troupes fraiches, on pouvait en persistant à vouloir conserver Villers, compromettre la retraite et perdre l'artillerie et les bagages ; d'autant plus que l'aile droite de notre armée avait abandonné ses positions de Boves et de Longueau . . . .

Je crois avoir tenu ma parole ; six bataillons dont trois de mobiles armés de fusils à tabatière, ont tenu en rase campagne, pendant sept heures, contre près de quinze mille Prussiens, appuyés par une nombreuse artillerie.

Ils n'ont pas perdu un pouce de terrain, ont fait reculer toutes les attaques et n'ont commencé leur mouvement de retraite que quand l'ordre en a été donné, ordre rendu nécessaire par le manque de munitions et les événements survenus à notre droite.

L'infanterie de marine a soutenu sa vieille réputation ; l'artillerie et le génie ont fait preuve d'une grande solidité ; les troupes de la ligne et des chasseurs, composées de soldats de quinze jours, mais conduites par de vaillants officiers, ont été *héroïques*. Les mobiles, peu solides, parce qu'ils n'ont pas encore été rompus à la discipline, et qu'ils n'ont pas de chefs expérimentés, nous ont cependant énergiquement soutenus, entre autres deux compagnies du 48e de mobiles, qui se sont battues comme de vieilles troupes . . . .

Lille, le 3 décembre 1870.

Signé : Colonel Du Bessol,
Commandant la 3e brigade de l'armée du Nord.

§ III.

Mensonges et Vantardises (1)

Peu de temps après la conclusion de la paix, survenue à la suite de la guerre de 1870-1871 — alors que j'étais déjà à la recherche de tous les faits quelque peu impor-

---

(1) Deuxième Partie, page 205.

tants qui s'étaient produits dans le Nord, — je fis l'acquisition sur la route de Péronne, à Nurlu, au-delà de Gouzeaucourt, d'un in-douze illustré, nouvellement paru et entièrement écrit en allemand.

Ce livre, imprimé à Berlin, était, à cette époque, distribué aux soldats prussiens. Il a pour titre : *Deutsche Kriegsthaten 1870 u. 1871*. Ce qui veut dire : « Exploits militaires allemands 1870 et 1871 ».

Viennent ensuite les indications suivantes en forme de sous-titres :

1. Du Rhin à la Moselle (Metz). — 2. De la Moselle à la Marne (Châlons) et à la Meuse (Sedan). — 3. De la Marne à la Seine, c'est-à-dire jusqu'à la capitulation de Paris.

La brochure est ornée de gravures bien nettes.

Portraits : 1. S. M. l'empereur Guillaume. — 2. Le prince de la couronne Frédéric-Guillaume. — 3. Le prince de la couronne de Saxe. — 4. Le prince Frédéric-Charles. — 5. Le grand duc de Mecklembourg-Schewerin. — 6. Le comte de Moltke. — 7. Manteuffel. — 8. Werder.

Tableaux : 9. Le roi Guillaume et l'empereur Napoléon III à Sedan. — 10. Le comte de Bismarck à Sedan. — 11. La croix de fer. — 12. Troupes en marche. — 13. Fourragement dans le pays ennemi. — 14. Troupes prussiennes. — 15. Troupes bavaroises. — 16. Troupes saxonnes. — 17. Troupes wurtembergeoises, bavaroises et hessoises. — 18. Troupes françaises. — 19. Aspect de face du canon « la Mitrailleuse ». — 20. Le zouave. — 21. Les porteurs de malades pendant le combat. — 22. Plan de Metz. — 23. Plan de Strasbourg. — 24. Plan de Paris. — 25. Dix croquis de batailles.

Cette histoire de la guerre qui semble avoir été écrite au jour le jour, dans l'unique but d'exalter la Prusse, de rabaisser la France et d'aviver contre nous la haine des soldats prussiens, n'est, pour ainsi dire, qu'un tissu d'exagérations, d'erreurs et de mensonges. En voici une preuve entre cent. L'auteur — Theodor von Pelchrzim — raconte, en ces termes, ce qui se serait passé devant Bapaume et sur la route de Cambrai, dans un village qui n'est pas désigné, mais qui, selon moi, ne peut être que Fontaine-Notre-Dame. C'est un récit fantaisiste d'un bout à l'autre.

« ... Le 3 janvier (1871) la 15ᵉ division, réunie au détachement placé sous le commandement du prince Albert, se soutint pendant neuf heures dans sa position de Bapaume (prononcez Bapohme), résistant contre deux corps d'armée, et prenant même d'assaut, vers le soir, deux villages occupés par l'ennemi, qui nous laissa quelques centaines de prisonniers.

« Dans ce combat acharné et sanglant, mille Prussiens se trouvaient aux prises avec trois mille Français, au moins, dont l'importante artillerie ne fut jamais mieux desservie qu'en ce jour et causa des ravages, particulièrement dans le 33ᵉ et le 65ᵉ régiment.

« En cette journée (1) furent aussi constatées l'utilité considérable et la perfection de notre cavalerie. Le régiment des hussards de la garde, envoyé à la découverte sur la route de Cambrai (prononcez Kambraih) apprit l'approche de troupes ennemies au moment où il parcourait un village. Un escadron partit aussitôt en avant et reçut les arrivants avec un feu de carabines si bien nourri et si bien dirigé que l'ennemi tout épouvanté, lui qui croyait n'avoir affaire qu'à de l'infanterie, fit volte face et s'enfuit à toute vitesse.

« L'ennemi avait souffert énormément. Le général Faidherbe repartit, vers le soir, sur la route d'Arras. Le lendemain

---

(1) Nous reproduisons ici l'allemand, afin que ceux qui comprennent cette langue — et fort heureusement ils commencent à être nombreux en France — puissent voir que je n'exagère rien, que la traduction est bien conforme au texte :

« An diesem Tage bewaehrte sich auch die Vielfeitigkeit und gründliche Ausbildung unserer cavallerie. Das Garde-Husaren-Regiment, auf der Strasse nach Cambrais (spr. Kambraih) vorgeschickt, erfuhr den Anmarsch feindlicher Truppen, gerade als es durch ein Dorf ritt. Rasch sass eine escadron ab, besetze das Dorf und empfing die Ankommenden mit einem so wohlgezielten Karabiner-Schnellfeuer, dass der erstaunte Feind welcher glaubte, Infanterie vor sich zu haben, schleunigst Kehrt machte... »

matin, arriva de Rouen le général von Beintheim, qui avait dispersé l'ennemi sur la rive gauche de la Seine, lui avait pris trois fanions, deux canons et avait fait six cents prisonniers. L'armée du général Faidherbe fut alors poursuivie et grâce aux manœuvres vraiment prodigieuses du général von Gœben, appelé au commandement de la 1re armée en remplacement du général de Manteuffel passé à l'armée du sud, l'ennemi fut forcé de livrer bataille, le 19 janvier, devant les portes de Saint-Quentin (1), (prononcez Saing-Kantaing)... »

Mon intention n'est pas de réfuter les mensonges de « l'historien » allemand dont le récit est même en contradiction avec celui, autrement sérieux, du comte de Moltke. Il est reconnu, en effet, que la bataille de Bapaume a été une victoire pour les Français ; que Faidherbe a gardé, pendant vingt-quatre heures, les positions conquises ; que les Prussiens, de l'aveu du maréchal de Moltke, battaient en retraite, lorsqu'ils apprirent que Faidherbe ramenait, par prudence, ses troupes vers Arras ; que deux escadrons de cuirassiers blancs qui avaient voulu inquiéter les Français dans leur marche, furent abîmés par le 20e bataillon des chasseurs de l'arrière-garde, commandant Hecquet ; qu'une douzaine de hussards allemands de la garde, venus en reconnaissance jusqu'à Fontaine, se sauvèrent à bride abattue, d'abord par la route, puis à travers champs, à la vue de quatre éclaireurs qui fondaient sur eux et des gardes nationaux qui débouchaient de Fontaine.

Nous sommes bien loin, comme on voit, du récit de M. Pelchrzim qui, du reste, n'est pas le seul Allemand vantard et menteur.

Un fait bien extraordinaire et qui ne manquera pas de surprendre, en particulier, les Cambresiens, se trouve relaté dans l'historique du 17e uhlans. Je ne pourrais certainement pas en parler aujourd'hui, si un capitaine du

---

(1) Vor den Thoren von St-Quentin (Spr. Saing-Kantaing).

1ᵉʳ de ligne, qui se livre à des études de guerre en vue de se rendre utile à son pays, n'avait découvert ce document et n'avait, en même temps, eu l'extrême obligeance de me le communiquer. Avant de faire aucune réflexion, je vais donner, tout d'abord, l'extrait du rapport du lieutenant allemand Milkau qui prétend être arrivé, le 30 décembre 1870, *jusqu'à la Place d'Armes de Cambrai.*

« RAID » DU LIEUTENANT MILKAU

4° *12ᵉ Division de Cavalerie*

Le détachement Walther rompt du Câtelet (30 décembre 1870), à huit heures et demie du matin, après avoir envoyé à Equancourt une patrouille d'officiers pour conserver la liaison avec la brigade de la garde.

Chemin faisant, il rencontre lui-même des patrouilles de uhlans et de hussards de la garde.

Chemin faisant aussi, il recueille sur la force de la garnison de Cambrai les renseignements les plus contradictoires. Tandis que les uns affirment qu'elle est minime, d'autres prétendent qu'elle est de quinze mille hommes, que viennent sans cesse encore grossir des renforts tirés du Nord.

A Masnières, le détachement s'arrête et le sous-lieutenant Milkau, du 3ᵉ escadron du 17ᵉ uhlans, continue seul avec son peloton. Voici son propre récit sans commentaires :

« Lorsque je me rapprochai de Cambrai, je vis près des maisons isolées qui se trouvent des deux côtés de la route, des dragons français qui m'observaient, mais qui, en me voyant approcher, disparurent derrière les maisons pour s'éloigner ensuite dans la direction de l'ouest, de concert avec un assez fort noyau de patrouilles. Je mis donc mon peloton à couvert derrière les premières maisons, et avec deux cavaliers seulement je m'engageai au galop dans le faubourg.

« Tout à coup je me trouvai devant la première porte de la place : la voyant ouverte, je la franchis ainsi qu'une deuxième à pont-levis, celle ci située à une trentaine de pas de la première.

« Après avoir franchi la deuxième porte, le chemin qui tourne à angle droit vers la gauche, conduit à la *Place* d'*Armes*, sur laquelle était rassemblée de l'infanterie sans armes, évidemment pour l'appel.

« Lorsque j'eus reconnu le numéro aux képis (24), je fis demi-tour et m'éloignai à toute allure.

« Dans l'intervalle, des fantassins, (sans doute le poste), s'étaient postés à la porte intérieure.

« En nous voyant arriver au galop, ils croisèrent la baïonnette sans faire feu, mais quand nous fûmes sur eux, ils s'empressèrent de la relever, de sorte que je pus passer avec mes deux hommes.

« Après m'être fait amener différents habitants, qu'on dut aller chercher au fond de leurs maisons, où ils se tenaient cachés, j'appris d'eux, unanimement, que Cambrai était complètement armé avec des pièces de place et qu'il s'y trouvait comme garnison deux bataillons du 24e, un bataillon de mobiles et la valeur d'un escadron de dragons.

« Porteur de ces renseignements, je rejoignis le détachement qui, incontinent, se remit en marche vers le Catelet. »

Mais le lieutenant Milkau ne se contente pas de rapporter le premier renseignement « sérieux » sur la garnison de Cambrai, il a réussi à se procurer un numéro de la *Gazette de Cambrai* qui donne précisément l'ordre de l'armée du Nord.

L'historique du 17e uhlans ajoute à ce sujet :

« L'auréole qui entourait les uhlans, reçut un aliment nouveau par cette course audacieuse.

« Les journaux français publièrent de longs récits au sujet des audacieux cavaliers qui avaient pu pénétrer dans une place armée et en sortir sans accroc ; une feuille même alla jusqu'à déclarer que tout cela n'était pas clair et c'était le diable qui avait conduit les uhlans et qui s'était ensuite échappé sous la forme d'un chien noir. »

Nous croyons utile, nécessaire même de relever ces mensonges, de les démentir devant tous les Cambrésiens d'aujourd'hui qui vivaient à l'époque de la guerre. En effet, si on laissait passer ces vantardises, sans protestation aucune, qu'arriverait-il ? Dans une cinquantaine d'années, lorsque tous les témoins de la guerre de 1870 auraient disparu, on pourrait dire : « Ce qu'a raconté l'historien

Pelchrzim et ce qui est rapporté dans l'historique du 17ᵉ uhlans, doivent nécessairement être en tout conformes à la vérité, puisque ces récits, après avoir été publiés à Berlin, puis à Paris et répandus ensuite par toute la France, n'ont trouvé, nulle part, de contradicteurs, ni à Bapaume ni même à Cambrai.

Or, le démenti que nous avons donné précédemment pour tout ce qui a été dit sur la bataille de Bapaume et la reconnaissance faite sur la route de Cambrai, le 3 janvier, du côté de Fontaine, par un détachement prussien, — nous le donnons aujourd'hui pour le *raid* (rapport) du lieutenant Milkau.

Il n'est pas vrai que cet officier allemand soit entré le 30 décembre dans Cambrai, avec deux cavaliers, ni, par conséquent, qu'il ait fait baisser les baïonnettes du poste à la porte de Paris. Ce qu'il a pu faire peut-être, c'est de s'avancer jusqu'aux premières maisons du faubourg, — d'y prendre des renseignements qui sont d'ailleurs erronés, — de s'y procurer un numéro de la *Gazette de Cambrai*.

Voilà à quoi a pu se borner l'exploit de cet officier vantard qui a l'air de se poser en héros. Il n'a même pas su se faire renseigner exactement.

L'historique du 17ᵉ uhlans, comme preuve de la vérité des faits extraordinaires qu'il rapporte, ose dire que les journaux français en ont publié des récits très circonstanciés. Or, quel est le journal de Cambrai qui a pu citer de tels faits imaginés par un prussien? Qui a jamais entendu parler qu'un poste tout entier — celui qui était à la porte de Paris le 30 décembre — ait, devant trois allemands, relevé la baïonnette qu'il avait d'abord croisée sur eux?

Tout est ici mensonge et vanterie.

Ce jour-là qui était un vendredi, je me rendis à **Masnières**, vers quatre heures de l'après-midi, en suivant le vieux chemin de Rumilly. En route, je rencontrai un jeune homme de 18 ans, nommé Béhague, fils d'un percepteur demeurant alors rue Saint-Lazare. Quoiqu'il ne portât pas d'uniforme, il s'était armé d'un fusil et avait pris part, d'après ce qu'il m'a raconté, à un petit combat qui venait d'avoir lieu entre une reconnaissance de cavaliers allemands et une patrouille de mobiles, au milieu des champs qui séparent le vieux chemin de Rumilly de la route nationale n° 17.

Les Allemands, après avoir fait caracoler leurs chevaux sur divers points et essuyé plusieurs décharges de chassepots, avaient regagné la grande route et étaient partis vers Masnières. C'est aussi ce jour-là 30 décembre, (et non pas le 29 comme l'a dit par erreur la *Gazette de Cambrai*) qu'un détachement de Prussiens fit apporter sur la place de Masnières toutes les armes à feu, pour les briser sur l'enclume d'un maréchal.

Le petit combat du 30, au-delà du faubourg de Paris, a trouvé place dans l'historique du 2e uhlans, car voici comment est conçue la note qu'a bien voulu me communiquer le très obligeant capitaine du 1er de ligne à qui je dois plusieurs précieux renseignements :

« Le 30 décembre 1870, une patrouille du 2e uhlans de
« la garde, venant des environs de Fins, réussit à arriver
« sans encombre jusqu'au faubourg, mais reçoit là un feu
« si violent qu'elle est obligée de s'éloigner au plus vite,
« ayant 1 cavalier (l'élève-officier Witte) et 2 chevaux
« blessés ».

La faible garnison qui se trouvait à Cambrai, le 30 décembre 1870, se composait de :

Un petit dépôt du 2e dragons (une trentaine d'hommes environ) ;

4e Bataillon de la 7e légion de mobilisés du Nord, (commandant Plaideau) 750 hommes, arrivé le 29 décembre à Cambrai, en remplacement du dépôt du 24e de ligne, parti le même jour pour Condé. Le régiment tout entier du 24ᵉ avait quitté Cambrai au début de la guerre.

La *Gazette* dont parle le lieutenant Milkau doit être celle du 30 décembre qu'il s'est procurée dans le faubourg ou ailleurs. Dans ce numéro se trouve la composition du 22ᵉ corps d'armée qui opérait en ce moment-là dans le Nord sous le commandement en chef du général Faidherbe. On y indiquait également l'endroit qu'occupait l'armée du Nord (entre Albert et Arras) l'installation du quartier général dans cette dernière ville, etc., etc.

Les Prussiens qui parcouraient les alentours, faisaient leur profit de ces renseignements. On voit par là combien les journaux devraient être circonspects en temps de guerre. Mais hélas ! c'est souvent tout le contraire qui arrive : c'est à qui montrera qu'il est le mieux informé.

§ IV.

Sur la Prise de Péronne. (1)

En décembre 1871, les journaux de Péronne ont reproduit la lettre suivante qui est une réfutation aux assertions émises par le général Faidherbe, à propos de la capitulation de cette place.

Dans l'intérêt de la vérité historique, nous reproduisons cette pièce :

Péronne (Somme), 10 Avril 1871.

A Monsieur le Général Faidherbe,

Ce n'est qu'à mon retour d'Allemagne que j'ai eu connaissance de ce qui a été dit et écrit sur la reddition de la place de Péronne.

---

(1) Voir page 242.

Pendant six mois, cette place, tête de ligne au sud des places fortes du Nord, n'a vu ni un général, ni un officier supérieur pour inspecter ses remparts, son armement, sa garnison, ses embrasures, ses casemates et ses abris.

Pour défendre ses approches, la ville dominée par des crêtes abritées elles-mêmes par des plis de terrain éminemment favorables à l'ennemi, ne possédait ni redoutes, ni ouvrages avancés, ni points d'embuscades préparés. Les remparts armés de quarante et quelques pièces en demandaient quatre vingt dix à cent. Les deux tiers de la garnison n'avaient jamais brûlé une amorce. Faire des sorties avec des troupes à moitié équipées, munies d'armes à percussion contre des assaillants prêts à répondre cinq coups pour un, c'était aller au-devant d'un désastre, découvrir notre faiblesse à l'ennemi et décourager les défenseurs de nos remparts décidés à repousser toute attaque de force vive, à l'abri des banquettes.

Notre rôle était donc tout tracé... tenir le plus longtemps possible pour faciliter les opérations de l'armée du Nord et attendre son secours. C'est ce qui a été fait au prix de plus de quatre millions de sacrifices par une petite ville de quatre mille âmes, et d'une mortalité postérieure au siège sans exemple en France.

Pendant la bataille de Bapaume dont nous entendions distinctement le canon, nous avons cru à une prochaine délivrance.... et malgré les protestations des habitants, malgré l'état sanitaire déplorable de nos casemates, malgré nos ruines qui s'amoncelaient de jour en jour, nous avons réussi à faire prendre patience à la population et à tenir encore pendant sept fois vingt-quatre heures.

Oui, général, comme on vous l'a fidèlement rapporté, nos murailles étaient presque intactes ; mais quand un système de guerre est changé du tout au tout ; quand l'ennemi, (sous prétexte d'évitement de sang) ne s'attache qu'à détruire les hôpitaux, les églises, les monuments publics et ne cherche qu'à ensevelir les populations passives sous les ruines des habitations ; quand une nation longuement préparée se glorifie de ne faire la guerre qu'aux femmes, aux enfants, aux infirmes et aux vieillards enfermés dans les places fortes ; quand enfin nos comités de défense de haut lieu, esclaves jusqu'au dernier jour d'un formalisme excessif et hors de saison, n'ont rien préparé pour protéger les citoyens, la loi militaire, faite pour d'autres temps, perd de son prestige, de sa rigidité et devient inapplicable ; l'élément civil alors se croit autorisé à intervenir dans les conseils de défense et à dire son mot dans les délibérations.

Partisan déclaré d'une défense proportionnée aux moyens de résistance mis à la disposition de la place, le conseil, harcelé par une population ruinée, privé des nouvelles de l'armée et des émissaires envoyés au devant d'elle, découragé par le silence de l'entourage de la ville et de cette même armée, ce conseil, dis-je, a reculé devant une dernière menace, devant un anéantissement complet... ; il a capitulé, non pas *scélératement*, comme l'ont écrit dans les premiers moments quelques journaux mal renseignés et qui ont depuis reconnu leur erreur, mais avec des conditions relativement honorables, conditions qui n'ont été accordées par l'ennemi qu'*en raison de la résistance énergique de la ville*.... et si une protestation contre la reddition de la place a été rédigée après coup par quelques officiers de la garnison, il faut croire que ces officiers ont obéi à un sentiment que nous partagions tous.... le regret d'abandonner à l'ennemi un matériel et des remparts presque intacts.

Rien n'a été négligé dans notre petite place pour aider l'armée du Nord et lui servir de point d'appui : c'est ainsi que, pour résister plus longtemps, l'élément civil a été autorisé à demander à l'ennemi l'évacuation des malades, la sortie des femmes, des enfants et des infirmes ; la réponse a été négative. Affirmative, je ne crois pas trop présumer de la bonne volonté de nos concitoyens délivrés de tout souci, en affirmant que l'ennemi n'aurait pénétré dans nos murs qu'après un siège régulier.

Nos ruines, sans précédents dans cette guerre, attestent que nous avons fait ici notre devoir.... et si nos officiers, de retour d'Allemagne, sur des rapports incomplets ou erronés, n'avaient pas eu à supporter d'injustes récriminations, accusés qu'ils étaient tout à la fois d'une trop longue résistance et d'une reddition trop hâtive, je vous aurais épargné, général, la lecture d'une lettre à laquelle je ne prétends pas donner les développements d'un rapport régulier.

Recevez, général, l'expression de mes sentiments les plus dévoués.

G. GONNET,
Commandant la 3ᵉ légion de la Somme.

§ V.

TRAITÉ DE PAIX.

Précédemment, il a été parlé des préliminaires de paix, mais non du *Traité définitif* conclu entre la République française et l'Empire d'Allemagne.

Cette lacune va être remplie.

C'est le 18 mai 1871, à Versailles, que l'Assemblée nationale a adopté, et que le Président du Conseil, chef du Pouvoir exécutif de la République française a promulgué la loi dont la teneur suit :

« ARTICLE PREMIER. — L'Assemblée nationale ratifie le traité définitif de paix dont le texte est ci-après annexé, et qui a été signé à Francfort, le 10 mai 1871, par MM. Jules Favre, Pouyer-Quertier, de Goulard, prince de Bismarck, comte d'Arnim, et autorise le chef du pouvoir exécutif et le Ministre des Affaires étrangères, à échanger les ratifications.

ART. 2. — L'Assemblée nationale usant de la faculté d'option qui lui est réservée par ledit traité et par les articles additionnels, consent à la rectification de frontières, proposé par le paragraphe 3 de l'article 1er du traité, en échange de l'élargissement du rayon autour de la ville de Belfort, tel qu'il est indiqué par le paragraphe 2 dudit article et par le 3e des articles additionnels. »

Cette résolution a été délibérée comme il est dit plus haut, en séance publique, à Versailles, le 18 mai 1871 et a été signée par :

Le Président : Jules Grévy ; — les secrétaires Baron de Barante, N. Johnston, Vicomte de Meaux, Paul Berthmont, Marquis de Castellane, Paul de Rémusat ; — le président du Conseil, chef du pouvoir exécutif de la République française :

A. Thiers ; — le ministre des Affaires étrangères : Jules Favre.

TRAITÉ (1)

M. Jules Favre, Ministre des Affaires étrangères de la République française ;

M. Augustin Thomas Joseph Pouyer-Quertier, Ministre des finances de la République française ;

Et M. Marc-Thomas-Eugène de Goulard, membre de l'Assemblée nationale ;

Stipulant au nom de la République française, d'un côté ;

De l'autre,

Le prince Othon de Bismarck-Schonhausen, chancelier de l'empire germanique ;

Le comte Harry d'Arnim, envoyé extraordinaire et ministre plénipotentiaire de Sa Majesté l'empereur d'Allemagne, près du Saint Siège ; stipulant au nom de Sa Majesté l'Empereur d'Allemagne ;

S'étant mis d'accord pour convertir en traité de paix définitif, le traité de préliminaires de paix du 26 février de l'année courante, modifié ainsi qu'il va l'être par les dispositions qui suivent.

Ont arrêté :

ARTICLE PREMIER. — La distance de la ville de Belfort à la ligne de frontière, telle qu'elle a été d'abord proposée lors des négociations de Versailles, et telle qu'elle se trouve marquée sur la carte annexée à l'instrument ratifié du traité des préliminaires du 26 février, est considérée comme indiquant la mesure du rayon qui, en vertu de la clause y relative du 1er article des préliminaires, doit rester à la France, avec la ville et les fortifications de Belfort.

Le gouvernement allemand est disposé à élargir ce rayon de manière qu'ils comprennent les cantons de Belfort, de Delle et de Giromagny ainsi que la partie occidentale du canton de Fontaine à l'ouest et d'une ligne à tracer du point où le canal du Rhône au Rhin sort du canton de Delle, au sud de Montreaux-le-Château, jusqu'à la limite nord du canton, entre Bourg et Félon, où cette ligne joindrait la limite Est du canton de Giromagny.

---

(1) Ce traité, appelé le *Traité de Francfort*, écrit et imposé à la France par Bismarck, est un chef-d'œuvre de prévision allemande.

Le gouvernement allemand, toutefois, ne cédera les territoires sus-indiqués qu'à la condition que la République française, de son côté, consentira à une rectification de frontière le long des limites occidentales des cantons de Cattenoux et de Thionville qui laissera à l'Allemagne le terrain à l'Est d'une ligne partant de la frontière du Luxembourg entre Hussigny et Redingen, laissant à la France les villages de Thil et de Villerupt, se prolongeant entre Errouville et Aumetz, entre Beuvillers et Boulange, entre Trieux et Lomeringen et joignant l'ancienne ligne de frontière entre Avril et Moyeuvre.

La commission internationale, dont il est question dans l'article 1er des préliminaires, se rendra sur le terrain immédiatement après l'échange des ratifications du présent traité, pour exécuter les travaux qui lui incombent et pour faire le tracé de la nouvelle frontière, conformément aux dispositions précédentes.

Art. 2. — Les sujets français originaires des territoires cédés, domiciliés actuellement sur ce territoire qui entendront conserver la nationalité française, jouiront jusqu'au 1er octobre 1872 et moyennant une déclaration préalable faite à l'autorité compétente de la faculté de transporter leur domicile en France et de s'y fixer, sans que ce droit puisse être altéré par les lois sur le service militaire, auquel cas la qualité de citoyen français leur sera maintenue.

Ils seront libres de conserver leurs immeubles situés sur le territoire réuni à l'Allemagne.

Aucun habitant du territoire cédé ne pourra être poursuivi, inquiété ou recherché dans sa personne ou dans ses biens à raison de ses actes politiques ou militaires pendant la guerre.

Art. 3. — Le gouvernement français remettra au gouvernement allemand les archives, documents et registres concernant l'administration civile, militaire et judiciaire des territoires cédés. Si quelques uns de ces titres avaient été déplacés, ils seront restitués par le gouvernement français, sur la demande du gouvernement allemand.

Art. 4. — Le gouvernement français remettra au gouvernement de l'empire d'Allemagne, dans le terme de six mois, à dater de l'échange des ratifications de ce traité :

1° Le montant des sommes déposées par les départements, les communes et les établissements publics des territoires cédés ;

2° Le montant des primes d'enrôlement et de remplacement appartenant aux militaires et marins originaires des territoires cédés, qui auront opté pour la nationalité allemande ;

3° Le montant des cautionnements des comptables de l'Etat ;

4° Le montant des sommes versées pour consignations judiciaires, par suite de mesures prises par les autorités administratives ou judiciaires dans les territoires cédés.

Art. 5. — Les deux nations jouiront d'un traitement égal en ce qui concerne la navigation sur la Moselle, le canal de la Marne au Rhin, le canal du Rhône au Rhin, le canal de la Sarre et les eaux navigables communiquant avec ces voies de navigation. Le droit de flottage sera maintenu.

Art. 6. — Les hautes parties contractantes étant d'avis que les circonscriptions diocésaines des territoires cédés à l'empire allemand doivent coïncider avec la nouvelle frontière déterminée par l'article 1er ci-dessus, se concerteront après la ratification du présent traité, sans retard, sur les mesures à prendre en commun à cet effet.

Les communautés appartenant, soit à l'Eglise réformée, soit à la Confession d'Augsbourg établies sur les territoires cédés par la France, cesseront de relever de l'autorité ecclésiastique française.

Les communautés de l'Eglise de la Confession d'Augsbourg établies dans les territoires français cesseront de relever du consistoire supérieur et du directeur siégeant à Strasbourg.

Les communautés israëlites des territoires situés à l'Est de la nouvelle frontière cesseront de dépendre du consistoire central israëlite siégeant à Paris.

Art. 7. — Le paiement de cinq cents millions aura lieu dans les trente jours qui suivront le rétablissement de l'autorité du gouvernement français dans la ville de Paris. Un milliard sera payé dans le courant de l'année et un demi-milliard au 1er mai 1872. Les trois derniers milliards resteront payables au 2 mars 1874 ; ainsi qu'il a été stipulé par le traité de paix préliminaire. A partir du 2 mars de l'année courante, les intérêts de ces trois milliards de francs seront payés chaque année le 3 mars, à raison de 5 % par an.

Toute somme payée en avance sur les trois derniers milliards, cessera de porter des intérêts à partir du jour du paiement effectué.

Tous les paiements ne pourront être faits que dans les principales villes de commerce de l'Allemagne, et seront effectués en métal, or ou argent, en billets de la banque d'Angleterre, billets de la banque de Prusse, billets de la banque royale des Pays-Bas, billets de la banque nationale de Belgique, en billets à ordre ou en lettres de change négociables, de premier ordre, valeur comptant.

Le gouvernement allemand ayant fixé en France la valeur du thaler prussien à 3 francs 75, le gouvernement français accepte la conversion des monnaies des deux pays au taux ci-dessus indiqué.

Le gouvernement français informera le gouvernement allemand trois mois d'avance de tout paiement qu'il compte faire aux caisses de l'Empire allemand.

Après le paiement du premier demi-milliard et la ratification du traité de paix définitif, les départements de la Somme, de la Seine-Inférieure et de l'Eure seront évacués en tant qu'ils se trouveront encore occupés par les troupes allemandes. L'évacuation des départements de l'Oise, de Seine-et-Oise, de Seine-et-Marne et de la Seine, ainsi que celle des forts de Paris, aura lieu aussitôt que le Gouvernement allemand jugera le rétablissement de l'ordre, tant en France que dans Paris, suffisant pour assurer l'exécution des engagements contractés par la France.

Dans tous les cas, cette évacuation aura lieu lors du paiement du troisième demi-milliard.

Les troupes allemandes, dans l'intérêt de leur sécurité, auront la disposition de la zone neutre située entre la ligne de démarcation allemande et l'enceinte de Paris sur la rive droite de la Seine.

Les stipulations du traité du 26 février, relatives à l'occupation des territoires français après le paiement des deux milliards, resteront en vigueur. Aucune des déductions que le gouvernement français serait en droit de faire ne pourra être exercée sur le paiement des cinq cents premiers millions.

ART. 8. — Les troupes allemandes continueront à s'abstenir des réquisitions en nature et en argent dans les territoires occupés ; cette obligation de leur part étant corrélative aux obligations contractées pour leur entretien par le gouvernement français.

Dans le cas où, malgré les réclamations réitérées du

gouvernement allemand, le gouvernement français serait en retard d'exécuter les dites obligations, les troupes allemandes auront le droit de se procurer ce qui sera nécessaire à leurs besoins, en levant des impôts et des réquisitions dans les départements occupés, et même en dehors de ceux-ci si leurs ressources n'étaient pas suffisantes.

Relativement à l'alimentation des troupes allemandes, le régime actuellement en vigueur sera maintenu jusqu'à l'évacuation des forts de Paris.

En vertu de la convention de Ferrières, du 11 mars 1871, les réductions indiquées par cette convention seront mises en exécution après l'évacuation des forts.

Dès que l'effectif de l'armée allemande sera réduit au-dessous du chiffre de cinq cent mille hommes, il sera tenu compte des réductions opérées au-dessous de ce chiffre pour établir une diminution proportionnelle dans le prix d'entretien des troupes payé par le gouvernement français.

ART. 9. — Le traitement exceptionnel accordé maintenant aux produits de l'industrie des territoires cédés pour l'importation en France sera maintenu pour un espace de temps de six mois, depuis le 1er mars, dans les conditions faites avec les délégués de l'Alsace.

ART. 10. — Le Gouvernement allemand continuera à faire rentrer les prisonniers de guerre, en s'entendant avec le gouvernement français. Le gouvernement français renverra dans leurs foyers ceux de ces prisonniers qui sont libérables. Quant à ceux qui n'ont pas achevé leur temps de service, ils se retireront derrière la Loire. Il est entendu que l'armée de Paris et de Versailles, après le rétablissement de l'autorité du gouvernement français à Paris et jusqu'à l'évacuation des forts par les troupes allemandes, n'excédera pas quatre-vingt mille hommes ; jusqu'à cette évacuation, le gouvernement français ne pourra faire aucune concentration de troupes sur la rive droite de la Loire ; mais il pourvoira aux garnisons régulières des villes placées dans cette zone, suivant les nécessités du maintien de l'ordre et de la paix publique.

Au fur et à mesure que s'opérera l'évacuation, les chefs de corps conviendront ensemble d'une zone neutre entre les armées des deux nations.

Vingt mille prisonniers seront dirigés sans délai sur Lyon, à la condition qu'ils seront expédiés immédiatement en Algérie, après leur organisation, pour être employés dans cette colonie.

Art. 11. — Les traités de commerce avec les différents Etats de l'Allemagne ayant été annulés par la guerre, le gouvernement français et le gouvernement allemand prendront pour base de leurs relations commerciales le régime du traitement réciproque sur le pied de la nation la plus favorisée.

Sont compris dans cette règle : les droits d'entrée et de sortie, le transit, les formalités douanières, l'admission et le traitement des sujets des deux nations, ainsi que de leurs agents.

Toutefois, seront exceptées de la règle susdite les faveurs qu'une des parties contractantes, par des traités de commerce, a accordées ou accordera à des Etats autres que ceux qui suivent : l'Angleterre, la Belgique, les Pays-Bas, la Suisse, l'Autriche, la Russie.

Les traités de navigation, ainsi que la convention relative au service international des chemins de fer dans ses rapports avec la douane et la convention pour la garantie réciproque de la propriété des œuvres d'esprit et d'art, seront remis en vigueur.

Néanmoins, le gouvernement français se réserve la faculté d'établir sur les navires allemands et leurs cargaisons des droits de tonnage et de pavillon, sous la réserve que ces droits ne soient pas plus élevés que ceux qui grèveront les bâtiments et les cargaisons des nations sus-mentionnées.

Art. 12. — Tous les Allemands expulsés conserveront la jouissance pleine et entière de tous les biens qu'ils ont acquis en France.

Ceux des Allemands qui avaient obtenu l'autorisation exigée par les lois françaises pour fixer leur domicile en France sont réintégrés dans tous leurs droits et peuvent, en conséquence, établir de nouveau leur domicile sur les territoires français.

Le délai stipulé par les lois françaises pour obtenir la naturalisation sera considéré comme n'étant pas interrompu par l'état de guerre pour les personnes qui profiteront de la faculté ci-dessus mentionnée de revenir en France dans un délai de six mois après l'échange des ratifications de ce traité, et il sera tenu compte du temps écoulé entre leur expulsion et leur retour sur le territoire français, comme s'ils n'avaient jamais cessé de résider en France.

Les conditions ci-dessus seront appliquées en parfaite réciprocité aux sujets français résidant ou désirant résider en Allemagne.

Art. 13. — Les bâtiments allemands qui étaient condamnés par les conseils de prises avant le 2 mars 1871 seront considérés comme condamnés définitivement.

Ceux qui n'auraient pas été condamnés à la date sus-indiquée seront rendus avec la cargaison, en tant qu'elle existe encore. Si la restitution des bâtiments et de la cargaison n'est plus possible, leur valeur, fixée d'après le prix de la vente, sera rendue à leur propriétaire.

Art. 14. — Chacune des deux parties continuera sur son territoire les travaux entrepris pour la canalisation de la Moselle. Les intérêts communs des parties séparées des deux départements de la Meurthe et de la Moselle seront liquidés.

Art. 15. — Les hautes parties contractantes s'engagent mutuellement à étendre aux sujets respectifs les mesures qu'elles pourront juger utiles d'adopter en faveur de ceux de leurs nationaux qui, par suite des événements de la guerre, auraient été mis dans l'impossibilité d'arriver en temps utile à la sauvegarde ou à la conservation de leurs droits.

Art. 16. — Les deux gouvernements français et allemand s'engagent réciproquement à faire respecter et entretenir les tombeaux des soldats ensevelis sur leurs territoires respectifs.

Art. 17. — Le règlement des points accessoires sur lesquels un accord doit être établi, en conséquence de ce traité et du traité préliminaire, sera l'objet des négociations ultérieures qui auront lieu à Francfort.

Art. 18. — Les ratifications du présent traité, par l'Assemblée nationale et par le Chef du pouvoir exécutif de la République française, d'un côté,

Et de l'autre, par Sa Majesté l'Empereur d'Allemagne,

Seront échangées à Francfort dans le délai de dix jours, ou plus tôt si faire se peut.

En foi de quoi, les plénipotentiaires respectifs l'ont signé et y ont apposé le cachet de leurs armes.

Fait à Francfort, le 10 mai 1871.

(L. S.) Signé : Jules Favre.   (L. S.) Signé : Bismarck.
(L. S.) Signé : Pouyer-Quertier.   (L. S.) Signé : Arnim.
(L. S.) Signé : E. De Goulard.

ARTICLES ADDITIONNELS

Article premier. § 1er. — D'ici à l'époque fixée pour l'échange des ratifications du présent traité, le gouvernement français usera de son droit de rachat de la concession donnée à la Compagnie des chemins de fer de l'Est. Le gouvernement allemand sera subrogé à tous les droits que le gouvernement français aura acquis par le rachat des concessions en ce qui concerne les chemins de fer situés dans les territoires cédés, soit achevés, soit en construction.

§ 2. — Sont compris dans cette concession :

1° Tous les terrains appartenant à la dite compagnie, quelle que soit leur destination, ainsi que : établissement de gares et de stations, hangars, ateliers et magasins, maisons de gardes de voies, etc., etc.

2° Tous les immeubles qui en dépendent ainsi que : barrières, clôtures, changements de voie, aiguilles, plaques tournantes, prises d'eau, grues hydrauliques, machines fixes, etc.

3° Tous les matériaux, combustibles et approvisionnements de tout genre, mobiliers de gares, outillage des ateliers et des gares, etc., etc.

4° Les sommes dues à la Compagnie des chemins de fer de l'Est à titre de subventions accordées par des corporations ou personnes domiciliées dans les territoires cédés.

§ 3. — Sera exclu de cette cession le matériel roulant. Le gouvernement allemand remettra la part du matériel roulant, avec ses accessoires, qui se trouverait en sa possession, au gouvernement français.

§ 4. — Le gouvernement français s'engage à libérer envers l'Empire allemand entièrement les chemins de fer cédés, ainsi que leurs dépendances, de tous les droits que des tiers pourraient faire valoir nommément des droits obligatoires. Il s'engage également à se substituer, le cas échéant, au gouvernement allemand relativement aux réclamations qui pourraient être élevées vis-à-vis du gouvernement allemand par les créanciers des chemins de fer en question.

§ 5. — Le gouvernement français prendra à sa charge les réclamations que la compagnie des chemins de fer de l'Est pourrait élever vis-à-vis du gouvernement allemand ou de ses mandataires, par rapport à l'exploitation desdits chemins de fer et à l'usage des objets indiqués dans le § 2 ainsi que du matériel roulant. Le gouvernement allemand communiquera au gouvernement français, à sa demande, tous les documents et toutes les indications qui pourraient servir à constater les faits sur lesquels s'appuieront les réclamations sus-mentionnées.

§ 6. — Le gouvernement allemand paiera au gouvernement français pour la cession des droits de propriété indiqués dans les §§ 1 et 2, et en titre d'équivalent pour l'engagement pris par le gouvernement français dans le § 4 la somme de trois cent vingt-cinq millions de francs (325,000,000).

On défalquera cette somme de l'indemnité de guerre stipulée dans l'article 7.

§ 7. — Vu que la situation qui a servi de base à la convention conclue entre la Compagnie des chemins de fer de l'Est et la Société royale grand-ducale des chemins de fer Guillaume-Luxembourg, en date du 6 juin 1857 et du 21 janvier 1868, et celle conclue entre le gouvernement du grand-duché du Luxembourg et les Sociétés des chemins de fer Guillaume-Luxembourg et de l'Est français, en date du 5 décembre 1868, ont été modifiées essentiellement, de manière qu'elles ne sont applicables à l'état de choses créé par les stipulations contenues dans le § 1er, le gouvernement allemand se déclare prêt à se substituer aux droits et aux charges résultant de ces conventions, pour la Compagnie des chemins de fer de l'Est.

Pour le cas où le Gouvernement français serait subrogé, soit par le rachat de la concession de la Compagnie de l'Est, soit par une entente spéciale aux droits acquis par cette société en vertu des conventions sus-indiquées, il s'engage à céder gratuitement, dans un délai de six semaines, ses droits au gouvernement allemand.

Pour le cas où la dite subrogation ne s'effectuerait pas, le gouvernement français n'accordera de concessions pour les lignes des chemins de fer appartenant à la Compagnie de l'Est et situées dans le territoire français que sous la condition expresse que le concessionnaire n'exploite point les lignes de chemin fer situées dans le grand-duché du Luxembourg.

Art. 2. — Le gouvernement allemand offre deux millions de francs pour les droits et les propriétés que possède la Compagnie de chemin de fer de l'Est sur la partie de son réseau située sur le territoire suisse, de la frontière à Bâle, si le gouvernement français lui fait tenir le consentement dans le délai d'un mois.

Art. 3. — La cession de territoire auprès de Belfort offerte par le gouvernement allemand dans l'article 1er du présent traité, en échange de la rectification de frontière demandée à l'ouest de Thionville sera augmentée des territoires des villages suivants : Rougemont, Leval, la Petite-Fontaine, Romagny, Félon, la Chapelle-s.-Rougemont, Angeot, Vauthiermont, la Rivière, la Grange, Reppe, Fontaine, Frais, Foussemagne, Cunelières, Montreux-le-Château, Bretagne, Chavannes les-Grandes, Chavanatte et Suarce.

La route de Giromagny à Remiremont, passant au ballon d'Alsace, restera à la France dans tout son parcours et servira de limite en tant qu'elle est située en dehors du canton de Giromagny.

Fait à Francfort, le 10 mai 1871.

Signé : Jules Favre.   Signé : V. Bismarck.
Signé : Pouyer-Quertier.   Signé : Arnim.
Signé : E. De Goulard.

PROTOCOLE

Francfort-sur-Mein, le 10 mai 1871.

Les soussignés, après avoir entendu la lecture du traité de paix définitif l'ont trouvé conforme à ce qui a été convenu entre eux.

En vertu de quoi ils l'ont muni de leurs signatures.

Les trois articles additionnels ont été signés séparément.

Il est entendu qu'ils feront partie intégrale du traité de paix.

Le soussigné, chancelier de l'Empire allemand, a déclaré qu'il se charge de communiquer le traité aux Gouvernements de Bavière, de Wurtemberg et de Bade, et d'obtenir leurs accessions.

Signé : Jules FAVRE.   Signé : V. BISMARCK.
Signé : POUYER QUERTIER. Signé : ARNIM.
Signé : E. DE GOULARD.

Le Président de l'Assemblée nationale,
Signé : JULES GRÉVY.

Les Secrétaires :

Signé : Baron DE BARANTE, N. JOHNSTON, Vicomte DE MEAUX, Paul BERTHMONT, Marquis de CASTELLANE, Paul de RÉMUSAT.

Le président du Conseil,
Chef du pouvoir exécutif de la République française,
Signé : A. THIERS.

FIN.

TABLE DES MATIÈRES

AVERTISSEMENT

Pages

AVANT-PROPOS. — Causes de la guerre de 1870. . 1

1re PARTIE. — **Cambrai pendant la guerre**

Chapitres

I	Préparatifs	5
II	Premières nouvelles du théâtre de la guerre.	8
III	Garde mobile du Nord.	16
IV	Les Mobilisés.	24
V	Les Eclaireurs	37
VI	Max Abel.	50
VII	La Garde Nationale sédentaire	66
VIII	La quatrième Batterie d'Artillerie	88
IX	Les Ambulances à Cambrai	99
X	Souvenirs religieux de la guerre	115

2e PARTIE. — **La guerre dans la région du Nord**

I	Revue rétrospective	123
II	Le plan des Prussiens après Sedan	129
III	Capitulation de Laon	131
IV	La défense de Saint-Quentin	137

TABLE DES MATIÈRES.

V	Prise de Soissons	141
VI	Occupation de Saint-Quentin	150
VII	Formation de l'Armée du Nord	152
VIII	Contre-coup de la reddition de Metz . . .	160
IX	Première occupation de Ham	162
X	Capitulation de La Fère	164
XI	Combat de Gentelles	168
XII	Bataille de Villers-Bretonneux	172
XIII	Capitulation de la Citadelle d'Amiens . . .	182
XIV	Le général Faidherbe réorganise l'armée du Nord.	187
XV	Reprise de Ham.	191
XVI	Plan, nouvelles dispositions et préparatifs du général Faidherbe	194
XVII	Bataille de Pont-Noyelles.	197
XVIII	Les Allemands dans le Cambrésis. . . .	202
XIX	Siège et bombardement de Péronne. . .	211
XX	Combat de Béhagnies	214
XXI	Bataille de Bapaume	216
XXII	La bataille de Bapaume racontée par Faidherbe	221
XXIII	Conséquences de la bataille de Bapaume. .	225
XXIV	La conduite des Prussiens pendant l'investissement de Péronne	227
XXV	Reprise du bombardement de Péronne et capitulation	237
XXVI	Le commandant Garnier jugé par Faidherbe et blâmé par plusieurs officiers de la garnison de Péronne	242
XXVII	Le commandant Garnier blâmé par le Conseil d'enquête	246
XXVIII	Péronne après le bombardement	249
XXIX	Après la Capitulation de Péronne	255
XXX	Colonne mobile de Cambrai	259
XXXI	Ordre de bataille, marche en avant et combat de Vermand	262
XXXII	Bataille de Saint-Quentin.	266
XXXIII	La retraite de Saint-Quentin	273

TABLE DES MATIÈRES.   411

XXXIV	Les Allemands devant Cambrai.	277
XXXV	Les Allemands devant Landrecies. . . .	282
XXXVI	Le siège de Landrecies raconté par M. Ch. Delcourt, capitaine de la 4ᵉ batterie . .	286
XXXVII	Réquisitions	291
XXXVIII	Négociations de la paix	304
XXXIX	Occupation	310
XL	Le général Faidherbe	332

3ᵉ PARTIE. — **Les prisonniers en Allemagne**

Les prisonniers en Allemagne. 337-378

NOTES ET DOCUMENTS.

Notes et Documents 379-408

CAMBRAI, IMPRIMERIE D'HALLUIN-CARION ET Cⁱᵉ.

www.ingramcontent.com/pod-product-compliance
Lightning Source LLC
Chambersburg PA
CBHW051830230426
43671CB00008B/903